国家科学思想库

科学文化系列

科学与人生 //////////
中国科学院院士传记

# 葛庭燧传

刘 深／著

科学出版社

北 京

图书在版编目（CIP）数据

葛庭燧传/刘深著．—北京：科学出版社，2010
（科学与人生：中国科学院院士传记）
ISBN 978-7-03-029292-6

I. ①葛⋯ II. ①刘⋯ III. ①葛庭燧（1913～2000）—传记
IV. ①K826.11

中国版本图书馆 CIP 数据核字（2010）第 203986 号

丛书策划：胡升华　侯俊琳 / 责任编辑：侯俊琳　张　凡　王昌凤
责任校对：张　林 / 责任印制：李　彤 / 封面设计：有道文化

科学出版社 出版
北京东黄城根北街 16 号
邮政编码：100717
http://www.sciencep.com
北京建宏印刷有限公司 印刷
科学出版社发行　各地新华书店经销
*
2010 年 12 月第 一 版　　开本：B5（720×1000）
2023 年 7 月第七次印刷　　印张：18 1/4　插页：6
印数：1—4 000　　　　　　字数：320 000

定价：88.00 元
（如有印装质量问题，我社负责调换）

葛庭燧院士（1913~2000）

葛庭燧，山东蓬莱人。著名金属物理学家，中国科学院院士。中国科学院金属研究所副所长，中国科学院固体物理研究所所长、名誉所长、研究员。

葛庭燧院士毕生致力于金属物理学的发展，主要从事固体内耗、晶体缺陷和金属力学性质研究，是国际上滞弹性内耗研究领域创始人之一。他发明了被国际科学界命名为"葛氏扭摆"的内耗测量装置，并成功地利用该装置首次发现了晶界内耗峰——"葛氏峰"，奠定了非线性滞弹性理论的实验基础。他所领导的研究团体在晶界弛豫、位错阻尼和非线性滞弹性内耗研究方面取得了大量的原创性成果，获得了国家和中国科学院的多次奖励。他本人也因其杰出的科学成就先后获得了内耗与超声衰减领域的最高国际奖——甄纳奖，桥口隆吉材料科学奖，何梁何利科技进步奖，美国矿物、金属与材料学会（TMS）的梅尔奖，并于1956年和1982年先后两次获得中国国家自然科学奖。

葛庭燧院士曾任第三、五、六、七届全国人民代表大会代表，第三届九三学社中央委员，第七届九三学社中央常委等社会职务。

① 1927年,葛庭燧14岁投考京师大学堂理预科
② 1937年,葛庭燧从清华大学毕业
③ 1938年8月,葛庭燧在北平
④ 1937年,葛庭燧在北平寓所

① 1945年的全家福
② 1949年葛庭燧一家回国护照上的合影
③ 1957年，葛庭燧获得国家自然科学奖二等奖时的全家福

① 1941年7月，葛庭燧与何怡贞在上海结婚
② 1997年，葛庭燧夫妇在董铺岛
③ 1982年8月，葛庭燧与何怡贞在联邦德国

| ① | ② |
|---|---|
| ③ | |

① 1947年7月，葛庭燧与叶笃正在芝加哥
② 1946年，葛庭燧与周培源两家人在美国
③ 1947年，葛庭燧在芝加哥首创的"葛氏扭摆"原始装置

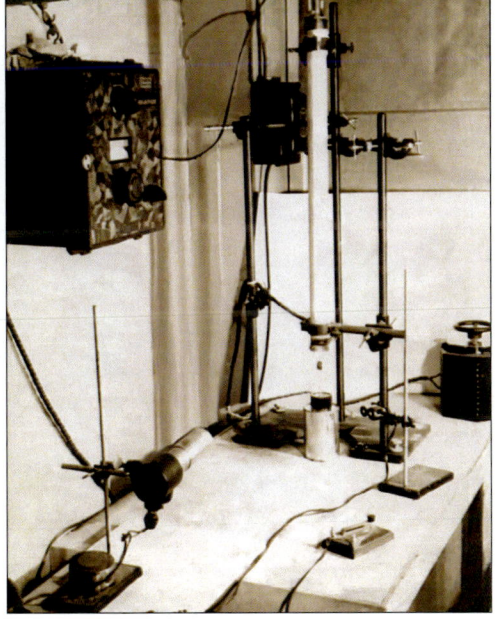

1999年3月，葛庭燧在美国获颁梅尔奖

葛庭燧获得的科学奖章（00755号）

1949年,葛庭燧一家归国前在美国,前左为李政道

1949年,葛庭燧(后右三)在美国,前排中为杨振宁

1955年12月，中国科学访日代表团于上海，前排左起：茅以升、郭沫若、剪伯赞、汪胡桢、薛愚、尹达、冯乃超、熊复；后排右三为葛庭燧

学者相聚，后排右三为葛庭燧，前排右三为周培源

# 总序

中国科学院学部科普和出版工作委员会决定组织出版《科学与人生：中国科学院院士传记》丛书，这是一件很有意义的文化工程。首批入传的22位院士都是由各学部常委会认真遴选推荐的。他们中有学科领域的奠基者和开拓者，有做出过重大科学成就的著名科学家，也有毕生在专门学科领域默默耕耘的一流学者。每一部传记，既是中国科学家探索科学真理、勇攀科学高峰的真实情景再现，又是他们追求科学强国、科教兴国的一部生动的爱国主义教材。丛书注重思想性、科学性与可读性相统一，以翔实、准确的史料为依据，多侧面、多角度、客观真实地再现院士的科学人生。相信广大读者一定能够从这套丛书中汲取宝贵的精神营养，获得有益的感悟、借鉴和启迪。

中国科学院学部成立于1955年，经过50多年的发展，共选举院士千余人，荟萃了几代科学精英。他们中有中国近代科学的奠基人，新中国的主要学科领域的开拓者，也有今天我国科技领域的领军人物，他们在中国的各个历史时期为科学技术的发展做出了历史性的贡献。"五四"新文化运动以来，一批中国知识精英走上了科学救国的道路，他们在政治动荡、战乱连绵的艰难岁月里，在中国播下了科学的火种，推动中国科技开始了建制化发展的历程。新中国成立后，大批优秀科学家毅然选择留在大陆，一批海外学子纷纷回到祖国，在中国共产党的领导下，开创了中国科学技术发展的新篇章。广大院士团结我国科技工作者，发扬爱国奉献、顽强拼搏、团结合作、开拓创新的精神，勇攀世界科技高峰，创造了举世瞩目的科技成就，为增强我国综合国力、提升自主创新能力做出了重要贡献，为国家赢得了荣誉。他们的奋斗历程，是中国科学技术发展的

历史缩影;他们的科学人生,是中华民族追求现代化的集中写照。

当今世界,科学技术已成为支撑、引领经济社会发展的主要动力和人类文明进步的主要基石。广大院士不仅是科学技术发展的开拓者,同时也是先进文化的传播者,在承担科技研究工作重任的同时,还承担着向全社会传播科学知识、科学方法、科学思想、科学精神的社会责任。希望这套丛书的出版能够使我国公众走近科学、了解科学、支持科学,为全民族科学素养的提高和良好社会风尚的形成做出应有的贡献。

科学技术本质是创新,科技事业需要后继有人。广大院士作为优秀的科技工作者,建设并领导了一个个优秀的科技创新团队;作为教育工作者,诲人不倦,桃李满天下。他们甘当人梯、提携后学的精神已成为我国科技界的光荣传统。希望这套丛书能够为广大青年提供有益的人生教材,帮助他们吸取院士们追求真理、严谨治学的科学精神与方法,领悟爱国奉献、造福人民的科技价值观和人生观,激励更多的有志青年献身科学。

记述院士投身我国科学技术事业的历程和做出的贡献,不仅可为研究我国近现代科学发展史提供生动翔实的新史料,而且对发掘几代献身科学的中国知识分子的精神文化财富具有重要意义。希望《科学与人生:中国科学院院士传记》丛书能够成为广大读者喜爱的高品位文化读物,并以此为我国先进文化的发展做出一份特有的贡献。

是为序。

2010 年 3 月

# 序

看到刘深完成的《葛庭燧传》初稿,我感到很高兴。该书写出了葛先生真实的为人与性格,也描述了他在内耗领域的突出贡献,还有不少引人入胜的生活小事。

几年前,作者曾写过一本《戈与荷》,主要描写葛先生及其夫人何怡贞教授,内容丰富,是一本有参考价值的史料,但是涉及面太广,不像一个人的传记。而今在科学出版社协助之下进行了必要的删改,可读性很强,同龄人看了感到亲切,后生读后,能了解到我国老一辈科学家多么不容易,激励他们积极向上。

我比葛先生小7岁,也算是同龄人,特别是我们在沈阳共事25载,那是我们人生最精华的岁月。

中国科学院金属研究所正式成立于1953年,成立后不到10年,从欧洲和美国科研第一线回国的学子达到十余名。他们回国不是为了寻找更好的机遇,而是一心为了报国,谋求中华民族的伟大复兴,所以在所内形成了一个"和谐的小社会",虽然彼此间也有分歧意见,甚至有时会争吵,但是大家一致都服从党的领导,牺牲小我顾大局,以国家的任务为重。中国科学院的研究所本来以学科建所,把发展学科放在首位,但是为了执行1956年制定的《1956～1967年科学技术发展远景规划纲要》和完成国防任务,金属研究所自1957年起逐步转向以发展新材料和新技术为主。

葛先生十分重视理论联系实际,于是,他的内耗研究也转向实用材料方面,如在蠕变过程中的以短期推断长期寿命,内耗也用来研究材料中的疲劳现象,特别是他在无损检测方面有独到的见解。除了传记中的那些事例,他还提出用声发射研究疲劳裂纹的形成与扩展。

在葛先生的指导下,由万耀光具体实施,

金属研究所研制出我国第一台声发射装置。20世纪80年代初，万耀光随学部委员庄育智研究员调到当时的人事部"锅炉与高压容器检测中心"，使中心得到大发展，现已成为全国压力容器检测中心的重要组成部分。

葛先生在金属研究所除了在内耗研究上取得了重大进展以外，还在两个方面做出了重要贡献：一个是促进了金属研究所优良学风问题；另一个是对科技人才的培养。

学风是一个研究单位能否持续发展的重要标志。金属研究所一开始就十分重视学风问题，除了重视当时所提倡的"三严"精神以外，我总结了八个字："团结、奋进、求实、创新"——只有团结，才能持久，使研究所蒸蒸日上；只有奋进，才敢于拼搏，研究所才会有所作为；只有求实，才不会浮夸，取得社会的信任；只有创新，才能取得重大成果，研究所才能与时俱进。对于金属研究所优良学风的形成，我们这批早期到所里的学者，包括葛先生和何先生在内，起到了主要作用。

一个研究所的人才情况更是重要，它决定研究所的命运和前途，葛先生在这方面的业绩尤为突出。

历史上金属研究所有过三次学习高潮。建所初期，所里分配来的大学毕业生很多，如果不是材料或冶金专业，必须补课才能适应；况且，那时还招收了上百名中小学毕业生，对研究工作更是一无所知。从国外归来的学者教他们专业课，教他们如何查阅文献、做实验、写文章，使研究所工作很快走上了正轨。这是金属研究所建所以来的第一个高潮。第二个高潮是在20世纪60年代初，那时葛先生已是分工培养干部的副所长，当时全国刮起理论风，中国科学院把金属物理研究中心放在沈阳，物理研究所金属物理研究室被取消，部分研究人员迁到沈阳。为了适应这一形势，金属研究所大兴学习之风，在三年（1961~1964）时间内，包括聘请所外专家，共开了16门专业基础和专业课，还开办了面向全国的位错和金属电子论学习班，一个影响更大、至今仍被传为佳话的事件是，李薰和葛庭燧也参加了部分课程的学习，学完后还参加了考试，并将分数公布于众。从此，研究所逐步形成了努力学习业务、钻研业务的良好风气。第三次学习高潮是在20世纪80年代初，那时葛先生和何先生已迁往合肥。

此外，葛先生所领导的金属研究所第一研究室也培养了很多为国防任务服务的能将，他们离开了内耗研究室而另有任用。如文中所描写的"容大"（容保粹），20世纪60年代曾被调出来从事开发太阳光聚焦产生高温熔炼高线金属，还有一位人们称他为"周三"（周本廉），被调出来主持"高温物性测试基地"，服务于宇航，后来被选为院士。

何怡贞先生除了研究光谱学以外，还主持过全所的化学分析室，其业绩在国内领先，这些都是金属研究所完成国家重要任务的保证。至今还有两位 70 岁高龄的老专家董瑞琪和田继丰仍在无损探伤和失效分析工作第一线发挥作用，他们也都是来自葛先生主持的"一室"。

为了纪念金属研究所创始人李薰和葛庭燧的业绩，50 年后，金属研究所的两座研究大楼，一座命名为"李薰楼"，一座命名为"葛庭燧楼"，并为他们精铸了半身塑像，在国家实验室设立了"李薰奖"和"葛庭燧奖研金"。

葛先生 1980 年到合肥后，主持建立了中国科学院固体物理研究所，在内耗研究方面有了更大发展；进入 21 世纪，他又以纳米技术为重点，使一个人数不多的小研究所做出了令人瞩目的成绩。下面是发表在《追忆葛庭燧先生》（《蓬莱文史》24 辑）中的一组数据，或者可以说明葛先生的贡献：每年 SCI 论文数在全国各科研机构中排名第 20 位左右，1995～2004 年被引用次数排名第八，2003～2005 年，平均每篇被引用次数排名居全国科研机构第一。

可以说，葛庭燧到哪里，哪里就会开花结果，因为他有一颗赤诚的事业心！祝愿葛庭燧院士的爱国与治学精神永放光芒！

90 岁老人
中国科学院金属研究所名誉所长　师昌绪

2010 年 7 月于沈阳

# 在坎坷的报国之路上
——写在前面的话

## 民族自救的道路

葛庭燧是20世纪40年代赴美留学的优秀中国学子，他所追求的是一条科学救国的道路。

那个年代的救国之路有千条万条，但历史事实证明，出国留学无疑是至关重要的一条。当闭关锁国的封建王朝被西方的坚船利炮轰开大门，东方睡狮开始睁开沉迷的眼睛。这样的例子是十分耐人寻味的：林则徐被称为"睁眼看世界的第一人"，曾几何时，他认为西洋人如果没有中草药"大黄"就无法大便，他甚至以为西洋人的膝盖是不会弯曲的。

洞中方七日，世上已千年。

中华民族觉醒与自强的道路异常坎坷，代价异常惨烈。诚如鲁迅先生在《娜拉走后怎样》一文中的沉痛之语："可惜中国太难改变了，即使搬动一张桌子，改装一个火炉，几乎也要血；而且即使有了血，也未必一定能搬动，能改装。不是很大的鞭子打在背上，中国自己是不肯动弹的。我想这鞭子总要来，好坏是别一问题，然而总要打到的。但是从那里来，怎么地来，我也是不能确切地知道。"

"留美幼童"与"洋务运动"，就是中国最后一个封建王朝企图通过学习西方而巩固江山的一厢情愿式的努力，它的失败在于将中西方的差距仅仅归为科学技术上的落后，然而，这毕竟是一种努力。中国所舶来的西学也正是在如此血与火的斗争中顽强地伸展着枝干，滋润着叶脉。

真正成为近代和现代中国领袖的杰出人物，却是职业的政治家和革命家，比如孙中山和毛泽东。孙中山在香港读中学，去伦敦和檀香山不过是避难或者为"造反"募集资金；毛泽东则绝对是土生土长的学子。有人将这种现象归结为：西方诚然在自然科学上远远超过东方，而在社会科学的影响上，则是东方胜于西方，本土胜过留洋。持这种观点的人认为：马克

思主义能够进入中国,并且渐渐成为主流价值观,是因为它首先成为东方大国俄国革命的理论武器。

"十月革命一声炮响,给我们送来了马克思列宁主义。"而另一个东方国家日本,则以明治维新作为民族自强的转机。俄国与日本,当时是两个值得中国人借鉴的东方模式,然而,中国人最终选择了俄国式的暴力革命,而不是君主立宪的资本主义道路。

近代中国开始兴办西式教育,显然不能从一开始就彻底清算私塾式的课堂与八股式的课程,然而,中国早期的西式教育绝不仅仅是教学体制与学科设置上的西化,而是开始在灵魂上脱胎换骨。在20世纪30年代,罗素、杜威、泰戈尔等东西方大师与哲人在中国的巡回演讲,对于一代青年的精神影响是不可低估的。

诸如振华女校、东吴大学、金陵女子文理学院、清华大学、燕京大学、南开大学、复旦大学、上海交通大学等一代名校,为中国培养了新时代知识的开拓者,而黄埔军校则是现代史上中国职业教育一个罕有的特例。

就挽救民众于水深火热的先驱者而言,容闳这样的近代留美第一人,只不过是维新与改良的附庸,20世纪诞生的1900年,中国大地上爆发了两个"庚子起义":一是唐才常、容闳等人在上海发起的维新党人起义;二是孙中山先生在广东发起的革命党人起义。

事实证明,"秀才造反,十年不成"的老话确实不假。在19世纪结束的时候爆发的这两次起义,堪称中国人拯救民族危亡的决死反抗,虽然都以失败告终,但它预示了新世纪中华民族的希望与曙光。

## 关于科学救国

从另外一个角度说,在中国从封建体制转变为半殖民地半封建社会的历史进程中,政治领袖确实是尤为重要的成功要素,因为导致社会变革的政治、军事手段是先决条件。

但是,在政权更替之后,教育基础与科技水准就跃升为衡量国力的主要内容。以中国的"两弹一星"功勋人物为例,他们绝大多数是20世纪30年代中国少数几所一流大学的精英,绝大多数是从国外学成归来的"海归",更耐人寻味的是,他们中间很多人都是在庚子赔款那笔特殊经费的资助下完成海外学习的。

纵观20世纪的世界物理学史和科学史,华人科学家的身影是无法抹去的，血统来自东方古国的华人学子，以青春才华证实了中华民族的智慧与创造力，然而，华人科学家在20世纪却走上了各自不同的人生道路。

中国内地之路，以钱学森、钱三强、王淦昌、邓稼先、葛庭燧等人为代表；美国之路，以杨振宁、李政道、吴健雄、任之恭、林家翘等人为代表；而台湾岛、香港之路以吴大猷、丁肇中、李远哲和高锟为代表，其中，吴大猷曾先后身处中国内地、中国台湾和美国，而丁肇中和李远哲的成就都与美国密不可分。

这些杰出的华人科学家是中华民族的骄傲与自豪，他们以自己的智慧证明了中国人不是世界科学与进步的旁观者，而是不可缺少的贡献者。综观20世纪以来的世界科学史，华人科学家在民族不幸的历史背景下，表现出顽强的个人英雄气概。在民族的衰落中，匹夫之勇的精神是悲壮的，也是难能可贵的，这就是古语所说的"天下兴亡，匹夫有责"。

因而，本书所描绘的历史年代中的科学精英们，不是民族命运沉浮中随波逐流的水草，而是挽狂澜于既倒的中流砥柱。他们已然是我们的民族英雄，本书的主人公葛庭燧也在这样的英雄行列中。

提到中国现代科技精英群体，有一个重要的史实被忽略了很久，这就是史上著名的"庚款留学生"。

1900年（农历庚子年）八国联军攻进北京的结果是《辛丑条约》的签署，其中第六款为清政府赔偿俄国、德国、法国、英国、美国、日本、意大利、奥匈帝国八国及比利时、荷兰、西班牙、葡萄牙、瑞典和挪威六"受害国"军费、损失费四亿五千万两白银，赔款期限为1902～1940年，年息4厘，本息合计九亿八千万两。这就是臭名昭著的"庚子赔款"。

事实上，"庚子赔款"并未按照条款全部执行，后来先后被美国、英国等国用其中一部分在中国开办学校，并作为中国人留学的学费。清政府被推翻，但"庚款留学生"的政策却存续下来。在此后十多年间，据统计，由清华派出的留美学生达1000多人，从而在20世纪30年代中国超过日本，一跃成为留美学生最多的国家。除了接收"庚款留学生"之外，美国人在华还建立多所教会大学和教会医院，这其中包括赫赫有名的燕京大学和协和医院。日本在侵华战争时期甚至也资助了来自中国的"庚款留学生"。

客观地看待"庚子赔款"退还的历史，如果不退还，或者没有用于中国的教育事业，这笔巨款恐怕大多数会流入腐败贪官囊中。这笔巨款已经不是中国人的钱，"庚款留学生"对中国人才与教育的培养，其直接影响长达一个多世纪，包括中国现代诸多学术大师和后来的"两弹一星元勋"

在内的众多科学家，也算是"歪打"与"正着"。

在资讯如此发达的21世纪，在全球闻名的几个网络搜索引擎中，作者一直没有找到中国20世纪第一代物理学女博士顾静徽、冯丽容、吴芝芝的词条，甚至也找不到"两弹一星"元勋们的清晰的图片，这确实有些令人感伤。

从邻居的角度来说，作者的写作初衷是描写一个金属物理学家的私人传记历史，但在写作的进程中，作者越来越感觉到，已经无法将传主个人的生活、命运与那个时代以及那个时代的人割裂开来。因此，本书不知不觉地误入了科学史的范畴。作者深知，对于一个甚至是缺乏很多常识性知识的人来说，这是一个难以企及的领域，唯一能自我解嘲的是，作者已尽己所能地描绘了科学前辈们的精彩人生，哪怕有的只是提到他们的名字，附上他们模糊的照片。

然而，这只是一种微不足道的纪念方式。

一个世纪的光阴对于人的一生来说，是漫无边际的遥远和起伏跌宕的苍茫。"曾经沧海难为水，除去巫山不是云。"这本是唐代诗人元稹描写爱情的名句，但用来感叹人世苍茫，已然是更为贴切的表达。

葛先生具有十分突出的"戈"的性格。早在战国时代，中国人就已经运用淬火的方法制造兵戈，即《汉书》中所载的"清水焠其峰"。戈，就是用经过高温之后急剧冷却的工艺制造的古代兵器。

葛庭燧先生秉承山东人耿直与率真的性格，他属牛，青年时代曾以"老牛"为笔名撰文抨击封建观念；他敢于拉倒庙里的神像，敢于冲在"一二·九"运动前线，敢于穿越日寇的封锁线走向抗日战场；他不畏权贵，不逢迎谄媚，敢于仗义执言。他性格中的这种剑锋精神，体现在强烈的爱国激情和对于科学研究的执著钻研中，而这种性格也常常因为快人快语而伤到他人。

葛先生已经于2000年离去。有幸认识他，与他们一家为邻，并在从儿时到青年时代的时光里经常见到他的身影，作者一直认为这是一段十分幸运并受益终生的经历。

葛庭燧与何怡贞携手走过60多年的生活之路，犹如科学天空划过的优美曲线，相得益彰，相濡以沫。人的性格是多姿多彩的，葛庭燧犹如"戈"一样的锋芒毕露、锐不可当；何怡贞犹如"荷"一般的心如止水、虚怀若谷、仪态万方。

这一对伟大的科学伉俪共同演绎了"戈"与"荷"的完美组合。大千世界正是由无数迥然不同的个性的存在组合而成的——尺有所短，寸有所长；阴晴圆缺，此消彼长；相辅相成，共存共生，这就是有关人生的颠扑不破的哲理。

爱因斯坦于 1952 年 10 月 5 日在《纽约时报》上发表的一段讲话中说：

> 学者必须才德兼备，与美善为邻。徒有专门知识，只不过像一头训练有素的狗，而非仁人君子。学者必须了解人类的渴求、理想以及痛苦，这样才能在群体与社会当中找到安身立命之所。

这段话可以作为本书的注脚。

## 葛庭燧的历史贡献

20 世纪，是人类在物理学领域获得伟大发现并因此深刻改变生活的历史时代，而在这一光辉的时刻，许多不同种族、不同肤色的科学家的不朽成就被永远地载入了史册。

在此期间，人类不幸遭受了两次世界大战的浩劫，然而，科学的脚步却并没有停止；相反，在科学技术研究与应用方面的飞跃速度令人不可思议。正因为战争的紧迫性，一切和平时期不可想象的非常手段得以实行。尤其是在美国，重大军工项目的研发，云集了成千上万来自世界各地的科学家——他们大都是才华横溢、胸怀凌云壮志的青年学子，诸如人们所熟知的"曼哈顿计划"（Manhattan Project），以及人们并不熟知的美国麻省理工学院（MIT）辐射实验室等——它们几乎花掉了同样多的巨额经费。

这些并非束之高阁或留在象牙之塔、与战争成败密切相关的尖端计划，而成为盟军与纳粹在另一个战场上的决战，正如当时在英美十分流行的一句名言所说："为我们终结第二次世界大战的是原子弹，而帮助我们赢得战争的则是雷达。"——神秘的辐射实验室的贡献，几乎穷尽了当时所有型号的最新式军事雷达，远远领先于纳粹德国，使这一技术得以用 5 年时间超过了 25 年的研究速度。

葛庭燧先生曾先后参与"曼哈顿计划"与 MIT 光谱实验室、辐射实验室这些美国战时最伟大的科学团队，他也因此获得一项专利和美国国防研究委员会颁发的奖状和奖章。他在加利福尼亚大学伯克利分校攻读博士学位期间所发明的一项技术，直接被美军用于收复日军占领下的南洋群岛的侦察。包括作为清华学子在中国战区对日军作战的贡献，他在整个第二次世界大战期间的经历和历史贡献，在当时所有的科学家中也是罕见的，尤其是作为一名中国青年。

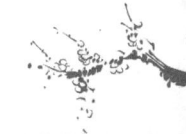

令人遗憾的是，美国人似乎已经忘却了这个曾经为他们祖国的神圣使命而付出心血和巨大贡献的中国人，而葛庭燧先生本人，则在后来几十年的时光中为参与杀人武器的制造而深深内疚和自责。

然而，葛先生真正的伟大之处，在于其对金属内耗领域的巨人般的贡献，以一个中国山东蓬莱人的姓氏命名的伟大的发现，被载入人类20世纪最伟大的物理发现的目录，他的研究和建树至今依然只有很少的人能完全理解或延续。除此之外，葛先生对于祖国的贡献更加令人怀念，他在"一二·九"学生运动中热血沸腾的身影，在抗日战争艰苦卓绝的年代对于冀中平原地雷战和无线电台建设的默默奉献，都被镌刻在历史的丰碑上。

然而，那只是一座无字碑。

葛先生在激情万丈、踌躇满志地回到祖国之后不久，就开始被卷入"极左"政治的激流，曾经身处大大小小的漩涡之中。从20世纪50年代末开始直到70年代末，他的专业研究遭遇停滞，其人也受到政治立场上的怀疑，甚至因为被怀疑是国民党"CC（中统）特务"和"苏修"特务而失去人身自由。

本书正是自始至终试图揭示这种必然性——在"国破山河在"的动荡年代，在传统观念崩溃与封建王朝覆亡的历史转折点，在鱼龙混杂、兵匪纷争的刀光剑影中，在民主、自由意识萌芽之际的价值观念的变局中，在"极左"政治波谲云诡的莫测变幻中，一个充满个人志向和爱国情怀的优秀青年所走过的人生轨迹。他有振兴民族的凌云壮志，有历经磨炼的爱情，他为科学献身的始终不渝的精神，他所遭受的时代的精神苦难，他生活中那些平凡琐碎的无数细节，都透射出坚毅、卓绝、理性的光芒。

本书就是关于这位逝去的科学大师无怨无悔的人生画卷，尽管他的人生留下了许多令人扼腕和无法弥补的憾事；本书就是关于那个穿越了风雨如晦的天空、化作缤纷绚烂的彩虹的科学巨人真实的传记故事。

刘 深

2008年10月8日于深圳

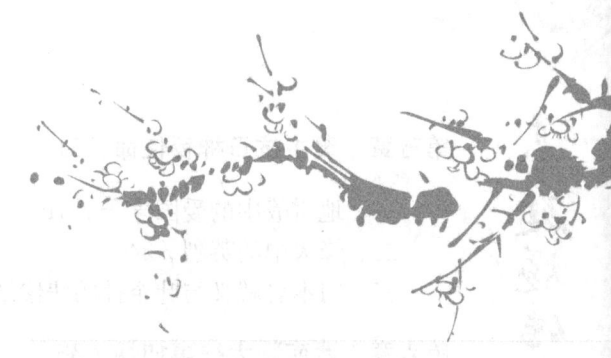

# 目 录

总序（路甬祥）/ i

序（师昌绪）/ iii

在坎坷的报国之路上——写在前面的话 / vii

## 上篇　漫漫博学路

### 第一章　火种的名字与兵戈之梦 / 3
一、蓬莱仙境里天资聪颖的孩子 / 3
二、一头敢于顶撞鬼神的"老牛" / 5

### 第二章　清华园里的科学梦 / 8
一、"四大元老"与"四大名旦" / 8
二、被青春和意志战胜的"白色瘟疫" / 10
三、"一二·九"运动中的热血青年 / 12
四、叶企孙成为人生导师 / 14

### 第三章　何怡贞的成长轨迹 / 16
一、五世翰林之家 / 16
二、从振华女校到美国蒙脱霍育克 / 18
三、国难当头归故里 / 20

### 第四章　风雨中相识相知 / 23
一、北平邂逅一生情缘 / 23
二、四封珍贵的情书 / 25

### 第五章 冀中抗日神秘使命 / 31

一、地雷战中的爱国学子 / 31
二、烽火中的英烈 / 34
三、门本忠就义与叶企孙的悲惨结局 / 35

### 第六章 西南联大往事如烟 / 38

一、悲壮的"大学长征" / 38
二、中国大学的火种 / 39

### 第七章 黄浦江畔喜结连理 / 42

一、师生恋与姐弟恋的果实 / 42
二、新婚夫妇的美国梦 / 46

### 第八章 漫漫留学之路 / 49

一、容闳与破冰之旅 / 49
二、中国最早的官派留学生——留美幼童 / 50
三、虎头蛇尾的海归路 / 51

### 第九章 一项军事发明的原始记录 / 53

一、校园里的博士与战士 / 53
二、尘封六十年的工作日记 / 56

### 第十章 大洋彼岸的科学青春 / 67

一、比翼双飞的新郎新娘 / 67
二、从学者变为"家庭妇女" / 70
三、鲜为人知的红十字通信 / 72

### 第十一章 从伯克利到 MIT / 77

一、走进 MIT 的两个伟大实验室 / 77
二、神秘的辐射实验室 / 78
三、"雷达丛书"对于葛庭燧工作的介绍 / 80

### 第十二章 揭开一段尘封的历史 / 83

一、一本揭秘第二次世界大战幕后功臣的旧书 / 83

二、"五年"六十年之后的故事 / 85
三、"屋顶上的精英" / 86

## 第十三章　战时科研的人才链条 / 88
一、神秘机构背后的神秘人物 / 88
二、被遗忘在剑桥陈迹中的中国学子 / 90

## 第十四章　葛庭燧与杨振宁的友情 / 94
一、李治华：奇诡的"红楼"旧梦 / 94
二、杨振宁与葛庭燧的往日深情 / 97

## 第十五章　一个年轻内耗大师的诞生 / 100
一、一次偶然改变一生 / 100
二、解读金属内耗 / 102
三、"葛氏扭摆"与"葛氏峰" / 103

## 第十六章　远方祖国的呼唤 / 106
一、"美中科协"的学生领袖 / 106
二、钱学森归国的幕后故事 / 107
三、挈妇将雏漫漫归国路 / 110
四、7岁中国女孩的信 / 112

# 下篇　以祖国的名义

## 第十七章　阳光如此美丽 / 117
一、豪情万丈的日子 / 117
二、在新中国，在北京 / 119
三、与毛泽东的多次交往 / 120

## 第十八章　无情的自我否定 / 124
一、沈阳之行 / 124
二、关于"崇美思想"的自我批判 / 125

## 第十九章　新中国第一次科学寒流 / 131
一、科学家中的最高"军衔" / 131

二、在那个萧瑟的夏秋 / 132
三、张劲夫挺身保护葛庭燧 / 134
四、一顶隐形的政治"帽子" / 135

### 第二十章 开创新中国金属内耗研究 / 137

一、短暂的黄金岁月 / 137
二、在弟子的记忆里 / 138

### 第二十一章 角色中的困惑 / 142

一、做科普报告的大师 / 142
二、当科学家变成技术员 / 143
三、三下鞍钢与大炼钢铁 / 146

### 第二十二章 颠沛流离的科研生涯 / 150

一、透过乌云的阳光 / 150
二、再度燃烧的激情 / 152

### 第二十三章 那段不堪回首的往事 / 156

一、从"红色科学家"到阶下囚 / 156
二、令人遗憾的"结论" / 158

### 第二十四章 漩涡中的命运扁舟 / 161

一、违心放弃内耗专业 / 161
二、思想痛苦与专业痛苦 / 162

### 第二十五章 科学春天真的来了 / 165

一、一个诗人的拥抱 / 165
二、关于科学的反思 / 166

### 第二十六章 一个人工小岛上的科学梦 / 169

一、董铺岛的历史命运 / 169
二、董铺岛变成"科学岛" / 172
三、联合开放实验室的"双子星" / 173
四、生命之树长青的"葛氏扭摆" / 174

### 第二十七章　一个学者的本色 / 176

一、与钱学森老友深情 / 176
二、留学潮中的逆流派 / 179

### 第二十八章　站在金属内耗的巅峰 / 181

一、被写进物理学词典的中国人 / 181
二、听"扭摆之父"讲内耗 / 182
三、王中光先生的追忆 / 184

### 第二十九章　科学的历史身影 / 187

一、半个多世纪在金属内耗领域的贡献 / 187
二、往事怆然 / 188

### 第三十章　日常生活中的风范 / 192

一、贯穿一生的俭朴习惯 / 192
二、"不乱花一个马克" / 194

### 第三十一章　科学大师的家风 / 197

一、父母是子女的第一个榜样 / 197
二、严父慈母 / 198

### 第三十二章　至情至性的人生 / 201

一、山东人的耿直脾气 / 201
二、良好习惯是一生的财富 / 203
三、友情与个性 / 205
四、那片天空两朵相似的云 / 206

### 第三十三章　"一个真正的科学家" / 209

一、甄纳奖与最高礼遇 / 209
二、材料科学的荣誉之巅 / 211
三、王晓伟的回忆 / 216

### 第三十四章　生命中最后一道霞光 / 220

一、黯然神伤的牵手 / 220

   二、科学无国界，但科学家有祖国 / 221

**第三十五章　人生最后一次远行 / 226**

   一、在离别的日子里 / 226
   二、他的脚步已经远去 / 228

**尾声　关于生命价值的终极真理 / 231**

**参考文献 / 234**
**附录一　葛庭燧年表 / 236**
**附录二　葛庭燧主要论文 / 240**
**附录三　Science Publications of Tingsui Ge / 241**
**后记之一　戈之奋进　荷之圣洁 / 256**
**后记之二　遥望另一个海上 / 259**

## 上篇

## 漫漫博学路

在20世纪上半叶，中国历经了皇权废弃、军阀混战、社会动荡与国破家亡，生长在这种社会背景下，能够以救亡报国为人生理想的年轻人，无论他选择了怎样的方式，都是在实现他个人的最高价值。

# 第一章　火种的名字与兵戈之梦

## 一、蓬莱仙境里天资聪颖的孩子

先来看看葛庭燧诞生的 1913 年。

这一年 1 月 1 日，津浦铁路全线通车。之所以选择公历元旦这一天，恐怕暗含着那些深受近代工业革命思想濡染的人对于西方科学与技术的崇敬。

孙中山的战友宋教仁在上海车站遇刺，这一惨案导致了讨伐袁世凯的"二次革命"，而半年之后，一代枭雄袁世凯以非常手段当选了总统。

这一年的中国，发生了两件当时并不十分引人注目，但后来却对民族的教育与复兴起到了难以估量的重大作用的事情：一是来自美国的教会组织开始筹建金陵女子文理学院，并首推德本康夫人为校长，该校于两年之后正式开学；二是 7 月 1 日那天，清华学校举行了首届学生毕业典礼，并宣布一批获得游美资格的学生名单。当时负责筛选这批留美学生的一个官员，后来成为葛庭燧与何怡贞夫妇的月下老人，此人即何怡贞的大舅王季烈。

十几年后，葛庭燧也成了清华园中的学子，后来又两度成为这所学校的教师。

20 世纪 60 年代，毛泽东曾经问过葛庭燧是哪里人，葛庭燧回答说是"蓬莱"。毛泽东说："哦，那里是仙境啊！"

对于葛庭燧来说，他从未觉得蓬莱仙境是人间天堂。他于 1913 年 5 月 3 日出生在山东省蓬莱县大葛家村一个农民家庭，他本人在后来写给准岳父何澄先生的信中这样介绍自己的出身——"儒农"。关于"儒农"的说法，并不是葛庭燧自己的发明。在中国广大农村地区，有一类受过私塾教育的农民，这类农民用毛泽东对于农民的阶级划分方法，应该属于中农或者富裕中农，并不是纯粹的贫农或雇农。他们有少量的田产或者小生意，需要一部分雇工并亲自参加体力劳动。

葛庭燧的母亲

葛庭燧生肖属牛,执拗、倔强的性格伴随了他的一生。

父亲葛启彬和母亲葛王氏育有三子三女,葛庭燧排行最小,作为葛家的"庭"字辈,名字中要有"火"旁,但为何取名为"燧",已经无从得知。"燧"字古已有之,燧人氏,是中国上古神话中火的发明者,也有一种说法将其与伏羲氏和神农氏并称为"三皇"。相传在大约一万年前,有个燧明国盛产燧木,又叫火树,有鸟用咀啄燧木,发出火光。其时,一位圣人从此情景生发灵感,折下燧枝钻木取火,此人即燧人氏。钻木取火结束了人类茹毛饮血的年代,而火的发明是人类幼年时期最重要的历史转折点,恩格斯说:"就世界的解放作用而言,摩擦生火还是超过了蒸汽机。因为摩擦生火第一次使得人支配了一种自然力,从而最后与动物界分开。"

"燧"后来引申为一种取火工具的名称——凹面镜,这是古代中国人对朴素物理原理的掌握。然而,"燧"字的读音和含义很生僻,在以后漫长的岁月里,给葛庭燧带来了不少额外的烦恼,但对他的人生轨迹也许是一个常伴左右、挥之不去的暗示——犹如一个勇敢的盗火者。

葛庭燧之父名启彬,因父亲早逝,小学毕业后离家到北京一家面粉厂当学徒,后来积攒些钱,自己开了一个小小的面粉作坊,用脚踏的机器筛面粉。1900年八国联军攻进北京,他为躲避战火,徒步逃回家乡。葛启彬务农兼有雇工,并和一个同村族人在蓬莱海边平畅河口开了个小店铺,经营些日用杂货。当时交通不便,小店进货主要靠小船走海路,到东北或海参崴进货,像俄国的毛毯、盒装的奶粉等。后来,小店因为合伙人之间产生矛盾而被卖掉,葛启彬到潮水镇又开了一家小店铺,字号叫"同恕堂"。

葛家祖上世代务农,但到了父亲这一代,家族中终于出了一个大学生,葛庭燧的二叔在保定农业大学读书,后来当过烟台水产专科学校校长。父亲的学徒经历也为这个家族的血脉传承注入了一种不安分的因子,与村中其他的孩子不同,葛庭燧自幼从父亲那里听到的不是古代神话与民间传说,而是义和团挥舞大刀杀洋人的故事。

那些赤膊上阵的好汉的影子,以及文天祥、岳飞等民族英雄,在少年葛庭燧眼前晃动着,尤其让他难忘的是,父亲告诉他:义和团的大刀败于洋枪洋炮。这是葛庭燧的心灵中最早刻下的关于冷兵器的悲剧，并从此埋下了打败洋人雪国耻的种子。

葛庭燧4岁时便要跟姐姐去上学，这简直是一个愚顽的年龄。母亲说："这孩子从小入大帮，一定有出息。"姐姐无奈地带着弟弟走进她就读的女子学校。女教师看他神情专注地听课，问他能不能听得懂，葛庭燧出口成诵："大风吹，树枝动，小鸟一群，飞向天空。"女教师问了他的名字，告诉他："古代有个燧人氏，教人取火熟食，燧人氏就是你这个燧字。"

第二年，葛庭燧就从女校转入男校。小学校设在一座三元庙里，教室就是庙的大殿。大殿里三面都是泥塑神像，青面獠牙，但每天与这些鬼神相伴，这些孩子并没有什么恐惧感。村里有土地庙，家家供灶王爷，人们仿照着祖先的方式摆脱命运的困扰，比如向龙王求雨、向送子娘娘求子。每当村中大人们顶礼膜拜、香火缭绕的时候，葛庭燧却对那些关于阴曹地府、阎罗王和勾命鬼的故事充满疑问，因为西式学校书本上不是这样说的。

## 二、一头敢于顶撞鬼神的"老牛"

葛庭燧从6岁起就下田劳动，别人休息的时候，他就在地头偷偷看书。他最喜爱的不是"四书五经"，而是关于岳飞和文天祥的故事。从这时开始，葛庭燧读书的目的已经远离了"学而优则仕"的古训。他寒窗苦读、节衣缩食是为了将来文武兼备——文是制造枪炮的知识，武是浴血沙场的拼杀。也就是说，他自幼的理想不是金榜题名、升官发财，而是致力于民族救亡和捍卫和平。

他的性格从此已经注定不是一只绣花枕，也不是冷兵器时代的一支长矛，而是一个火枪手。他随之而来的青年时代几乎一直与战火相关，从20几岁参与冀中平原地雷战，到第二次世界大战时期参与美国的"曼哈顿计划"，以及从事各种军事雷达的研制，他的名字始终和世界反法西斯战争紧紧地联系在一起——这一切，也许是父亲所讲述的关于冷兵器的悲剧故事——那源于当年义和团勇士倒在洋枪洋炮下的血泊中的烙印。

9岁那年，父亲早逝，对葛庭燧的精神打击很大，他为自己没能向父亲尽孝而深深遗憾，从而更加孝敬母亲。多年之后，他怀着这种歉疚的情感对别人说："人子行孝，要只争朝夕，不能拖延时间。如果等自己有工作挣了钱再行孝，恐怕是子欲孝而亲不在了。"

父亲不在了，葛庭燧由大哥葛庭煊供养读书。

大哥葛庭煊

葛庭燧学习刻苦、生活俭朴，经常用省下来的钱买糕点和果品捎给母亲。为了安慰母亲，他还请先生写了一幅祝词贴在母亲屋内——"碧海春深，萱堂日暖"，每当出入家门，必向母亲大人启禀，一片孝心无人不赞。他在书桌旁贴了一副对联作为座右铭："重资财薄父母不成人子，听妇言乖骨肉不是丈夫。"当然，其中含有中国传统文化重男轻女的糟粕。

11岁那年，葛庭燧首次离开大葛家村，到蓬莱城里的山东省立第八中学（现蓬莱一中）读初中，当时的入学年龄限制是12岁，于是他瞒报了一岁。

初中毕业后，在兄长葛庭煊、葛庭焜的支持下，他于1927年到烟台投考益文中学，未果，后到北京投考京师大学堂理预科，这就是北京大学的前身。京城是父亲曾经闯荡过的地方，这一年葛庭燧才14岁。其间，他阅读了不少新奇的科技书籍，如达尔文的《物种起源》、赫胥黎的《天演论》，眼界为之大开。不过，他无法预知的是，此时他未来的老师和妻子何怡贞稍后考入京师大学堂理预科，但他们并未相识。

1928年，葛庭燧考入京师大学堂理预科，选择这所学校的一个重要理由是师范官费。这时，经历了上海"四·一二"的血雨腥风，中国共产党人已经义无反顾地走上了武装抵抗的道路。同班同学孙志远让葛庭燧第一次得知了共产党和马克思主义，他抱着追寻科学与真理的态度，开始阅读《共产党宣言》。他与孙志远的友谊，后来经历了抗日战争，一直延续到新中国成立之后的20世纪后期。

1929年夏天，16岁的他暑假回乡探家，小学生依然在大庙里读书，依然与那些面目狰狞的泥胎相伴，眼前的一切恍如隔世。葛庭燧约了十几个高年级学

1927年，葛庭燧14岁，投考京师大学堂理预科

生，在一天夜里用绳子把泥胎全部拉倒，还把那些泥胎佛像全部扔到了河里。

事前，他们签保画押，宣誓保密；事后，又把"破除迷信"、"打倒泥胎"、"整顿学校"之类的标语贴到街上。此举不可避免地在村中引起轩然大波，村长率众乡亲敲锣打鼓祭神赔罪，并逼迫葛庭燧家修庙塑神。最后，葛庭燧的长兄葛庭煊出了五百大洋修整学校，并请地方贤达出面调停，才平息了这场风波。

回到北平，葛庭燧写了一封"致葛家村村董的信"，刊登在蓬莱籍同学创办的《蓬莱旬刊》上，信中声明：拉倒神像的事是他一人所为，并承担全部责任，与他人无关。他还以"老牛"为笔名，写了《谈谈世界上有没有鬼》等文章。葛庭燧惊世骇俗的行为与无神论思想震撼了蓬莱城，城中青年学生纷纷成立"拉偶队"，拉倒了许多神胎木偶。

那时还有这样一则轶事，葛庭燧少年时便由父母之命说了一门娃娃亲，后来，他勇敢地退掉了这门亲事。据葛家后人说，那个娃娃亲后来出嫁时特意绕路而行，其内心的情感纠结不言而喻。

# 第二章 清华园里的科学梦

## 一、"四大元老"与"四大名旦"

1930 年,葛庭燧由京师大学堂理预科考入清华大学物理系,并获得了山东省每年 60 元的津贴。

当时的清华大学物理系名师云集,其中胡刚复、叶企孙、饶毓泰和吴有训被誉为中国现代物理学"四大元老";另有一种说法,将饶毓泰、叶企孙、吴有训、严济慈并称为中国物理学界"四大名旦",此说是以严济慈取代了胡刚复,而吴有训与严济慈都是胡刚复的学生。无论"四大元老"还是"四大名旦",葛庭燧与他们都有或多或少的渊源关系,其中,叶企孙是他多次人生转折中的恩师,吴有训是他的主婚人,严济慈后来是他的上级领导。

胡刚复(1892~1966),物理学家、教育家,中国近代物理学事业奠基人之一。作为 1909 年中国首批庚款留美学生,胡刚复在哈佛大学物理系的显赫成就,包括将 X 射线标识谱、吸收谱和原子序数之间的实验规律扩展到 25 号至 34 号元素,测定了 X 射线频率和光电子速度的关系,对 X 射线学的发展做出了重要贡献。他在南京高等师范学校(后改为东南大学)及大同大学等校创

1945 年 11 月 3 日,葛庭燧夫妇和女儿与严济慈(左一)、饶毓泰(左三)

建了物理实验室,培养了恽子强、严济慈、吴学周、赵忠尧、柳大纲、施汝为、顾静徽、钱临照、余瑞璜等著名科学家。

胡刚复曾因伤寒病后遗症而失聪，为此，他在英国剑桥听课时不得不坐在第一排才勉强听见。抗日战争期间，他作为理学院院长，协助竺可桢校长西迁浙江大学，并将浙江大学理学院办成了当时最好的学院之一。胡刚复74岁时因严重的肾病做了手术，后逝世于"文化大革命"爆发前的1966年2月。他去世后，人们在他书桌的抽屉里发现了他写的"一身傲骨"四个大字。

叶企孙（1898.7.16～1977.1.13），上海人。1918年从清华学校（今清华大学）毕业赴美深造，两年后获芝加哥大学理学士学位，1923年获哈佛大学哲学博士学位。叶企孙在物理学上的重要研究成果有两个：一是用X射线精确地测定普朗克常数$h$，得出当时用X射线测定$h$值的最高的精确度；二是开创性地研究了流体静压力对铁磁性金属的磁导率的影响，这是20世纪20年代物质铁磁性方面的一项重要研究工作。

回国后，叶企孙成为中国建筑声学研究的先驱，他是清华大学物理系和理学院的创始人，除此之外，他一生中最令人感叹的一段经历，是抗日战争时期帮助八路军开展敌后地雷战并建设无线电台，他也因被怀疑为"CC特务"而在后来的岁月中受尽精神上和肉体上的折磨，直至悲惨地离去。

饶毓泰（1891～1968），考取官费生于1913年到美国留学，先后在加利福尼亚大学、芝加哥大学、哈佛大学研究院、耶鲁大学和普林斯顿大学学习，获得学士、硕士和博士学位。20世纪20～40年代，在美国和德国等地从事原子光谱和分子光谱研究工作，是早期研究斯塔克效应的光谱学家之一。

饶毓泰在普林斯顿大学师从K. T. 康普顿（K. T. Compton）教授研究气体导电过程，抗日战争爆发后，任西南联合大学物理系主任。饶毓泰在"文化大革命"中受到冲击，于1968年10月16日在北京大学燕南园51号上吊自尽。饶毓泰在逝世前两天的教研室会议上曾伤感满怀地说："我们这样的人已经老了，没有用了，今后建设国家的担子落在你们年轻人身上。"

吴有训（1897～1977），字正之，中国近代物理学奠基人，教育家，1921年赴美入芝加哥大学，随康普顿教授从事物理学研究。吴有训一身傲骨、浩然正气，有这样三件事情为证：一是在他任中央大学校长期间，因拒绝军警进入校园搜捕进步师生而多次以辞职相抗争，致使军警始终未能进入校园。二是在"文化大革命"期间，中国科学院革命委员会曾应陈伯达等人的要求，组织对爱因斯坦及其相对论的"唯心主义倾向"的批判，并召开科学家座谈会，企图发动一个新的反科学的批判运动。吴有训公然站出来反对，最终阻止了一场闹剧，捍卫了中国科学界的尊严。三是在叶企孙追悼会上，吴有训因为对叶先生受到的评价感到不公而愤然退场。

此外，还有一则关于吴有训的逸闻广为流传：他陪同国家领导人接见

参加研制第一颗原子弹的科技人员,周恩来总理请他讲话,面对当年的学生,他脱口而出第一句话是:"同学们!"然后又立即改口为"同志们",下面发出一阵笑声,周总理在一旁说:"吴先生,你不必改口,还是称呼'同学们'更好,这里只有你有资格,你有这个特权。"

严济慈(1901.1.23~1996.11.2),中国现代物理研究奠基者之一,1923年大学毕业后赴法国巴黎大学留学,仅用一年时间便考取巴黎大学三门主科——普通物理学、微积分学和理论力学的证书,获数理科学硕士学位,这在巴黎大学校史上从无先例。

1990年1月,葛庭燧(左)、杨承宗(右)为严济慈祝贺九十寿辰

此前法国并不承认中国大学毕业文凭,是严济慈使法国人开始承认中国与法国大学毕业文凭具有同等效力。1927年,刚刚当选法国科学院院士的导师夏尔·法布里(C. Fabry)在首次出席法国科学院例会时,宣读的是他指导严济慈完成的博士论文《石英在电场下的形变和光学特性变化的实验研究》,这是法国科学院第一次宣读中国人的论文,严济慈也因此成为世界上第一个精确测定石英压电定律"反现象"的科学家,也成为第一位获得法国国家科学博士学位的中国人。

## 二、被青春和意志战胜的"白色瘟疫"

在抗日战争之前的近10年时间里,清华物理系毕业生总共不过50余人，但后来大部分都成为中国物理学各领域中的闪亮明星，如核物理学家王淦昌、钱三强、何泽慧，光学专家王大珩、龚祖同，固体物理学家陆学善，力学专家林家翘、钱伟长，理论物理学家王竹溪、彭桓武，地球物理学家赵九章，电子学家陈芳允，海洋物理学家赫崇本等。

葛庭燧也是这个行列中当之无愧的佼佼者。

在京师大学堂和清华读书期间，葛庭燧深受同班同学孙志远（秉哲）和胡乔木（鼎新）、张甲洲、章文晋等人的影响，此间，他还参加过基督教大同盟、朝曦社等组织。在思想上，他已经与共产党和民主、科学站在了一起。在爱国学生运动和学生军事训练中，他成为反对蒋介石独裁统治和"不抵抗主义"的积极呐喊者，在此期间，他的人品得到了物理系教授叶企孙先生的称道。

葛庭燧在后来的回忆中曾说，叶先生是他走上革命道路的引路人。后来的事实证明，叶企孙先生不仅在物理学上有非凡的贡献，对青年人才的发掘可谓独具慧眼，他对葛庭燧的评语是："孺子可教，堪当重任。"当时叶先生借休假之机，去德国访问一年，归来后正值"九·一八"事变。叶先生出于强烈的爱国之心，向国民政府兵工部门建议派遣有志青年到德国学习兵工弹道学。

叶先生推荐了葛庭燧，但后来未能实现。据说兵工署认为葛庭燧思想偏激而未予批准，但这件事成为葛庭燧与叶先生以后数十年交往的契机。即便当初葛庭燧获准留学德国，恐怕也最终难以成行，他因学习劳累和营养不良，患上严重肺结核，于1933年休学。

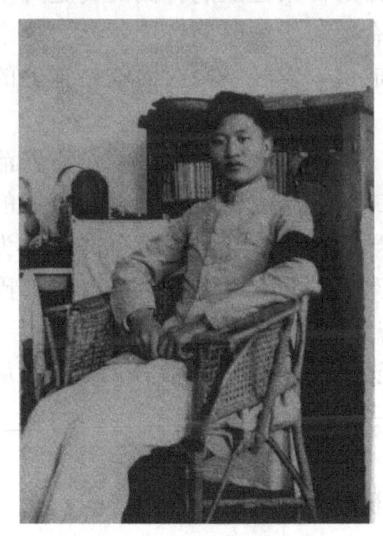

1932年，19岁的葛庭燧在清华园为母亲戴孝

1933年7月22日，葛庭燧在清华大学三院

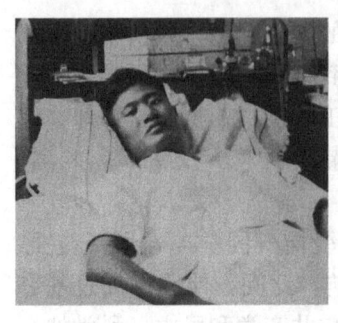

1933年7月,葛庭燧在病中

葛庭燧住进了北平西山福寿岭平民疗养院,那时他刚读完大学三年级。很多肺病患者都在北平西山遇到生命的鬼门关,当时因肺结核而在此住院的还有邓颖超、林徽因和后来被日本兵杀害的清华教工阎裕昌等。

两年养病的日子差一点摧毁了他的青春和意志,在那个年代,肺结核被称为"肺痨"或者"痨病",这显然是用传统中医的原理命名的一个名词。由结核杆菌引起的肺部慢性传染病,早已成为普通的医学常识,在19世纪的小说中,我们经常可以看到这种被称为"白色瘟疫"的病状的经典式描述:"一个如此消瘦的身体,一张苍白的脸,撕心裂肺般的无休止的咳嗽。"——它几乎是那个时代的不治之症。

尽管德国科学家罗伯特·科赫在1882年就发现了结核杆菌,但在葛庭燧患肺结核的时候,距离1945年特效药链霉素的问世还相差十几年。虽然当时的肺结核病已经不至于让人们谈虎色变,但它的传染性对于很多穷困的人们来说,依然是严重的生命威胁。

叶企孙先生曾两次专程到西山探望病重的葛庭燧和阎裕昌,还带去牛奶和鸡蛋等营养品,而当时的许多肺结核患者都因为营养不良和缺乏治疗而丧命。叶先生的关怀使被足以致命的传染性疾病打倒的葛庭燧十分感动,在那两年养病的日子里,他曾有一年半的时间卧床不起,这个清华园里足球、田径和越野赛跑的校队成员,曾经一次次面临精神上的崩溃。

葛庭燧最终战胜了这次死亡的挑战,那也许是他刚刚20岁的青春活力的胜利,也许是他来到这个世界上的伟大使命给予了他一种难以征服的神力。如果他死于这次因为学习劳累所导致的痨病,在当时也并不足为奇,但对于后来他所贡献于20世纪人类物理学的"葛氏扭摆"和"葛氏峰"来说,这种生命的过早消逝是无法想象的。

也许是因为这个世界对他的需求已经远远大于对他的放弃,他最后从死亡的阴影中逃脱。

## 三、"一二·九"运动中的热血青年

病休两年之后,葛庭燧于1935年回到清华园。

恐怕葛庭燧自己也没有做过这样的假设：如果当年肩负国民政府的期望到德国学习武器制造，那么，他所制造的武器枪口会对准谁？但有一点可以肯定，他应该毫无疑问地会成为一名善于理论结合实际的武器专家，理由是后来在美国的成就，证明了他在动手能力方面的才能和天才的想象力。有趣的是，后来成为他妻妹的何泽慧在德国兵工弹道学的学堂上成绩优异，她后来与大学同窗钱三强结为伉俪，在法国居里实验室成为举世瞩目的核物理学家。这对"中国的居里夫妇"后来成为新中国的原子弹功臣。

"一二·九"学生运动留下了葛庭燧激进的身影，他成为中国共产党领导的"中华民族解放先锋队"的一员，当时凌松如和雷骏随（李昌）先后担任过守卫清华大学大队的大队长，葛庭燧是中队长，成为国民党军警和特务最为恨之入骨的人，因为他总是冲在最前面。

在此期间，葛庭燧与何玉珍、武衡、章宏道（文晋）、戴中扆（黄薇）等创办了一个旨在科学救国的激进学生组织——实用科学研究会，很多同学报名加入。为扩大研究会的影响力，他们决定举行一次民众招待会，向民众宣传科普知识和国防科学。不料，这项倡议遭到学校当局和物理系领导人的坚决反对。这时，叶企孙先生站出来斡旋，物理系才同意借仪器在民众招待会上使用，但是要由叶先生担保。那个民众招待会是在一个小礼堂举行的，由熊大缜讲解，工人出身的物理系仪器管理员阎裕昌做演示。熊大缜和阎裕昌后来先后死于抗日前线。

据葛庭燧几十年后回忆，当时很多民众扶老携幼来听讲演会，当晚还放了一场科技电影。本来那场电影准备在清华大礼堂放映，但学校当局坚决不肯。又是通过叶先生的努力，由学校在礼堂前面的草地上搭了一个架子，挂上屏幕，从大礼堂二楼向外放映，上千民众席地而坐，看了这场电影。

葛庭燧不仅在学校当局重重阻挠之下举办民众招待会，在大庭广众之下进行科普演讲，他还因"蛊惑人心"的煽动性宣传而被列入国民党的黑名单，因为他宣传的不仅仅是一般性的科普知识，还有与武装抵抗相关的国防科学。

起初，葛庭燧并不知道自己上了黑名单。有一次，北平当局派军警夜袭清华园，搜捕进步学生。那个晚上，葛庭燧就躲在清华北院的叶先生家里。叶先生与物理系助教熊大缜同居一室。熊大缜到外面打探消息，证实捕人的黑名单上就有葛庭燧。

在纷乱的时局中，清华学生分成两派：在大礼堂开会的叫"大礼堂

第二章 清华园里的科学梦

派",亦称"救国会派";在同方部小礼堂开会的叫"同方部派"。"救国会派"选出5名"汉奸学生",由300多名学生签名贴出大字报公布。而这5名学生向北平法院控告10名同学侮辱他们的名誉。这10名同学中,有8人是救国会的委员,另外两人是钱伟长和葛庭燧。

当时这些被告生都躲了起来,葛庭燧看到报纸上登载的开庭日期,心里有些发慌。如果不出庭,就会缺席判决;如果出庭,肯定会遭到军警拘捕。危急之中,葛庭燧想到回清华园向叶先生求救。叶企孙再次挺身而出,他说服了当时的教务长出面干预,才把这件诉讼案压了下来。

## 四、叶企孙成为人生导师

叶企孙,这位创建清华物理系的学界泰斗,当时担任清华物理系主任、清华理学院院长,更重要的是,他是包括葛庭燧在内的众多优秀学子的人生导航者。

1936年秋,葛庭燧再次得到了叶企孙教授的帮助,叶先生将他推荐给化学系教授张子高先生,使其担任了中华教育文化基金理事会编译委员会的一名编译员,这个职位使身体仍然虚弱的葛庭燧得以有译书的稿酬贴补学费。

1937年大学毕业之际,葛庭燧在清华园已经整整7年。如果当年去德国学兵工弹道学,他不仅应该拿到了硕士学位,而且可能已经发明了新式武器,其后果也很可能间接地成为希特勒的帮凶。而事实上,他后来在美国MIT辐射实验室的创造性工作,使其最终成为希特勒和日本人的可怕对手,他参与研制的最新式的雷达无论在高山上、飞机上还是军舰上,都成为纳粹军人的噩梦,而他发明的镓灯就直接被用于美军收复南洋群岛时对日军的战斗。

葛庭燧从清华毕业刚刚一个月,北平便立即笼罩在卢沟桥的炮火硝烟中。

由于身体尚未痊愈,不能立即离

1937年,葛庭燧在北平寓所

开北平，他依然在中华教育文化基金会担任科学书籍的翻译。由于疾病的困扰和参与爱国学生运动，葛庭燧始终认为他的大学时代并未认真读书。在沦陷的北平城已难以藏身，为了躲避追捕，他于1938年再次找到叶企孙先生帮忙，投考燕京大学（简称燕大）物理系研究院读研究生，因为燕大是美国人开办的，当时日美之间尚未开战，燕大暂属安全地带。

由于报名须提交大学期间的成绩单，叶先生在葛庭燧开列的成绩单上签了字。就这样，葛庭燧得以参加研究生入学考试，并意外地收到了该校物理系主任——英国人班威廉写来的录取信，信中还邀请他担任该系的半时助教。

这段研究生兼助教的经历是葛庭燧一生中极为重要的阶段，而且，他到燕京大学读书，又一次得益于叶先生的鼎力相助。在大学毕业后，叶先生来过沦陷的北平几次，都是秘密住在饭店里，葛庭燧和钱伟长曾前往探望。当时，葛庭燧告诉恩师，日军已经加紧了北平市内户口的盘查，他在城里待不下去了。

正是在燕京大学研究院，葛庭燧遇到了生命中另一个重要的老师，这就是刚刚从美国回国任教的何怡贞博士，之后，他们之间的师生关系和姐弟关系渐渐发生嬗变，尽管他们之间的爱情也曾发生过波折，但终于在三年之后结为终身伴侣。

# 第三章 何怡贞的成长轨迹

## 一、五世翰林之家

1910年11月14日,何怡贞出生于北平安福胡同。她的祖籍是山西灵石两渡村,仅在清代,该村何氏就出了15名进士(含一名武进士)、29名举人及贡生、太学生等100多人。在山西当地,曾有"无何不开科"之美誉。

1912年8月19日
何怡贞两岁时在上海

何怡贞出身于"五世翰林"家族,才俊辈出,诗书传家。其父何澄,字亚农,号真山,年轻时东渡日本留学。何澄曾志在学农,因而取字"亚农",后入振武学堂,这是陆军士官学校的预科学校,1906年转入日本陆军士官学校第四期步科。

何澄先后参加过留日学生组成的拒俄义勇队和军国民教育会,一直追随孙中山先生的资产阶级民主革命,是同盟会最早的会员之一,他一生最大的荣耀在于追随中山先生的民主革命。

在追随中山先生反清民主革命最为悲壮的胜利前夜,何澄之妻王季山在北京诞下一个女婴,这就是他们的第一个孩子,取名怡贞。何澄与王季山共育有十个子女,其中两个男孩幼年夭折。何澄说,西方列强八国联军攻进北京,他要把八个孩子送到这八个打败我们的国家去留学,将来学成后打败他们。何澄常对孩子们说:"若想中国人不受外国欺负,必须把外国的强项学到手,我就是倾尽家资也要送你们出去。"

何澄与王季山所生的八个孩子,后来皆攻自然科学,其中年长的四人留学国外,因为抗日战争爆发,后四个孩子留洋梦断。这八个孩子是:

长女何怡贞,两度留学美国,中国现代最早的物理学女博士之一,金

何澄（1880～1946）

王季山（1887～1949）

属物理学家。

长子何泽明，20 世纪 30 年代初留学日本东京帝国大学，回国后任昆明中央机器厂工程师、北方工业大学副校长。

次女何泽慧，在德国和法国留学，中国科学院院士、高能物理学家。

次子何泽涌，20 世纪 30 年代由日本庚子赔款资助留学日本庆应大学医学部。回国后到山西女子医学校任教，后长期任山西医科大学教授。

8岁时的何怡贞在苏州

三女何泽瑛，中国科学院植物研究所、中山植物园副研究员。

三子何泽源，南通纺织学院毕业。

四子何泽诚，华北大学工学院毕业，上海地质仪器厂高级工程师。

五子何泽庆，1948 年清华大学物理系毕业，任教大连大学、长春地质学院。

在 20 世纪末期的媒体宣传中，经常可以看到关于"何氏三姐妹"的说法，对此，何家的八个兄弟姐妹并不以为然，认为这样的炒作带有某种误导。何家的三个姐妹确实都很优秀，但是，她们的五个兄弟也不逊色，更何况，无论用学术成就还是性别来分割血脉亲情，都是很荒唐的事情，在何氏八个兄弟姐妹看来，这种牵强的生拉硬扯是一种烦恼。

## 二、从振华女校到美国蒙脱霍育克

何怡贞的外祖父王颂蔚（1848~1895），王鏊第十三世孙，是名噪一时的"苏州三大才子"之一，光绪六年中进士，入选翰林院庶吉士，后升任内阁侍读学士。外祖母王谢长达亦非等闲之辈，堪称晚清奇女子，是近代著名女教育家、社会活动家，她一生做了两件影响深远的事情：一是创办振华女子两等（初等、高等）小学；二是子女大都成为中国现代史上的科技精英。

1928年春，王谢长达80大寿时的全家福，苏州

从振华女校毕业后，16岁的何怡贞于1926年考入金陵女子文理学院数理系，她所读专业是当时的人们认为对于女性来说不可理喻的物理学。她在金陵女子大学主修数学和物理，辅修化学，金陵女子大学的物理系当时很少人念，她和高低年级同学一起上课。

1930年，20岁的何怡贞从金陵女子文理学院毕业，到镇江一所教会学校任教一年。有一天，父亲交给她几千元钱，对她说："如果你想嫁人，这钱就做嫁妆；如果想出国留学，就当学费。"何怡贞把父亲的话理解成对她志在远行的激励，因而准备效仿远在美国的二姨王季茝和三姨王季玉，她们已分别从芝加哥大学和蒙脱霍育克女子大学毕业。

1931年，21岁的何怡贞选择了三姨的母校——蒙脱霍育克女子大学物理化学系攻读硕士学位，毕业后，她在密歇根大学继续了4年的学业，于1937年获得物理专业哲学博士学位。此间，她所度过的6年求学时光，横跨物理与化学学科，最后落脚于从光谱的角度研究物质。

1931年出国前的何怡贞于苏州

1931年，何怡贞（左二）在美国蒙脱霍育克女子大学与同学合影

何怡贞一直从事过渡金属的光谱学研究，在稀土元素的原子光谱研究课题中，成为研究钇的光谱线从可见光到紫外光定标并发表论文的第一人。事实上，在美国所从事的光谱学研究，为何怡贞后来为新中国光谱事业做出重要贡献打下了坚实基础。

1935年何怡贞在美国密歇根大学

何怡贞首次美国求学之旅的起止时间颇为耐人寻味，她去美国的时间是1931年，正逢"九·一八"事变，而她1937年归国之际，恰逢"卢沟桥事变"，她的求学生涯，被刻上了深深的民族沦亡的烙印。1937年5月，刚刚博士毕业还没来得及参加毕业典礼的何怡贞，到德国去看望二妹泽慧，她们一起商定去北欧旅游。那时，在美国出游欧洲只买单程船票即可，回程免费。那一次，她们游历了丹麦、挪威、瑞士、瑞典等7个国家和地区。

## 三、国难当头归故里

这次旅行的目的绝不仅仅是游玩，姊妹二人参观了一些学校，拜访了她们老师认识的一些学者，使她们在专业知识和生活阅历上开阔了眼界。当姊妹二人来到挪威时，房东告诉了她们一个惊人的消息：国内发生了"卢沟桥事件"。

1937年何怡贞与何泽慧在欧洲

国难当头，何怡贞的第一反应是终止欧洲之游，立即返回祖国，而让刚刚出国才一年的妹妹继续在德国完成学业。何怡贞的回国决定十分令人惊讶，国破家亡、生灵涂炭，一个弱女子又能有何作为？其时国人唯恐避之不及，纷纷逃离战火，而27岁的何怡贞，一个在美国生活无忧无虑、学术前途不可限量的物理学博士，为何要中断北欧之行？唯一的理由就是她那与自己的祖国和亲人患难与共的信念与决心，这就是一个年轻姑娘的民族气节与人生价值观，这就是她所做出的令人钦佩的选择。事实上，离开欧洲一个月后，何怡贞就和家人一起，被裹挟到苏州城逃难的人流中。

何怡贞1937年归国前与何泽慧在欧洲

何怡贞怀着对祖国和家人的思念，忧心忡忡地登上了归国的轮船，她从欧洲启程，经香港、上海，回到已经被日军侵占的苏州老家。何怡贞见到了离别六年的父母和弟弟妹妹，此时，王谢长达老人已经在三年前辞世。国难当头，一家人已无暇共叙天伦之乐。在家里没住几天，日军的铁蹄就踏进了家门。逃难回来，她发现从美国带回来的一个皮箱被日本兵用刺刀挑开，邮票、照片、衣服都不见了，她的笔记本和论文被凌乱地扔在院子里。

何怡贞一家在光福镇逃难

何怡贞随家人一起逃到太湖边的光福镇，临走时，父亲和三弟匆忙将那些无法带走的珍贵端砚和印章等埋藏起来。何怡贞晚年曾对那段日子有过伤痛的回忆，她记得日本兵蛮横无理地对待父亲，让这个毕业于日本陆军士官学校的高才生非常愤懑。

正是在那段时光，日军曾下令，限期让在光福的苏州难民返回苏州，何澄给日本驻上海武官原田少将——他当年在日本的同学写了一封求助信，拯救了苏州逃难百姓。

# 第四章 风雨中相识相知

## 一、北平邂逅一生情缘

1938年,何怡贞随家人从上海来到北平,先在北京师范大学教了几个月物理课程。由于父亲和司徒雷登是旧交,他们经常一起讨论政治和中美关系,于是,时任燕大校务长的司徒雷登请何怡贞到燕京大学任教,诚如葛庭燧与叶企孙是忘年之交一样,何澄也与叶先生相熟。

在北平的一年时光,是何怡贞的重要人生转折点,在燕大,她遇到了一个才华横溢的学生,这就是后来成为她丈夫的葛庭燧。这一年,何怡贞的情感波澜起伏,这个大家闺秀不乏追求者,这让她在感情上一度彷徨。

何怡贞对于年轻时代的恋爱经历一直讳莫如深,直到晚年才渐渐有些吐露,这也十分符

1938年何怡贞在北平燕京大学研究院

合她的性格。早在金陵女大读书时,父亲的朋友曾介绍一人来见面,何怡贞索性一言不发,没理他,家人也没有多说什么。在当时,振华女校很多女生高中毕业后就结婚了,大都在20岁左右。

在美国读书期间,也曾有一个华侨追求何怡贞,甚至以殉情相挟,何怡贞说自己没念完书、没得到学位,不考虑这个问题。她的想法是,优秀的男人很多,来日方长,不能因为恋爱影响了学习。因此,每当假期有同

学约她出去玩,如果发现对方意图暧昧,她就会拒绝同行。

何怡贞之女葛运培从她母亲后来的回忆和一些只言片语的记述中得知,在何怡贞在燕大和葛庭燧交往之前,至少还有一个男人曾经闯进她的心扉,此人即是她在美国认识的另一个华侨雷先生,他的亲戚是比利时的外交官,因而想去欧洲发展。他们曾有一段比较密切的书信往来,后来可能因为何怡贞到美国而中断了。

1939年7月2日,何怡贞在暑假期间随父母离开北平,先回苏州老家灌木楼住了两个月,然后赴上海。当时,何澄已卖掉了北平王大人胡同1号真山园的房子,通过上海大陆银行行长,在上海买了位于法租界海格路卫乐园23号宅(大陆银行宿舍)的一套房子,其余款购得苏州老宅附近的网师园。

1939年北京王大人胡同真山园
母亲与何怡贞、何泽瑛

据何怡贞回忆,那时的上海滩乱得一塌糊涂,只有租界稍好,教会和医院比较安静。这种境况使何怡贞更加坚定地打算重返美国深造。她开始和在美国的老师及同学通信,原来那位很赏识她的系主任说:"你马上来吧,我给你找个更好的位置。"

1939年7月何怡贞从燕大的离去,使她与葛庭燧两人之间本来就若明若暗的关系遇到了严峻考验,而另一种猜想是:当时只是葛庭燧对美丽的老师的单相思。关于此间他们之间的关系究竟如何确定,可以从何怡贞的三妹何泽瑛的记忆中找到蛛丝马迹。

据何泽瑛回忆,他们家还在北平住的时候,她未来的姐夫有时往家中打电话给大姐。每当电话打来,泽瑛就会叫道:"'狗'又来电话啦!""狗"是"葛"的山东口音,也可看做是一种戏谑发音,这个细节至少说明两个问题:其一,葛庭燧与何怡贞的交往已经突破了一般的师生关系;其二,何家当时对葛庭燧作为未来女婿并未十分看好,或者说是未置可否。这使人很容易就两人的出身门第之间的差异产生联想。

按何怡贞后来的说法，他是个穷大学生。在对葛庭燧并不十分了解的情况下，何家的态度是可以理解的。对于何怡贞来说，至少面临这样几个难以说服家人的问题：师生关系；何怡贞大葛庭燧将近三岁；最为致命的是，葛庭燧曾患有肺结核。在当时并未出现针对肺结核特效抗生素的时代，最后一个问题确实是不容忽视的。也可以这样说，何怡贞最终对于葛庭燧的接受与认可，带有非常大的勇气。

## 二、四封珍贵的情书

何怡贞一直珍藏着葛庭燧于1939年在燕京大学写给她的四封信。

怡贞先生：

今天是和你离别的第二天，料想你已经上了轮船，在人声嘈杂中，轮船就要生火待发了。

独自一个人坐在屋子里，出了一会神，凝视窗外的湖水，在微波荡漾中真好像是耸立着一只轮船。一阵微风吹过去，轮船不见了，带着我的怡贞先生离开了这破旧的北国，湖中只剩下体育馆的倒影若影若现，和湖边的垂柳辉映着。

天气阴沉沉地，但并不怎样闷热，海上的空气许很凉爽吧？愿你有一个愉快的旅中生活。

昨天晚上和几位同学在化学楼的南边散步。月色依然是那样地皎洁，清风依旧是沁人的襟胸，但我却那样地感觉怅惘寂寞，忽忽地若有所失！这里到处都曾印过我们的足迹，现在却是景物依然，而"人面不知何处去"了。

溪中呱呱的蛙鸣，引起我无限的感触，团团的刺猬从我足边爬过去，更使我陷入深深的暝思！抬起头来，女校养病院的红漆门从浓阴中隐隐地印入我的眼帘！哎，我再也没有机会去按那沙沙的铃声了！我再也不能从那"呀的一声门开了"之中，看到那一张使我喜欢，使我爱恋的笑脸了！！

这真真地要使我闷得窒息了！

往事好像电影般一幕一幕地重映着，你的一举一动，一谈一笑，都纤微无疑地浮上我的心头！你那天真的微笑，你那热情的眼泪，你那诚挚的态度心情，以至于你对于我的爱怜，抚慰，甜蜜，给予，都牢牢地印上我的脑海，深深地渗入我的心田，永不磨灭！！啊，我真真地体验到"情感"的伟大和动人了！！

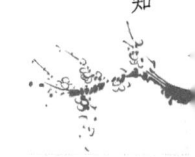

前天我回校以后，遵照你的意旨替你向他们道别，他们都很怀念你，很抱憾未能给你送行。我愿意向一切人——知道你的或不知道你的——谈起你的一切，因为这可以在我的心中唤起一种甜蜜的快感；但是另一方面却也怕谈到你，因为这也可以使我发生一种怅惘和酸楚！啊，快慰和痛苦永远是相伴而来的，我深深地体验到个中的滋味了！

也只有甜蜜的回忆，足足稍稍地慰藉我寂寞的心情！！！

怡贞！你以为我以后的生活会很灰色而忧郁吗？不，决不！"工作的铁锤可以打破烦恼的连锁！"我决不是想渐渐地忘掉你，而是想把我的情爱升华到工作上。我虽然是情感很柔弱，但是决不像诗人般的 sentimental。你的诚挚，你的坦白，只有使我感受熏陶而奋斗，向上；决不会使我沉溺而趋于堕落！

当你接到我这封信的时候，你已经见到慈爱的母亲了，天伦欢聚，实人生一大乐事。愿你充分地利用这两个月，依依承欢于双亲的膝下。

以后，我们都要踏上人生的征途了！我愿我能勇敢些，勇敢地担负起这人生的重担，排除这当前的万难！！我时时刻刻都需要你的鼓舞和指导，因为这可以增加我无限的勇气。愿你常常能记起和关照我，这个可怜而又孤独的孩子！！！

再谈，祝你

永远幸福和快乐。

庭燧<br>七月三日上午

怡贞：

已经有十二天之久没有接到你的来信了！这几天我盼信盼得心神很不安！不知是你的来信在路上遗失了还是你因为忙而没有写信。有时候我心血来潮，更担心你或许身体不太好；或许有什么意外的事——真令我不敢想下去了。

晚上时常作些噩梦，梦见些奇怪而可怕的事情，醒来的时候仍然是心头突突乱跳，或万分酸楚。我的心情的确是脆弱而善感！天，但愿我们都很平安幸福！！

你七月卅一日发的信，是八月七日下午收到的——一直到现在没有再收到你的信。你在信上说："整天在小楼上偷安的我，不时在良心上起一种微波。按理：有欲必有思，有思必有言。说到就得做到，事实上却并不这样简单。"

我仔细琢磨这几句话，不能十分了解你的语意，莫非是你心中有什么很大的感触吗？但是，我相信你是十分 steady 的，我相信你一定知道应该怎样去做。

八月又快完了，天气顿然有了秋意！"旦暮已凄凉，离人远思忙，夏衣临晓薄，秋影入廉长。前事风随扇，归心燕在梁，殷勤寄牛女，河汉正相忙"——这不是唐元稹咏新秋的诗吗？我计算着你快要起身去菲大了，愿你诸多珍重！

庭燧<br>写于噩梦乍醒后八月廿日破晓

怡贞先生：

昨天下午接到你十日所发的信，你可以想到我接到你的信的时候是如何的快乐，兴奋！你谆谆地开导我，使我很感激！

我深深地感觉到，我是在做着"损人而不利己"的事！我不应该拿"人总是人"这句话来掩饰我自己的错误懦弱；因为正像你所说的，"因由我造，实有转变的全权"，我应当勇敢些！清醒些!! 自讨烦恼，令人烦恼，这是多么不智的事！如果我再不振作些，我不但对不住你，对不住我自己，而真是等于"自欺自弃"了！我以前是拿整幅的精神爱别人，以后应当拿整幅的精神来爱我自己，来自强自重；斩断一切的情思痴念，担负起时代的儿女在大时代中所应负的使命！

怡贞先生，你想我能做到这一步吗？愿我所表现在事实上！让我的生活安静些而并不沉闷，刻苦些而并不颓萎！一个很有作为的青年总是很多情的，他可以很真挚热烈地去恋爱他所喜欢的人，但是他也能够把他的情爱转用于他的事业和理想上！

很不幸的，我的暑假研究工作并没能顺利地去作。原因是缺乏交流电。自从上月底发大水以后，接连着不断地下雨，地下室又一度的漫水。所以物理系方面决定把变流器 (D. C. A. C. Converter) 从地下室迁到上一层来。这种工作相当地麻烦，所以一直地都没有交流电。现在一切都已装好，不过砖台子还没十分干。恐怕要等十天以后才能开动呢！

廿一日夜

怡贞先生：

我现在正致力于翻书，预备在九月十号以前把这本书《力学》译完，然后再专心地念书和做实验。这种办法既可以解决下一年的经济问题，又可以使下一年的工作集中些，你劝我继续从事翻译工作，很感谢你的好意。

不过这本《力学》译完以后，将来是否再译第二册，那一方面要看编委会（现已迁昆明）的意旨，一方面也要看我的经济情况及时间。总而言之，我总觉得在我现在这个时期，还是多念点书和多做点研究工作的好——只要生活上不发生问题的话。

关于 Rofenone 的光谱研究，将来一定继续做下去。我希望陈先生回来以后（大概要在九月底），能够给我一个应用 grating 及 microphotometer 来作的题目，因为这样可以两个题目同时进行而并不相扰。下一年我预备念的课程有 Atomic Physics（陈），Nuclear Physics（褚），Theoretical Physics（班，旁听），Organic Chemistry（窦，旁听）及 Journal Club，每个星期有十几点钟，我想还不至于太忙——因为我没有其他的杂事。

至于一年以后的计划，固然要待寒假后才能有眉目，但是根据我现在的愿望，可以分为以下的几条路：1. 请求 China Pandatinn 的乙种科学研究补助金留在燕京研究。2. 到北平研究院（或中央研究院）做研究员。3. 留燕京做助理。第三条路我并不愿意走，因为做助理太忙，研究的时间很少，不过第一、二条走不通的话，第三条路也很好，因为我舍不得燕京的光学仪器——程利昌君也劝我走第三条路。

至于将来究竟如何，现在并不见得都能料想得到，这不过是初步的愿望而已。不过有一个大前提，就是我总须找一个环境，适宜于做光谱学方面的研究工作。计划的完成还须待努力，工作，奋斗！不过我相信我能够知道怎样去"从大处着眼，从小处着手"的。

怡贞先生，我永远忘不掉你所给予我的恩惠和鼓励！我永远会把你当成我的良师益友！愿望你原谅我一切的过去，原谅我过去使你所感到许多的不安和麻烦。总之，我觉得我自己是一个很听话而又很有志气的好孩子。愿你以后好好地抚慰他，培植他，但是不要给他不必要的刺激！使他努力向上，而不要使他沉溺坠落！

对于你的远见，我是十分佩服的，我相信你一定知道怎样来教导我，矫正我。想到这一点，我马上从内心里发出一种莫名的喜悦，从眼角里浸润出几滴感激的泪水！暑假就要终结了！在将来的一个新年度里，应当如何的努力！

　　你什么时候去菲大呢？雷先生已否从柏林回国？愿你们一切顺遂，幸福愉快！别的下次信再报告你吧！

　　祝福你！祝福你们！！

庭燧
八月廿二日上午

程君有两页信给你，谨一并附上

又及。

　　第一封信中的风景描绘和心理活动，让一个因痴情而陷入单相思的年轻学生形象跃然纸上，简直难以想象是出于一个理科学生之手，倒像一个文学青年的失恋小说。而第二封信至第四封信与第一封信相隔一个半月左右，而且是连续三天所为，表达了他内心抑制不住的思恋、失落和自励，字里行间，透露出对何怡贞的眷恋和怅然若失之情。

　　从写在燕京大学信笺纸上的信件，可以廓清他们之间业已发生的如下事实：

　　他们常在校园散步，所以才在化学楼前有物是人非、触景生情之怅惘。葛庭燧经常去何怡贞的女教工宿舍串门，走到浓荫中的女校养病院，在红漆门按响沙沙的门铃，"呀的一声门开了"，露出何怡贞的笑脸。信中描绘的情景如电影镜头一般清晰而生动，信中也将其比喻为电影般一幕幕重映。何怡贞悄悄离开燕大，所以委托葛庭燧代为向昔日同事及学生告别。信中引用了何怡贞的话，"因由我造，实有转变的全权。"这似乎表明何怡贞斩断情丝或移情别恋的理由，葛庭燧对此表示理解和支持，并无异议。

　　葛庭燧在信中为自己一年后毕业的前程设计了三条道路，均是留在北平，可见定然是无法与何怡贞相聚，天各一方，更谈不上继续恋爱了。葛庭燧最后向何怡贞及他的情敌雷先生表示了祝福，其话语至少在字面上和礼节上是真诚的。葛庭燧信中一再向何怡贞表决心，不会因为失恋而苦恼和沉沦，自励"我应当勇敢些！清醒些！！"

　　信中的一些细节则对今天的读者揣摩葛庭燧当时的心态有良好的帮助。比如，信中多处使用了富于感情色彩的惊叹号，而一个惊叹号及两个甚至三个惊叹号的连用，表达了他内心波澜起伏的激情；信中的称呼有时

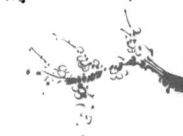

是"怡贞",有时是"怡贞先生",表达了葛庭燧对于这个年长他三岁的老师丰富的情感层次,那是爱慕与尊敬交织在一起的荡漾的恋情;其中一封信标明的写作时间是"噩梦乍醒后的破晓时分",更让人联想起葛庭燧魂牵梦绕的情感波涛。

信中所提及的那位雷先生,显然就是当时狂热追求何怡贞的人之一,而葛庭燧至少在信中表现了宽广的胸怀和理性的克制,以及大丈夫在儿女情长之中未曾泯灭的豪情壮志。我们也可以想见,当何怡贞读到这些信时的感受与心情。

事实上,他们在一年多之后便正式确立了恋爱关系,并于两年后的1941年7月7日在上海结婚。

# 第五章 冀中抗日神秘使命

## 一、地雷战中的爱国学子

1938年秋天的一个晚上，阎裕昌匆匆来到葛庭燧的宿舍，说他参加了抗日游击队。他还说，叶先生知道这件事，他奉命来找葛庭燧，让他以燕京大学作掩护，为游击队做些事。叶先生和阎裕昌毫不怀疑葛庭燧的政治立场，仅仅是在"一二·九"运动中的激进表现，就足以证明这一点。

阎裕昌当时交给葛庭燧三项任务：一是搞一些关键器材，主要是用于开展地雷战和制作电台的材料；二是查阅一些资料，提供一些科技报刊；三是介绍科技人员去抗日游击区工作。葛庭燧当即欣然应允，并与阎裕昌约定了单线联系的方式。临别时，阎裕昌表示要带他到游击区看看，了解那里的情况和具体需求，并详细告知了游击区的具体地点。

不久，阎裕昌领着清华大学生物系练习生张瑞清找到葛庭燧，并告诉他，张瑞清是他去游击区的带路人，还特别交代说，保定城的东门有日本宪兵把守，要通过这一关很不容易。为此，阎裕昌让葛庭燧去找燕京大学教务长司徒雷登想想办法。

葛庭燧当时任燕大研究生同学会会刊总编辑，与司徒雷登打过交道，但此行极为机密，他也不便对这个美国人说。忽然有一天，司徒雷登教务长给葛庭燧介绍了保定来的两位传教士，他们会说中国话，而且带山东口音。

两位传教士说可以到保定教堂去找他们。葛庭燧同阎裕昌商量，就以这个借口，化妆成牧师，混过保定门。葛庭燧后来回忆这段往事时提到了两个重要细节：一个细节是司徒雷登显然知道葛庭燧去游击区，并暗中给予帮助，显然是这个美国人支持八路军抗日的重要证据；另一个细节是，当时他的老师何怡贞也知道他的游击区之行，并给予了"有力之鼓励"。

当时，几十万日军包围冀中抗日根据地，八路军各部队之间用以联络的无线电收发报机，正是叶企孙教授在北平和天津秘密组织制造的，而此时的葛庭燧与他的同学则要穿过封锁线，向根据地运送这些器材。

1938年11月，葛庭燧在叶教授的安排下，到护国寺教堂办理了牧师证，上面写的名字是"舒某某"。葛庭燧在那里练习背诵祈祷辞，接受做牧师的简单培训。然后，他们乘火车从北平至保定。在保定一所教堂里，葛庭燧从一个美国传教士那里拿到教堂的电话号码，以备日本宪兵盘查。

出东城门的时候，葛庭燧身穿藏青色西装，戴着礼帽，怀揣《圣经》，镇定自若地向日本宪兵出示牧师证，对哨兵说："我要到城郊的公理会去。"出了东城门葛庭燧直奔公理会，坐上了在那里等候的马车，当晚即赶到任丘县楼堤村。

这是八路军冀中军分区供给部的驻地，迎接葛庭燧的供给部部长不是别人，正是清华园里的学长熊大缜。葛庭燧当时很纳闷，熊大缜在学校里的学生运动中并不怎么抛头露面，只知道他是叶先生的得意门生，而且常与叶先生住在一起，学习很优秀，并准备留学德国，怎么会突然变成了冀中军区的供给部部长呢？

在冀中军区，阎裕昌的化名是"门本忠"，葛庭燧穿上了八路军的军装，化名"何普"，"普"，是取英文"普罗里达得亚"的音译，指无产阶级，而"何"，显然是他正热恋的怡贞老师的姓氏。

老友相见不必过多客气，熊大缜为葛庭燧引见冀中军区司令员吕正操，还介绍说，军区的政委是王平，政治部主任是孙志远。孙志远就是葛庭燧在北平师范大学理预科时的同班同学，当初就曾向他宣传过共产主义，他们一起参加过进步活动。当时，孙志远私下里鼓励他去从事科学研究，为将来的新中国服务，这番意味深长的话曾让葛庭燧沉思良久。

葛庭燧留在供给部技术研究社工作，他的战友除了阎裕昌之外，还有清华化学系的研究生汪德熙。他们的任务是利用冀中地区土壤中的硝盐来制造炸药，并建立无线电台，他们还必须亲自进行自制地雷的爆炸试验。不久，由于日军的扫荡，供给部全部搬迁，葛庭燧也随着部队在任丘和高阳县境内转移，当时他一直走了两天两夜。

1940年7月，葛庭燧在燕京大学

1940年4月,燕京大学物理俱乐部合影,前左三为葛庭燧

在冀中住了半个多月,张瑞清又带着葛庭燧返回燕京大学。在随后的一年里,根据冀中军分区的要求,葛庭燧用自己翻译书稿积攒的钱,在北平购买了许多科技图书、无线电元件和火药,这些资料和物资都是通过张瑞清的单线联系秘密运走的。

葛庭燧印象最深的是张瑞清最后一次找他的情景,那次张瑞清带来了一个非常可怕的消息:熊大缜被当成奸细抓起来了,叶先生也离开天津南下了。从那以后,张瑞清再也没来找过他,葛庭燧从此也无法再得到游击区的任何消息。本来,他已经联络了两位燕京大学物理系的毕业生翁景光和邝华俊,他们都是自愿去游击区搞无线电的,自此也未能成行。

1955年,中国科学院学部委员会成立大会期间,葛庭燧与当年的同窗孙志远重逢。在那次大会上,葛庭燧当选为学部委员——中国科学院院士的前身。然而,他的喜悦之心却蒙上了一层阴影——孙志远告诉他,熊大缜在1939年被八路军锄奸部镇压,临死前,他供认自己是"CC特务",他的叔父当时在王克敏汉奸集团里工作,葛庭燧听了十分愕然。

其实,关于熊大缜案件与门本忠之死,还有更多的隐情连孙志远也不甚了解,包括熊大缜的口供中交代葛庭燧是他手下的科技负责人,也是"CC特务",这份口供成为葛庭燧在"文化大革命"期间被审查和关押的口实。

## 二、烽火中的英烈

冀中抗日根据地是平原地区，环境险恶又弹药奇缺，军分区司令员吕正操想到了找科学家帮忙造地雷的主意，于是，他找来曾在辅仁大学化学系当过教师的冀中军区二分区参谋长张珍。张珍秘密潜回北平，找到当年的辅仁大学同窗好友孙鲁，通过孙鲁又找到了熊大缜，而熊大缜则找到导师叶企孙。

充满爱国激情和正义之感的叶企孙异常兴奋地答应帮助处境艰难的八路军。熊大缜是叶先生的高足，正准备完婚并赴德国深造，他毅然放弃出国而奔赴抗日前线的决心，得到了叶先生的赞许。因而，平素深受叶先生教诲和影响的十余个清华、燕京及其他学校的学子临危受命，其中就包括葛庭燧。

熊大缜受到吕正操司令员的赏识，被任命为冀中军区供给部部长，负责烈性炸药、雷管和地雷研制以及无线电台等工作。正是这批年轻学子的卓越贡献，使20世纪中后期的中国人通过银幕所熟悉的地雷战大显身手。美国观察组回国发表文章，称美国的军事技术同样出现在中国的冀中平原。

由于炸药的试制经常出现事故，叶企孙派自己最信任的实验员阎裕昌去帮忙。化名门本忠的阎裕昌原来只是清华园里的勤杂工，是叶先生不拘一格爱惜人才，发现了他对科学的兴趣和才能，破格提拔他为实验员和自己的助手。门本忠不仅解决了炸药自爆的问题，还因地制宜地设计出一种电雷管电路。

令人万万想象不到的是，等待熊大缜和门本忠的，却是一条鲜血铺就的不归路。

葛庭燧等人从敌占区源源不断地向根据地运送紧缺的物资和原材料，使地雷战成为日军的噩梦。日军报纸曾发表"八路军研制出反坦克地雷"的报道；而一位美国著名记者对冀中地雷战的评价是：围困日军最有效的方法，就是在据点周围埋上无数的地雷，这是面对强大的敌人所能想出的"微不足道"的抵抗方法。

然而，一场恐怖的灾难从1939年春天开始降临。当时八路军在各根据地成立的锄奸部很快将熊大缜等一批热血抗日的学子列为锄奸对象，无辜被捕者达上百人之多。熊大缜被捕的证据，是从天津送到根据地一批伪装成肥皂的TNT炸药中夹带的一封密信。此信上写着："你派来的人我们已经见了,你们需要的东西,已送了几批。急需的物资,最好在秋收之前,由河运较方便。"落款为"天津党政军联合办事处"。这个办事处其实是国共合作的统战组织,但在当时却被当做国民党特务机关。

从后来解密的档案资料上看,当时的熊大缜招认自己是"CC特务",并于1939年在躲避日寇扫荡的转移途中被处死。

曾任东北军将领的冀中军分区司令员吕正操也曾被当成锄奸对象,在自身难保的情况下,对熊大缜等人已是爱莫能助。冀中的"百人特务案"震动了延安,党中央立即派彭真和许建国等人前往复审,最后结论是:逼供不足为凭,锄奸扩大化应予纠正。于是,绝大多数被关押的人均予释放,唯独留下了熊大缜。

关于熊大缜之死的细节非常令人震惊和悲痛。

在转移途中,熊大缜因遭受严刑逼供无法行走,押解他的战士史建勋对他说:"快走,不走就毙了你。"熊大缜说:"我是冀中军区供给部部长,你手里的枪和子弹都是我造的。要毙了我,就用石头把我砸死,造一粒子弹不容易,留着打鬼子吧!"那个年轻的战士终于举起了石头。作者在资料中确实找到了当年押解熊大缜的那个战士,但是关于上面这段对话以及当时情景究竟出自何处却不得而知。

《172个被误读的史事真相》一文这样悲愤地评述说:

> 年仅26岁的清华才子熊大缜,造出无数让鬼子闻风丧胆的地雷的熊大缜,死在石头之下——最有价值的脑袋也没有硬过石头。叶企孙老师最好的学生死了,几十年后,余下的学生为中华人民共和国造出了原子弹、氢弹、人造卫星。

## 三、门本忠就义与叶企孙的悲惨结局

当年的"锄奸运动"有其复杂的历史背景,种种原因并不是本书所能够探究的。然而,熊大缜的千古奇冤会让人本能地联想到,他本来可能和葛庭燧等清华、燕京、北平大学的学子一样成为杰出的科学家,至少可以如期与未婚妻结伴出国深造。

勤杂工人出身的爆破专家门本忠在那次"锄奸运动"中得以幸免,却死于1942年的日军"五一"大扫荡。当时,日本兵在村里追赶一只鸡,那只鸡钻到了一只船下面,而门本忠就躲在那里,就这样,门本忠被日本兵发现了。日本兵用铁丝穿过他的锁骨,拖着在大街上走,并割下了他的舌头,最后一刀一刀杀害了他。

　　历史的悲剧就是如此令人遗恨，故事到这里远远没有结束。叶企孙先生得知熊大缜被捕的消息，多方奔走营救，甚至专程找到重庆八路军办事处。然而，在20多年后的"文化大革命"期间，熊大缜案件竟然再次被翻了出来，这一次，连吕正操将军和叶企孙先生也被指为"特务头子"，葛庭燧因此案受到审查和关押也是在劫难逃了。

　　叶企孙被北京大学学生揪斗，导致一度精神失常，形容枯槁地流落在北京街头喃喃自语。后来，他被关进监狱。如今我们可以看到当年叶先生在狱中所写的种种"交代材料"，师生之情跃然纸上，他至死不肯说假话。

　　1977年1月13日，在熊大缜含冤而死38年之后，在门本忠英勇就义35年之后，一生未婚，视学生为子女的叶企孙老先生在79岁那一年含恨走了。

　　这时，"极左"时代的料峭严冬已经走到了尽头，春天，科学的春天，属于人的尊严、属于真理和正义的春天其实已经并不遥远。然而，直到叶企孙先生死后十年，这位中国的一代物理宗师、忠诚可鉴的爱国者的冤情才得以昭雪。

　　曾经受到叶先生培养和教诲的人有：华罗庚、王淦昌、钱三强、钱伟长、李政道、杨振宁、赵九章、彭桓武、王大珩、陈芳允、邓稼先、朱光亚、黄祖洽、周光召、唐孝威等。

　　当年在叶先生抗日激情感召下奔赴冀中根据地的学子有：清华大学化学系学生汪德熙、物理系学生葛庭燧（何普）、机械系实验员胡达佛、物理系实验员阎裕昌（门本忠）、生物系实验员张瑞清、地学系学生李广信（李琳）、经济系学生祝懿德、物理系职员何国华、化学系研究生林风等；燕京大学物理系学生张方（李度）、物理系毕业生李猛（朱南华）等；北平大学电机系毕业生刘维等。

　　1995年，叶企孙先生的铜像在清华园落成，但是，这对于叶先生似乎已经毫无意义，再美丽的塑像也没有生命的体温。此时此刻，令人不由地回想起吴有训在叶先生追悼会上因叶先生没有得到应有的评价而愤然离去的那一幕。没有良知便没有任何真正的纪念，如果有良知，它不必写在铜像、丰碑和悼词上，它应该写在而且只能写在有良知的人的心里。春天来了，但人们的内心依然还有寒冷。还有什么语言可以用来继续谈论有关叶先生的任何问题呢？任何一个哪怕是世界上最杰出的知识分子能够在叶先生的雕像前讲述知识的意义和力量吗？

　　之所以如此详述关于熊大缜、门本忠和叶先生的故事，是因为本书的主人公恰恰是那段往事的亲历者、知情者和受害者，只不过他稍微幸运或者说侥幸一些。

曾与葛庭燧在燕京大学物理系同窗的张方是当年冀中敌后抗日根据地爱国学子中一个十分重要的人物，他在制造炸药时右手被炸伤。熊大缜死后，他几乎是唯一一个继续留在兵工厂制造子弹和炸药的人。当年的清华化学系学生汪德熙第二次世界大战期间在美国研究出用辛六醇代替炸药中的甘油，后来成为"两弹一星"功勋人物，而他同时还是一个钢琴家。

张方后来曾经送给葛庭燧一张1943年冀中敌后军工生活的照片，照片上有张方和张珍等人。后来，张方用左手写成《敌后军工生活回忆(1938～1948)》一书，此书于1986年10月印刷成铅字版，但由于种种原因，只在内部发行。还有一件不能不提的往事，张方曾为当年一起出生入死的战友熊大缜冤案的昭雪而多方奔走。

在1968年的"清理阶级队伍"运动中，葛庭燧被宣布为"隐瞒了政治历史问题"，因而遭到长达11个月的隔离审查。直到多年以后，他才知道是受熊大缜案的牵连。在32卷熊大缜档案材料中的81页口供中，熊大缜除了"承认"自己是国民党特务之外，还"供认"葛庭燧是他手下的科技负责人。从后来披露的事实来看，当年无论在延安的"拯救运动"中还是在根据地的"锄奸运动"中，很多涉嫌敌特的革命者被屈打成招。

葛庭燧于1971年获得"政治解放"后至1972年才得知叶先生的悲惨遭遇。周培源先生曾告诉他，叶先生出狱以后处境很惨，腰部变驼，弯成了差不多90度。叶先生逝世时，葛庭燧也无从知道，他为此而深深地痛惜。

## 第六章 西南联大往事如烟

### 一、悲壮的"大学长征"

葛庭燧在燕大读研究生期间,开始研究相对论和哲学,但很快转为研究光谱,并用于冶金分析。

1940年,葛庭燧在燕京大学研究院获得理学硕士学位,论文题目是"钠的吸收光谱研究"。他还利用吸收光谱的方法,研究了国产罗藤杀虫剂的光化学分解及其实际使用条件。在此前的一年多,他的老师和后来的妻子何怡贞就在美国获得了光谱研究的成就,葛庭燧在后来的回忆录中曾特别提到何怡贞在专业上给予他的帮助。

1940年8月25日,葛庭燧(中)与孟昭英、张文裕、许宗岳、王承书在昆明西山

7月，在吴有训和叶企孙先生的邀请下，葛庭燧去西南联合大学（简称西南联大）教书。在那里，他曾经为物理系学生讲授"高等实验物理"，当时杨振宁就是他班上的学生，这是葛庭燧人生经历中一段虽然短暂却十分重要的生涯。

西南联大在世界高等教育史上不能不说是一个奇异的范例，它代表着一个民族在沦亡之际，对于知识的誓死捍卫和决绝之心，那是一代知识分子所能做的，所愿意为之肝脑涂地的，赖以救亡图存的最后一颗火种。

作为流亡产物的西南联大的前身应该是"长沙临时大学"，那是1937年8月，为了躲避日军的野蛮侵略，清华大学、北平大学和南开大学的一些教授和学生们陆续来到长沙，当遭到日军飞机的追踪轰炸之后，他们决定继续南迁，目的地是西南边陲山高路远的昆明。

从长沙到昆明，当时的师生们选择了两条途径：一是徒步翻山越岭；二是乘粤汉铁路的火车由长沙到九龙，再乘船从香港经东京湾到印度支那的海防港，然后乘火车经滇越铁路抵达昆明。后者已然是颠沛流离，然而，前者则是堪比红军长征的"大学长征"。这次悲壮的"大学长征"的路线以直线距离计算，是1100多公里，而实际上的距离却延长了许多倍。

参与这次"大学长征"的250名师生中包括：曾昭抡（化学家、教育家，留学美国，历任北京大学教务长和化学系主任、高教部副部长、中国科学院学部委员、中国科学院化学研究所所长，1957年被错划为"右派"），袁复礼（地质学家，曾留学美国），闻一多（诗人、学者和教授，1946年因积极参与民主运动在昆明被国民党特务暗杀），李继侗（生态学家，留学美国，曾任中国科学院学部委员），黄钰生（曾留学美国，西南联大建设委员会建设长、天津图书馆馆长、全国政协委员），吴征镒（植物学家，中国科学院院部委员，中国科学院昆明分院院长、昆明植物研究所所长），学生陆迪利（美籍华裔药学家、癌化疗专家）。

## 二、中国大学的火种

美籍华裔物理学家任之恭先生在他的回忆录中这样描述这所流亡大学：

> 这个大学最初在昆明创立时，除了人，什么也没有。事实上它一点不像我们习惯于想象的那种学校，没有一间教室、一块黑板或书写纸张，教师没有讲义，学生没有书本。教职员和学生没有住处（没有人敢谈到宿舍），没有吃饭的地方，什么也没有。

尽管如此，学生们还是通过口信互相告知上课的时间和地点，然后聚集在一起听课和讨论（一个附带的问题是几乎没有人有一只钟或手表来报时）。任何地方、任何时间都可能"上课"。由于常常遭到日本人的空袭，许多人都约好去昆明野外的"防空壕"（这些实际上是一些壕沟和干沟渠）去讨论事情，有时也就在那儿上课。

令人难以想象的是，这样的大学里竟然能够培养出日后的诺贝尔奖得主杨振宁、李政道等一批杰出的科技人才，任之恭先生对于西南联大战时教育的反思解答了这个问题：

> 战争时期为保存高等教育而奋斗的主要动机，来自于中国传统的对学识的尊敬。在以儒家为主的传统中，中国学者被认为是社会中的道德领袖，从某种程度上说，也是精神领袖。那么，从这一点出发，战时大学代表着保存知识，不仅是"书本知识"，而且也是国家道德和精神价值的体现。因而，这保护高等教育的战斗，也就是这些价值积极和强有力的表现，其本身就是几乎与实际结果无关的灵感和复兴的源泉。
>
> 对于西方人来说，这种概念可能令人不解，然而，必须记得，在犹太教-基督教的传统中，伦理和精神的领导责任主要落在宗教领袖，而不是学者身上。部分是由于在概念上的这种基本差异，对教育和学问作用的看法在这两种社会中也全然不同。例如，传统上的中国社会声望的登记，从上到下是：士、农、工、商。而在西方社会，在重商主义及与其相联系的物质主义世界观的影响下，尤其在美国，社会声望的顺序显然正好相反。
>
> 第二，在我看来，"好学"比起丰富的物质资源来，在高等教育中似乎更为重要。当然，我承认，仪器、设备、物质和其他资源在教育事业中是非常重要的，但要点是不应过分强调它们的重要性。
>
> 由于战争状况极端紧急，我们一开始什么资源也没有，甚至没有书，但这些东西的缺乏并没有阻止我们通过心灵的自由探索去追求知识。结果远没有令人失望。事实上，在我们后来要求改进设备的过程中，我们常常提醒自己不要忘记教育的真正目的。
>
> 最后，我觉得教育者和研究指导者的真正报酬，来自看到青年的天才和心灵在丰沃土壤上开花结果。在昆明的教室和实验室，我觉得最大的责任是防止那种土壤变得贫瘠荒芜。我想做的

就是让新一代研究者在智力上保持活力和健康,使他们有可能追求科学的生涯,并总是鼓励他们无拘无束地发展革新的思想。

像任何地方的教师们一样,我常常为没有直接获得成功而感到沮丧。然而,由于我看到昆明经历了战争的青年科学家的力量和潜能,我觉得有一种难以用语言表达的丰富经验和深深的极大满足。

这段话摘自任之恭先生用英文所著的《一位华裔物理学家的回忆录》。他在该书中还专门提到战后在美国参观时见到西南联大的老同事葛庭燧的情景。该书出版后,任之恭曾亲笔签名将此书赠送葛庭燧夫妇。任之恭曾率领过一个华裔科学家代表团访问中国,受到邓小平的接见。这次来访的一个重要成果,是这些海外游子向百废待兴的祖国提出很多诚挚的意见,对于中国改革开放后的科技振兴产生了不可磨灭的影响。

谈到西南联大,有两件事不能不说:

其一,该校的许多教授、讲师以及学生后来到了美国等西方国家,成为著名的科学家,如应用数学家林家翘,物理学家张文裕、范绪筠、王天眷、韦宝锷,电机工程学家叶楷和戴振铎,无线电工程学家罗远祉,无线电电子学家陈芳允,药学家陆迪利,物理学家杨振宁、李政道等。

其二,在这些奔赴西方的科学家中,有相当一部分后来回到祖国,但在"反右"和"文化大革命"中受尽迫害,比如,现代物理学家、教育家饶毓泰于1968年在北京自杀身亡,物理学家钱伟长、孟昭英和化学家曾昭抡被错划成"右派"。而葛庭燧则在"反右"时被内定为"右派","文化大革命"中被当做"CC特务"关押和审查,已经算是其中的幸运者。

西南联大是中国教育史上的一段神话般的奇迹。殊不知,在抗日烽火中,曾有过西北联大;在沦陷的上海,曾有一所基督教联大,这是何泽瑛老人在接受作者采访时讲述的一段鲜为人知的往事:1937年"八·一三"抗战爆发,上海圣约翰大学为躲避战火,将学校迁往位于公共租界的南京路大陆商场,其后,沪江大学、东吴大学和杭州之江大学相继迁入,这四所高校组成了上海基督教联合大学。

西南联大云集着众多后来享誉世界的科学大师,但现在葛庭燧在这里只是一个初出茅庐的普通教师。对于他来说,最大的苦闷已经不是学业的长进与否,而是在国统区的苟活与他的凌云壮志相去甚远。为此,他决定寻找机会出国继续深造。

# 第七章　黄浦江畔喜结连理

## 一、师生恋与姐弟恋的果实

在西南联大的日子，葛庭燧留下了几张摄于昆明西山的照片，其中3张照片的背后写有他的感言："独自莫凭栏"、"前途茫茫"、"怡贞：暮色正茫茫　黎明尚有待"，这时的他正处于结婚、赴美与脱离国统区的徘徊中。

1941年春，葛庭燧亲眼目睹了国民党军警关闭生活书店等四家书店的野蛮行径，这件事使他萌生了离开国统区的强烈念头。在西南联大一年多的教学生涯之后，葛庭燧计划于1941年暑假之后的6月初离开昆明去上海，辗转路程大约半个月，于6月中旬在沪上与何怡贞相会。

关于葛庭燧与何怡贞确定恋爱关系的具体时间已经难以确认，但有一个重要细节显示，这发生在葛庭燧于昆明的一年多时间里。

葛庭燧在一份回忆录的手稿中写道，他与何怡贞已经商定共同学习俄文，并打算一同投奔红色苏联，为此，葛庭燧还参加了俄文学会，并与"群社"保持联络。但是，由于去苏联的方式"不得线索"，而何怡贞已经在美国获得资助金，他们遂决定在上海完婚后，于8月前往美国。

按照中国民间的传统礼节，葛庭燧于1941年5月22日，给何怡贞的父母——何亚农先生及夫人写了一封求婚信，并随信附上一张自己的照片：

> 亚农老先生及夫人赐鉴仰瞻：
> 　　与令媛怡贞女士相识两载蒙令媛熏陶感化，推心置腹使晚感铭五内，庆得知友去夏，晚自北平来昆后与令媛鱼雁常通，双方更有进一步之了解，深觉彼此无论在精神上、学问上、事业上均有结合之必要。
> 　　盖令媛与晚性情既相投，所研究者又系同种科目，而其理想中之事业又系同一性质也。更有进者，令媛与晚均系坦率天真不失赤子之心，且忠实诚挚相敬互爱，彼此均深为对方之真情所感

动,故愿共甘苦同荣辱,白首皆老死生不渝也。婚姻为终身大事,古礼不可或缺。家严慈均已去世多年,晚之一切可以自主。谨敢觍颜恳请长者准许令嫒与晚于今夏结婚,俾使有情人得成眷属,将来鸾凤和鸣,五世具昌,关雎致咏,偕首百年,略可上慰长者之心也。尊意如何?祈就近通知。令嫒怡贞女士俾便筹划一切为祷。

晚系民国二年夏历三月廿七日旭日东升之际,生于山东省蓬莱县城东之葛王镇。祖上世代儒农。父讳启彬,号林三;母王氏,均已去世。现有兄二,均已成家各居。姊二均已出阁。

晚于民国廿六年毕业于清华大学物理学系;廿七年秋入燕京大学研究院物理系,主修光谱学。翌年得与令嫒相识,多获教益。去夏研究院毕业后,应母校清华大学吴正之、叶企孙诸师之召,来昆任西南联大物理学系教员。

年来深感我国发展工业之切要,而发展重工业尤为民族复兴之要图,故曾致力于用光谱学方法于冶金工业之研究。现正计划于最近赴美国麻省理工大学作深进之研究,俾能对于此方面有所贡献,作为将来致力于工业救国之张本。至于伏假后之行止,除已决定于六月初离昆赴沪外,将来留沪或回昆或去他处须待请示长者及令嫒后始能决定也,晚于六月中旬抵沪后,当立即趋谒请示一切,尚祈不吝赐教为祷。随函奉上拙照一帧,祈哂纳。余容面陈肃此虔请。

崇安

晚　葛庭燧叩启　五月廿二日

恕草率不恭

1941年7月7日,葛庭燧与何怡贞在位于上海九江路的清华同学会举行婚礼,这一天正与"卢沟桥事变"同日。但这只是葛庭燧一生中奇特纪念日之一,1931年9月18日——"九·一八"事变那天,正是他到清华物理系读书的入学日。

主婚人有两位:一是葛庭煊(1893～1945),葛庭燧之长兄,曾经商、务农、任家乡大葛家村小学校董。葛庭燧9岁父亲早逝,是长兄支持他读中学和到北平求学,当年葛庭燧在家乡推倒神像,就是长兄出钱才平息了那场风波。婚礼之际,由于葛庭煊因故未到,由葛庭燧的老师吴有训代为主婚(实际主婚人为吴有训夫人王立芬)。另一位主婚人是何怡贞的父亲何澄。

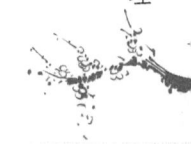

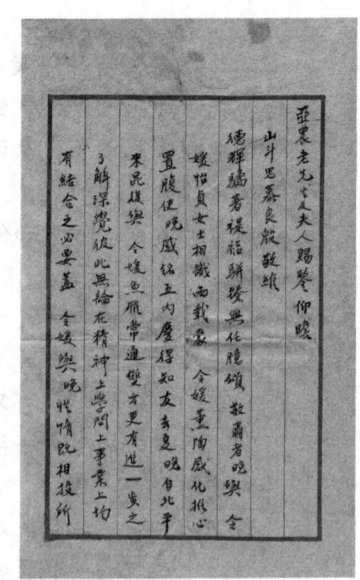

葛庭燧从西南联大致何亚农夫妇的求婚信,并附照片

1941年的结婚照

证婚人胡敦复(1886～1978),清华学堂第一任教务长,被誉为"中国第一流教育家"。1912～1928年、1941～1945年两度出任大同大学校长之职,后到美国华盛顿州立大学任客座教授。

介绍人陆学善(1905～1981),物理学家,中国科学院院士。1928年随吴有训到清华大学任助教,后公费出国留学深造,后赴英国研究金属X射线晶体学。

介绍人杨承宗,1932年毕业于上海交通大学理科;1934年在国立北平研究院物理-镭学研究所从事放射学研究;1935年在上海、北平研究院中法大学镭学研究所主持工作;1947～1951年,在法国巴黎大学学习;1951年回国,任中国科学院近代物理研究所室主任;1958年任中国科技大学教授、系主任;1970年任中国科学院安徽分院副院长。杨承宗是中国放射化学的奠基人,在中国第一颗原子弹的研制中做出了重要贡献。

2008年11月,葛庭燧与何怡贞的女儿葛运培、女婿梁科拜访了97岁高龄的杨承宗老先生,他从20世纪50年代至21世纪,一直是何泽慧与钱三强一家的邻居。他指着葛庭燧与何怡贞龙凤证书上他名字下的印章激动地说:"这确实是我的印章!哈,哈,哈!"他笑谈当年被"拉夫",拉去做葛庭燧、何怡贞结婚介绍人的经过,说他们结婚是"半新不旧",新的不用介绍人,旧的根本就没有结婚证书。

这份1941年的龙凤证书(共两张)由何怡贞珍藏了60年,直至葛庭燧去世后才被子女发现。

该婚书长45.8厘米、宽33厘米,绢质表底,绘有精美的彩色龙凤戏珠图案,婚书全部内容均为楷体书写。婚书上共同部分文字是印制的,个性文字用小楷书写,字体和大小与印制部分基本一致。婚书上还书有结婚人、证婚人、介绍人、主婚人共七人的姓名,并在各自名下加盖了个人印章。

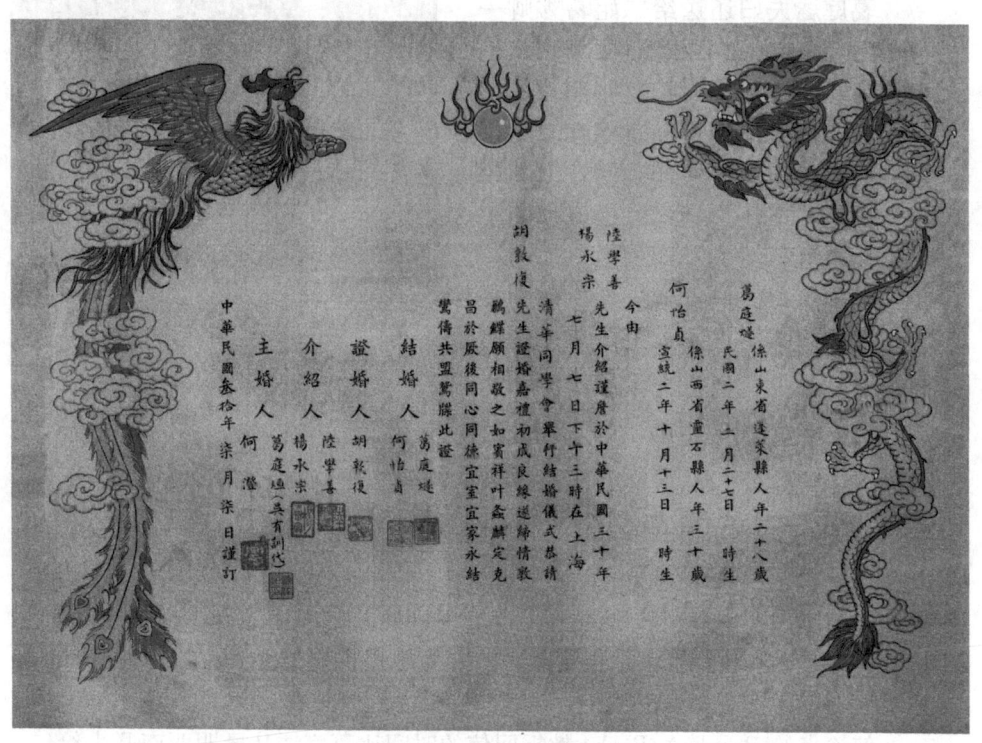

葛庭燧与何怡贞的结婚证书

1941年7月7日在上海的夫妇合影

婚书装在一个圆柱形的纸盒内，纸盒上书"龙凤证书"，为虞洽卿所题。虞洽卿为旧上海三大名人之一，曾任上海总商会会长。

葛庭燧、何怡贞结婚后将一张结婚照寄给何澄和王季山两位老人，葛庭燧在照片两侧恭恭敬敬地写道："敬赠父母亲大人 女怡贞 婿庭燧鞠躬 民国三十年七月七日上海。"

葛庭燧夫妇还送给二姐葛秀卿一张结婚照，二人在照片后面分别亲笔签名，葛秀卿晚年时把这张照片转给了晚辈收藏。何怡贞一直保存着结婚时穿的那件纱质地银丝线绣花图案粉色旗袍，甚至还包括当时做旗袍剩下的一块布料。

葛庭燧与何怡贞婚后在已成为私家花园的网师园度蜜月。1994年，何怡贞参加补办"何澄先生房产文物捐赠仪式"时重游网师园，在她度蜜月的房间留了影。

1941年7月，婚后的葛庭燧与何怡贞在苏州网师园，与何家人合影

## 二、新婚夫妇的美国梦

婚礼之前两个月，何怡贞当年在美国读研究生时的教授Carr小姐向Ralph A. Beebe教授推荐她再度赴美，并为她提供研究经费，当时她还在东吴大学任教。

何怡贞给 Ralph A. Beebe 教授回信的时间比葛庭燧从昆明西南联大给何澄夫妇写信求婚的时间只迟一天，这说明何怡贞与葛庭燧结婚并联袂赴美已成定局，至少将求婚信只当作例行公事。

因而，此刻的葛庭燧去美国就有了一举两得的意味：既是新婚夫妇比翼齐飞，又圆了他的留洋梦。在他的心中，追随许多前辈和师长的脚步赴美留学，是他多年梦寐以求的夙愿，更何况，既是良师又是爱妻的何怡贞，早在5年前就已经在美国获得了博士学位，这对于自尊心极强的葛庭燧来说是很强烈的刺激。

葛庭燧、何怡贞曾打算去俄国，婚后双双赴美的打算也一度受挫，葛庭燧曾经报考出国留学没被录取，然而他决心已定，无论用怎样的方式，他一定要去美国。

1941年的葛庭燧

在几十年后回忆当年赴美留学的原因时，葛庭燧说：

> 当年离开冀中根据地是由于日寇的疯狂扫荡，共产党锄奸团对于熊大缜案件的极左态度，便与八路军中断了联系。1941年的"皖南事变"后，我对抗战前途更为悲观。当时，我虽然以身体并未完全恢复为借口，实际上已经没有勇气奔赴延安和苏北去参加抗日的实际斗争，我更不愿意在国统区做一些活命的工作，而把抗战胜利寄托在国际援助上，特别是美国。

葛庭燧的这段话显然是他当时离开昆明时的真实心理写照。

葛庭燧与何怡贞结婚一个月后，决定自费赴美留学，在没有国民政府护照的情况下，他在上海法租界根据第六条款办理了赴美手续。在此期间，他还做出一个十分重要的举荐，推荐清华大学毕业的黄昆到西南联大任助教。黄昆后来成为20世纪物理学史上一个闪烁光芒的名字。

葛庭燧是何家的大女婿，何澄为他买了去美国的船票，此事葛庭燧一直心存感激，尽管他与岳父大人何澄在政治观点上有所矛盾。葛庭燧曾一度因为何澄留学日本而认为他不是爱国者，何怡贞在对待父亲的看法上却一直与丈夫存有严重分歧，何怡贞的态度不仅是出于爱父亲，她更认为丈夫是年轻气盛。

葛庭燧一直以参加爱国学生运动为荣，加上自己是农民的孩子，是真正进步爱国的。而何澄始终认为搞"学运"不能救中国，学潮只是胡闹，

对国家民族强盛无济于事。何怡贞在新婚丈夫与自己父亲的矛盾中始终站在父亲一边,她曾用玩笑式的口吻说,丈夫是借助贬低父亲而抬高他自己。

葛庭燧与何怡贞在美国加利福尼亚州

# 第八章　漫漫留学之路

## 一、容闳与破冰之旅

1847年（清道光二十七年），三个梳着长辫子的中国青年从上海黄埔港登上一艘向美国运送茶叶的帆船"亨特利思号"（Huntress），这就是中国近代史上最早赴美国留学的容闳、黄胜和黄宽。一年后，黄胜因病返国；两年后，黄宽转赴苏格兰学医；而容闳则在耶鲁大学获得法学博士学位。

容闳并不是中国最早的留学生，他被称为"中国留学生之父"，是因为他从1854年回国后致力于中国人留美之旅，作为孙中山同乡与中国近代早期改良主义者的容闳，因此而成为中国留学生事业的先驱。

据方豪所著《同治前欧洲留学史略》一书介绍，清同治前，中华留洋者114人，山西学子占了19位。山西留学第一人樊守义，字利如，山西平阳府（临汾）人，生于1682年。1707年冬，他随一位意大利传教士从澳门前往欧洲和南美巴西。康熙皇帝曾专门召见了他，向他详细询问国外情景。樊守义撰写的《身见录》一书，是迄今所知中国人写的第一部欧洲游记。

1872年，容闳的梦想变成现实，这一年，他以学生监督兼驻美副使之职，奉命率30名幼童赴美留学，中国历史上首批官派留学生从此诞生，这批由慈禧太后亲自批准留学美国的中国孩子，史称"留美幼童"。

"中国留学生之父"容闳（1828～1912）

留美幼童

这批头戴瓜皮帽、身穿蓝缎褂和黑布鞋、留着辫子的幼童被美国孩子当成"中国女孩子"。然而,就是以这些"女孩子"为主力的耶鲁大学划船队多次击败哈佛大学队,容闳也因为中国留美学生的破冰之旅,而使得自己的画像与布什、克林顿等校友至今并排悬挂在耶鲁大学。

## 二、中国最早的官派留学生——留美幼童

近代中国留学史之发端,一般都以19世纪70年代初的"留美幼童"为标志,这是中国历史上最早的官派留学生。1872～1875年,由容闳倡议,在曾国藩、李鸿章的支持下,清政府先后派出4批、每批30人、共120名学生赴美国留学。

这批学生出洋时平均年龄12岁。派遣幼童到美国留学,是"中华创始之举,古今未有之事"——这两句话是曾国藩和李鸿章在给朝廷的奏折的话,15年后,按年分批回国,"计回华之日,各幼童不过三十上下,年方力强,正可及时报效"。

然而,以泱泱大国老大自居的清政府做出如此惊世骇俗之举却并未获得民众热烈的响应。当年,容闳在上海设立预科学校招生,一年过去,报

名者寥寥无几，连首批的 30 人都凑不够。容闳索性回到广东香山（今中山）老家，动员自己的亲友献出子弟。

政府要动员人们走出去，但民间百姓的觉悟依然保守，他们将西方人视为野蛮的"番鬼"，说他们会将小孩活活剥皮，再将狗皮贴上，当成怪物展览赚钱，甚至有许多家长在给孩子报名之后又跑去取消。在留美幼童中，还是东南沿海一带的子弟居多，这里的人们毕竟对西方多一分了解，或者说少一些传统观念的桎梏。

1872 年 8 月 11 日，首批留美幼童从上海乘船，穿越太平洋，航程三万两千里抵达美国。在旧金山登陆后，这些孩子好奇地坐上了刚刚贯通北美大陆的蒸汽火车。

1872 年 9 月 15 日的《纽约时报》以"开足马力的年轻国家"为题，刊登了一篇发自旧金山的报道：

> 昨天到达的 30 位中国学生都非常年轻。他们都是优秀的有才智的淑女和绅士，并且外表比从前到访美国的同胞更加整洁。3 位满清官吏阶层的监护人和他们同行。中国政府拨出 100 万美元作为他们的教育经费。中国政府计划每年选派 30 名学生前往这个国家。

> 新大陆让幼童睁大了双眼，最让幼童感兴趣的莫过于"火车"。要问 19 世纪 70 年代的美国是什么样的，"铁路时代"无疑是最好的概括。第一批幼童抵达美国时，这个年轻的国家刚刚修筑了横跨大陆的铁路干线。十几年前还处在田园牧歌时代的土地，一夜之间从东到西冒起了滚滚浓烟。

> "留美幼童"乘火车到达的终点站，是康涅狄格河畔的 Springfield，中国人给了这座城市一个清新的名字："春田"。

## 三、虎头蛇尾的海归路

上面这篇消息赋予了首批留美幼童的首航以特殊的含义，字里行间是对于中国清政府开放政策的褒奖之词，其实只是一厢情愿的期望而已，人们更愿意从新闻写作的角度，将其视为一篇佳作。

事实上，美国媒体所表达的这种期望距离真正的现实十分遥远，9 年之后，这批学生由慈禧颁旨全部召回，原定 15 年的留学计划至此夭折。在全部留美幼童中，3 人在美国病故，23 人中途辍学。

1881 年留美幼童奉命回国之际，在耶鲁大学读书的 22 位幼童只有詹

天佑和欧阳庚两人获得学士学位，而容揆和谭耀勋则抗命拒返，继续留在耶鲁大学，另有两人则在回国后再度返回耶鲁大学完成学业。

召回留美幼童的最初动议，来自随同这些孩子赴美的留学生监督吴嘉善，在他眼中，孩子们渐渐西化，有的剪掉长辫，有的甚至信奉基督教，而且不服从他这个学监的管教。

于是，他将对这些孩子未来的担忧"上纲上线"，称："再在美国久居下去，必将失去他们全部的爱国之心，纵然有朝一日学成回国，不但无益于国家，且将有害于社会；所以，为了国家利益，应当立刻解散留学事务所，撤回全部留美学生，能早一日施行，即国家早获一日之福。"

于是，留美幼童分三批先后回国。在这些人中：蔡绍基在"维新"时期创办天津中西学堂，也就是北洋大学的前身；曹嘉祥曾任"镇远"舰枪炮大副，后被袁世凯任命为天津巡警道，成为中国新式警察的创办人之一；梁敦宜当过外交总长；唐绍仪担任民国总理；而耶鲁才子詹天佑则成为中国铁路的开创者。

绝大多数留美幼童凄然回国，分别在上海电报局、福建船政局、江南制造局等处任职。

用现在的话说，"留美幼童"政策是政府行为，它与"庚款留学生"一样，是近代以来中国教育史上具有石破天惊意义的划时代事件。与之相应的是以各种方式留洋的个人行为。在这一时代新潮中，葛庭燧与何怡贞都是其中的激情浪花。

对于民族和国家而言，个人的努力实在是非常渺小的，但是在葛庭燧与何怡贞出国留学那个年代，一批批为数不多的海外学子担当了对于传统价值观具有摧枯拉朽作用的先锋。从这个角度说，窥一斑可以见全豹。

# 第九章 一项军事发明的原始记录

## 一、校园里的博士与战士

葛庭燧在加利福尼亚大学伯克利分校物理系研究院的两年学习成绩都是优秀——A类,被评为全校五个优秀研究生之一,并获得该校1942年度"大学研究员"称号及清华留美奖学金。用两年完成博士学位工作,在该校是少有的。

除了读书,葛庭燧还用部分时间做助教,这种情形与他在燕京大学的时候十分相似,边读书边教书。1943年,葛庭燧获博士学位,论文题目是"不可见紫外光源的研究",这是一项与军事有关的研究工作。

伯克利正是诺贝尔奖获得者、著名物理学家劳伦斯主持并始于1942年的"曼哈顿计划"的发源地。葛庭燧在此学习期间发明了"用镓(Ga)光谱作为不可见的紫外光光源",这一研究成果被应用于第二次世界大战末期美军收复日军盘踞的南洋群岛的侦察。

参加过冀中抗日根据地地雷战与无线电台建设之后,这是葛庭燧再次对第二次世界大战中抗击日寇做出重大贡献。仅这两项历史贡献,就足以使葛庭燧在第二次世界大战历史上功不可没,然而,他为这场人类迄今最为惨烈的世界性大战所做出的正义的贡献并未到此结束。在获得博士学位之后,他经历了一生最为重要的两年时光,这就是参与美国的"原子弹计划"和战时雷达研究两个世界历史上规模最大的科研团队。

1942~1943年,葛庭燧在美国

换句话说,葛庭燧无论在中国还是美国的大学校园里,从来都不是一个只知道埋头读书的学生,而是一个热血沸腾的反法西斯战士。

沈阳家中留有葛庭燧两本几何光学实验讲义,1941年在美国出版,封面有他的亲笔签名和"1942.6 伯克利"的字样。在讲义中许多页的空白处,有他用红黑两色铅笔所做的教学文字和图表,这是他在读博士期间兼物理光学实验课教学工作的证明。

2008年10月,作者与葛运培女士到合肥寻找有关历史材料,意外发现葛庭燧保留了一本工作笔记和一小盒玻璃仪器。笔记本封面上的字迹是他的名字和"1943.5",日记时间从1943年5月19日至1943年9月7日,这是在他读博士最后半年时间的笔记本。

近4个月的工作日记主要记载了他每天的研究进程、成功和失败的心情,其中提到很多导师和同事的名字,以及所用的试样及来源,包括导师为他提供的实验用的昂贵稀有金属——镓,还有他所查阅的资料和文献记录、手工绘图和详尽数据等。

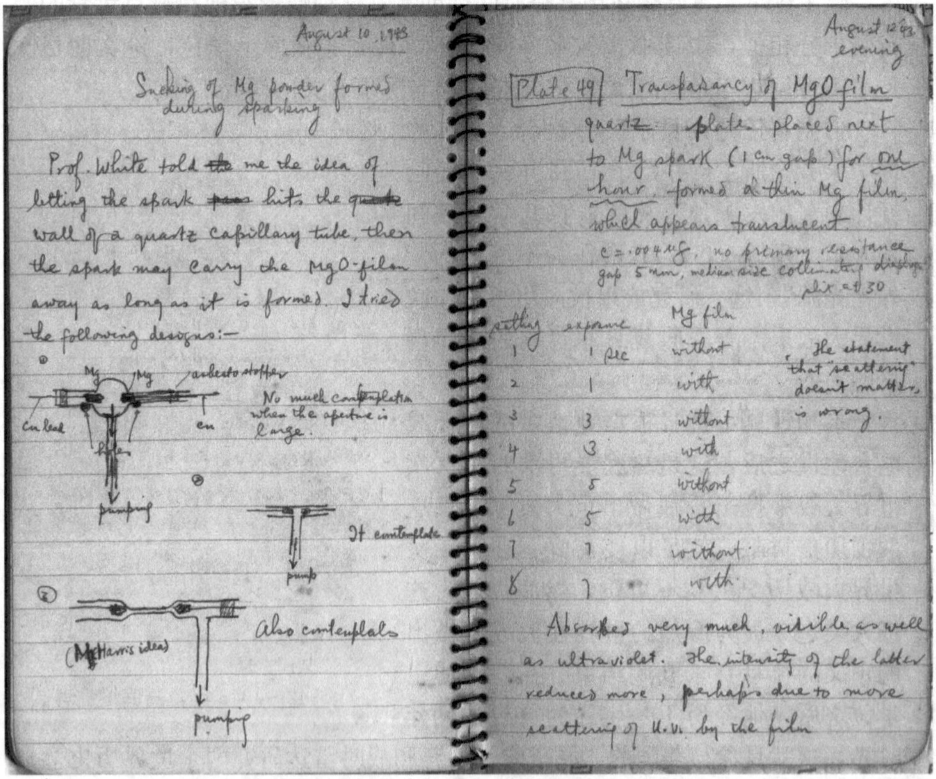

1943年8月10日和12日的工作笔记

1943年8月17日的工作笔记

也许很多人会因为下面摘录的内容过于专业化而感到枯燥无味。但是，当作者在邮箱中收到这篇译文的时候，当时的心情可以用欣喜若狂来形容。这份保留长达60多年的笔记，穿越了第二次世界大战的硝烟，穿越了新中国诞生后的风风雨雨，无论时间的漫长还是空间的移换，都令人感慨万千。

也许极少有人能看到详尽记录科学家一项发明研究的手稿，它默默地讲述着一个不为人知的呕心沥血的故事，这样的历程是他人难以理解的，也许正因为这样，葛先生将这个笔记本保存了一生。然而，他从来没有将这个笔记本示人，对他来说，这种珍藏只是对往昔岁月的难以忘怀，它默默地掩藏在主人的心灵深处。

下面摘录的是1943年8月16日至9月7日，葛庭燧在研究镓（Gallium）的光谱实验工作的第一阶段23天的工作日记，反映了他在试图用镓灯作为光源所经历的艰辛的研制过程，以及他博士论文的实验基础。日记与工作笔记用英文写成，2008年岁末由中国科学院金属研究所高级工程师都学山先生译成中文，并经光谱专家张功柽研究员校对。

第九章　一项军事发明的原始记录

## 二、尘封六十年的工作日记

Ga 镓光谱实验工作开始。

作为一种"特殊"光源，镁光试验变得越来越复杂了，我倾向于认为它是不很实用的，所以我一直在想如何研制一种"特殊"的灯光源，来实现目前的想法，它能像汞、钠和镉灯一样便于操作。

在 1943 年 8 月 16 日晚，我从物理/化学手册中发现镓的熔点大约只有 30 度，之后我又查阅了 Broods《化学光谱》（第一版）的主要段落，又发现镓的主要数据。

……

多么令人惊喜呀！

在波长 $\lambda$ 2944.2 和 4033.0 之间没有光谱线，这样看来我们不需要用二氯化镍过滤器，而后我又查看 Flowers 系列的光谱线，从中发现 2874，2943，2944 都是弧线，是散射线系的第一组线，能跃迁到基态，因此它们一定是强光谱线！在我看来这很有可能用来制作镓灯，我们只需要用钴蓝色玻璃过滤器，既携带方便又简单，还能用各种方法去尝试！

Flower 说镓比较稀少，所以我想它一定很贵。

在学生店里见到了哈瑞司教授（他在怀特教授手下做项目），我问他镓是否很难搞到（我在化学实验室搞不到镓或镓的化合物），他说镓很贵，但能搞到。

这时我告诉他我想用镓做灯的想法，他对我的想法非常感兴趣。而后我又向怀特教授做了汇报，并把 Grotvan 图表给他看了，他看上去有些激动，然后急匆匆地带我一起上楼去他的办公室，他打开抽屉寻找他曾保留过的镓，但是没有找到。

然后他告诉我等一下咸兹先生，同时又让我再去查阅一下文献，看看镓是否与石英起化学反应，并找一找提炼铊弧的技术作为参考。过了一会儿，我从文献中查到镓是一种惰性金属，不会与石英产生化学反应。

我又下楼去57号实验室，看见威兹先生正在把原先的镓订单（2克，9美元，纽约）给怀特教授看，应该还有点剩余的镓。所以我们三人（哈瑞司教授，威兹先生和我）一同上楼去怀特教授实验室，他已经找到一小瓶剩下的镓金属（2克，99.9%纯度），他把小瓶递给了我。

上帝呀，我太幸运了！

怀特教授告诉我，哈瑞司教授说他对提炼钨弧有经验，而后我们就下楼去了。看上去怀特教授对此想法很满意。他一边下楼一边作解释，我们找光源已有多年，这意味着他一直在寻找某种光源。看来我太幸运了，偶然机会就产生了这种想法。哈瑞司教授也说我的想法非常非常之好。他说他要去查一查，也回忆一下过去实验的经验。我决定再查文献，明天与他一起讨论。

我整个下午都站在图书馆的书架旁，找到许多有机化学书籍，并发现了 Lecog-de Boisbaudran 早期的有关镓的著作（1875年发现紫光光谱线）。

然而我发现的唯一事实是：

镓的蒸气压甚至在炽热的条件下，也非常低。这一现象看起来令人失望！因为如果蒸气压很低，我们就不能够期待在中等温度条件下能获得较强的光谱线（在灯的设计中是不现实的）。

从坦肯斯教授手里得到 MIT 的波长表，发现镓的连续光谱线为：

……

有点奇怪，这儿的相对强度与 Fowler 的实验强度大不相同（比例为 10∶6，而 Broder 的是 10∶10）！根据 Bacher 和 Gonsdmit 的建议，又查阅几份文献，有一个最重要的文献是：Uhler 和 Tanch 的"镓和铟的弧光谱"，发现镓光谱线为

……

从箭头所指的相对强度显示，在两个区域之间肯定没有光谱线，相对强度为 10∶6，这个结果又重新给我带来希望。

镓的沸点大于1600度，这就是它的蒸气压如此之低的原因。相当奇怪的是镓的熔点如此之低（仅30度），但其沸点竟如此之高（＞1600度）。

早上11点在57号实验室遇到哈瑞司教授和怀特教授，哈瑞司教授说沸点高没关系，因为我们不需要太高的蒸气压。有两种制作蒸气灯的方法：①一种是用光学实验室的小的汞弧光灯，蒸气能破坏液体柱；②另一种是钠蒸气灯，需要充入稀有气体。

怀特教授说他不打算给GE（通用电气）公司写信，向他们咨询有关稀有气体压力的工作情况和供电功率的情况，因为如果我们告诉他们制作镓灯的可能性，他们就会在制成功之后申请专利，而我们则两手空空，一无所有。

无论如何，我们应该开始做自己的初期试验工作，这项制作技术与钠灯的制作技术不一样。怀特教授给我看了两种类型的汞弧光灯，它被密封在一个嵌有铝反射表面的小石英管里。从我们的目的出发，最好要有同样形状的灯光源。

怀特教授对我说，如果制作镓灯能成功，那它会有广泛的应用价值！因为波长大于3000埃的光，会使人的皮肤灼伤，所以要达到为医疗服务的功能，又有很强的紫外线光，就需要把波长大于3000埃的光过滤出去。

博士生威尔汀对我说他愿意帮助我制作镓灯。

我们决定从稀有气体入手找出镓的弧光谱线，威尔汀开始了第一次实验。因为是在罐子里进行，威尔汀开始先用稀盐酸清洗由威尔申密封的玻璃泡，而后又做了几次初步的准备工作。

继续真空系统调试，我帮助校准光谱仪，想从仓库里取一些氯化镓，可是那里没有。但是从捷肯司教授那里拿来一些纯碳棒，做了几套上端钻直径0.078英寸深4毫米小洞的电极，准备MQ显影剂。

第50号底版　镓电弧光谱　110伏直流电　在准直仪镜头

前放一个水平光阑 氦气压力 40 厘米。

......

最后：威尔汀密封得很好，在拔开电极时有小火星溅出，我担心镓也可能被这种形式溅出去。

结论：碳带的光谱是很强的，而镓的紫外谱线很弱。我有些丧气。看来二氯化镍溶液在保留三个月后还会吸收紫外光。

在 12 点左右我见到了怀特教授，并向他汇报了我获得的结果。他听了之后说，很可能大部分能量都被作为激发碳电极的能量了，所以镓的光谱线很弱。他让威尔汀与我一起解决镓灯的问题。他肯定了我所做的大量工作。

把这些玻璃底版拿出来，是因为我认为在第 50 号底版里第一次触及电弧的过程中，镓样品可能被全部喷出去了，这样我们又添加了大约 0.1 克的镓。结果表明镓的弧光谱线仍然很弱，但是我们发现了存在于两个碳电极之间的正确光谱线波长 4032，它大约与镓光紫外光谱线的强度相同。这是一个好兆头！

220 伏直流电　镓弧
缝宽 35
在准直仪透镜前放置缝隙最小的光阑
电弧间隙大约 1 厘米
氦气压力 40 厘米
串联电阻约 25.5 欧姆

结果发现电弧的中心部分几乎都被准直仪透镜上的光阑吸收了，这部分颜色是紫色的，而两极的颜色是白色和黄色的。长一些的电弧要比短一些的电弧更加稳定。如果曝光时间太长，玻璃灯泡上的上部分就会发热（比如说 60 秒），但是水对蜡封冷却没有问题。

在前次曝光的过程中看起来镓已经全部喷出去了，弧光变成比以前更强烈的黄、白两色。通过弧光的颜色就可以看出镓是否存在。灯泡上部分的黑色，经过 2 个小时的抽气，变得好一些了。

结果：肯定是好的！

4170 4032 弧光谱线大约与 2943 2874 同等强烈。除了碳谱带以外光谱是纯的。弱线约在波长 3200，大概是由于氩的原因。

我总担心镓的沸点高，而后我把注意力转向镓的化合物，我请 I. D. 查阅手册。找到二氯化镓的熔点和沸点。但是我决定电解，她告诉我二氯化镓的沸点是非常低的，这是一个很有趣的发现。之后我又查到以下数据：

……

氯不好，因为它能吸收紫外光。现在的问题是它们分解的热辐射是否很高（很可能是很高的）。

I. D. 帮助拿出显示不同氩气压力的 53 号底版，结果看上去很糟糕，整个碳带和镓谱线都很弱。可能是下列原因：

(1) 加入碳极芯里的镓的量太少；
(2) 由于不小心，使电极上的软木塞上粘了油脂；
(3) 电极间隔距离太小；

与威尔汀讨论关于设计制造镓灯的两种选择方法：
(1) 三溴化镓蒸气；
(2) 镓毛细管。

……

请古洋先生做了一个成型的灯。

决定通过溴去准备三溴化镓，威尔汀从手册中获得信息是在 240 度时镓与氯气（或溴）起反应，因为三溴化镓的沸点是 284 度。我们决定使用一个罐头盒（因为锡的熔点是 232 度）对混合物加热，具体处理方式如图（略——作者注）。

把灯抽至真空，在减压条件下，镓甚至在室温条件下就能熔化。

我们在化学大楼前的空场地做化学实验（校者注：在空场地

做实验是因为溴是对人呼吸道有很强刺激的气体)。

用溴做分析试剂（1/4 磅，从杨小姐那儿订购的）。

我并不期待溴和橡胶能起更多的化学反应，所以把灯抹上黑色涂层，看起来不用加热就能与镓起化学反应，我们没有把握确信反应是否能完成。

在操场上见到柔利弗如姆教授，他对我说镓会与石英起化学反应的，因为它是很强烈的还原剂。而三溴化镓可能不会。热分析没有多大关系，因为我们是在电弧里有足够的能量。

把灯泡与真空系统连接起来，用本生炉对灯泡加热（还有一个检露器）。当氩气的压力达到大约 5 毫米时弧光燃亮了一次，可惜我们漏掉了，因为我没有观察光谱摄制仪。我们又试验了一次，它还是燃亮了，但是具体的时间很短。给我们的印象是有连续光谱（可见部分），但是覆盖一定的谱线，对此我一点也没有把握，因为延续的时间太短。

而后我们又发现一旦达到图中标示的 P 点，三溴化镓就会被蒸馏出来（呈白色晶体状）。我们又试着把它蒸馏回到灯里，然后把它封起来。

灯泡在一个电极附近破碎了，但是没有毁坏石英管。我们继续加热又试了一遍，但是没有成功，我认为三溴化镓不在那儿。不管怎么说，我们两次都获得了在三溴化镓里的电弧燃烧温度大约是 600 度（耐热玻璃的炽热状态）。

威尔汀发现一篇非常重要的文章，新的镓气灯。作者 F. Bates，刊载在物理杂志上。他使镓与镉混合以便使镉软化。这样在凝固的过程中它就不会使石英管破碎。看完此文章，我们的印象是：镓不会与石英发生太强烈的化学反应。

再一次向化学部订购了四分之一磅的溴，把一些溴倒进高脚杯里的镓片上，它们反应相当强烈，有些镓甚至暴涨到杯子的外边去了。我试着把水缸里多余的溴蒸发掉，但是失败了，因为三溴化镓太容易吸收湿气，加热也不能把水分带走。最后获得一些棕黄色的液体，我们打开图中标示的 O 处，用滴管将它滴入图中标示的 V 中，然后将图中标示的 O 处密封起来，再从图中标示的 P 处往玻璃管外抽气（图略——作者注）。

在图中标示的 P 处充进 5 毫米氩气之后,将灯用蜡密封起来。我采用火焰加热图中标示的 V 处,以便把三溴化镓蒸馏出来。蒸馏出来的还是液态(有些残留在 V 壁上),我们认为在降压的条件下,三溴化镓可能是液态的,然而用火焰加热含有液态三溴化镓的灯就产生了变化。没有获得电弧,再加热灯泡就爆成碎片了。看来靠我们自己的力量是不能制备三溴化镓了。

向怀特教授申请再从 Mack 公司那儿订购 2 克的三溴化镓和多一些的镓金属,然后空递过来。

开始用纯镓金属做实验,我让古洋把侧面的石英管与从怀特教授手里拿来的小汞灯连接起来,然后加热。抽气的目的是要把那儿原来存在的痕迹排除掉。

把大约 0.1 克的镓放入石英灯里,打了很长一段时间的气,大约有 4 毫米的氩气被送进去,晚上又开始了试验工作。I.D. 帮助我看分光镜,结果什么也没有看到!

拆开通用电气公司的实验室用钠弧光灯,发现电流和电极结构如下:

每一条电路的次极电压大约是 15 伏,在合上电闸之后,在每一个电极附近可以看见氩气辉光放电。

在怀特教授和哈瑞司教授的建议下,我决定再试着把氩气加较高的压力到常规的一个大气压。从古洋先生那儿借来一小罐氩气,把侧面的管接到石英灯上,再把镓放到灯里。

所以在氩气没有排出之前,需要长时间地往里打气,否则会产生爆炸!威尔汀没有来,因为他要参加研究生的最后考试。周五他来帮助我做了在一个大气压条件下的试验,结果没有成功。最近几天我感到非常沮丧!

如果本周末我还不能取得什么好的结果，恐怕怀特教授就要向GE公司报告这个问题了。下一步我们可能做较小一点的内径的石英毛细管的试验，前景亦不容乐观。这些天来我一边做实验笔记，一边不断地把冷凝液态空气里的氩气抽空。

下午4点检漏器显示压力很低，我认为可能只有0.1毫米。当我打算拿掉液态空气瓶的瞬间，突然又想到为什么不再试一次呢？于是我又接上220V电源。多大的惊喜呀！这一次弧光自己产生了，我还以为哪儿出错了呢！我所看到的可能是自己的幻觉吧！所以我又试了一次，此时几乎立刻就产生弧光放电。我又做了第三次，取得同样的结果。

这时我实在是太激动了。于是我跑上楼找到了威尔汀，他立刻跟我下了楼。他是第二个看到镓灯的人。这一次镓灯是用实验线圈启动的，出现的弧光强烈耀眼。之后，我们又找来了古洋先生把灯封起来。在封起来之前，我们又把前面的试验给他演示了一遍。当我关上电源时，弧光放出光芒，这光芒是如此强烈，人们几乎不敢用裸眼直视。

密封之后，我们用分光镜来观看光谱线。我自己是第一人，威尔汀第二，古洋第三个。分光镜安放在蓝紫色区域，开始弧光里有很多蓝紫色的光谱线，但过一会儿（只有一秒钟）它们就全部消失了。但是还有两三条光谱线剩下了。可以肯定后者就是镓的光谱线。然后，我们又用大的石英光谱摄谱仪拍摄光谱图片，但是我们没有成功。

我们最终发现较低的钨电极也被烧坏了，在这个电极附近有一个小裂缝，真空被削弱。有一件事值得一提，那就是不加热的情况下弧光就能自动地发生，在石英管壁上的镓涂层（看起来很像汞涂层）产生电流。镓不与石英发生化学反应，只是涂在它的表面上，当电弧突然发生时石英管是清亮的。使用220伏电压的交流电显然是太高了，它导致在阳极周围产生高压。如果用低一点的交流电就不会导致石英管太热的麻烦。

昨天我获得结果之后就向怀特教授做了汇报，他建议用水冷却石英灯泡，并急于想得到一个图片。获得另一个石英灯（一个原来安在反射器上面破了一点的小汞石英灯），灯的两极大约是

第九章　一项军事发明的原始记录

17毫米。使用氢氟酸冲洗它，再抽了3个小时的气（偶尔也加热）。

石英玻璃看起来很清洁，而只有那时才能发现电极不是呈杯子形状，而是脱出来的一小段线状。放入0.1克的镓并重新抽出空气充入纯氩，冲洗三次后，3~5毫米的纯氩气充进灯里，把检漏器放在一端，再继续打气直到弧光出现为止。

第一次我们用110伏电压直流电和较大的电阻，只获得氩气发光，有时也能获得镓发光，但是寿命太短。再用220伏直流电，35欧姆的电阻（在灯泡的壁上涂一层浅灰黑色的镓），由于冷却一股强烈的气流直接喷向灯里去。结果弧光就自动地发生了。然后我们为了照相就把它密封起来。通过钴蓝色玻璃和氯化镍来观察，只看见蓝紫色（没有看见像威尔汀曾见过的蓝色或绿色）。

为了在灯被烧坏之前，在踏步式座位上曝光，我们请怀特教授和哈瑞司过来看一眼。

照片是照出来了，但是由于光线很弱，曝光时间太短，只能看见几条紫外光谱线，看上去好像钨的光谱线。灯的上部的铂条烧坏了，旁边穿了一个洞，钨电极也烧没了。

下午威尔汀向怀特教授咨询有关与GE公司的事情办得如何，镓弧光灯是否可以取得专利的想法如何？

请古洋先生做一个有刻度的密封石英管和一个用水冷却的石英保护罩。

确定了镓和氩，开始加热使灯泡被涂上棕黄色薄膜，这是由于钨的缘故（当管子漏气很小释放时这种情况就会发生，这是古洋告诉我的，在加热减少情况下钨将覆盖在灯的表面）。咳！一个令人不愉快的结论就这样得出来了。

灯的弧光能自动起来，是由于钨的涂层缘故。到目前为止，我们只获得钨的弧光，这也就是它为什么这么亮的原因。我回忆起以前在分光镜里看到的光谱，都是钨的连续谱线！

拍一个照片，一个用自来水促使紫外光传播的测试，其结果表明自来水不吸收波长2943光谱线，所以自来水可以用来冷却石英灯。

必须提取蒸发的钨，因此必须要用一个U型灯管。

这样做就需要用很多的镓，至少一盏灯就需要1克的镓。而且镓几乎不能蒸馏。威尔汀和我翻阅有关镓在国际刊物上的重要论述的目录。结果没有获得任何新的信息。其中，只有一篇文章提到三氯化镓的制备情况。卤化镓看起来比较好操作。

找到《辐射能的测量》一书（W. E. Forsy 著），里面论述了汞、钠汽灯。我又初步从中了解到其他几种材料亦能制作汽灯。如镉、锌、铊，沸点767度、907度、1651度等。我感兴趣的是铊灯，因为铊的沸点大概与镓的沸点相同。如果能做成铊灯，为什么镓灯就不行呢？这本书提到一个有关金属汽灯的制作文献（Das Licht 3.69（1933）A. Altor Lum 和 M. Paper）。

怀特教授建议在等待镓样品寄来之前，先试做镁的弧光灯（请看另一本笔记中的有关镁弧光灯的情况）。

请怀特教授签字，然后去借 Des Licht 所著的文献，大约十天左右才能到手。

从 Liveeng 和 Derar 著的光谱学全集里查到的要点如下：

CCL4 液体产生一条其波长为 3179 的最大光谱吸收带，两端逐渐衰弱，一端到 Q 3285，另一端到 β3045。在较高的区域还有一条第二条明显的光谱吸收带，波长为 2600，再把强度减弱到波长 2585，超过铂，它即结束（完成）。把四氯化碳化学纯充填到一块石英电池，然后试用镁发光，它只能显示一般的吸收能力（正如座盘的荧光屏上显示的一样）。

又和哈瑞司教授一起查阅了1929年版的化学吸收手册，到目前为止，液态四氯化碳的光谱吸收试验尚无人做。只在紫外光区域里做过蒸汽的放射光谱和吸收光谱。

暂时将镓光谱转换到镁光谱。

关于镓灯的故事已成往事尘烟，葛庭燧后来很快得知镓灯被迅速应用到第二次世界大战后期的南洋战场，被安装到美军飞机上用来侦察日军阵地。我们至今依然无法得知这一发明是否获得了专利，然而，当时在伯克利校园里的中国学子已经为其在军事用途与和平利用中的意义而感到自豪。

这本日记是葛庭燧之女在合肥家中父亲留下的一个文件箱中发现的，当无数的科学往事与科学家的真迹被历史与时间永远埋没，这本日记更加让人感到一种怆然的痛惜，那逝去的旧日时光，那生命中充满创造精神的灿烂的日子，那青春的智慧是多么值得怀念！

# 第十章 大洋彼岸的科学青春

## 一、比翼双飞的新郎新娘

新婚燕尔的葛庭燧与何怡贞夫妇在1941年9月抵达美国。对于何怡贞来说，这次故地重游并没有将她的学者梦延续太久，因为她很快就要做妈妈了；而对于葛庭燧来说，还有比做父亲的喜悦更加令他神往的科学事业。

他们夫妇先到加利福尼亚大学，参观了伯克利的劳伦斯实验室，葛庭燧决定留在这所世界著名学府攻读光谱学博士学位，而何怡贞则准备到东部的霭满斯脱学院、剑桥学院继续她的学术研究。

1943～1944年，葛庭燧在光谱实验室使用的仪器

关于这段时间的生活，葛庭燧在1941~1942年写给岳父岳母大人的信件中留下了清晰的记录。

岳父母大人尊前：

敬禀者，九月七日曾上一禀，计达。尊览。怡贞已于九月九日晨离金山东去，当于十三日晨安抵安校（霭满斯脱学院——作者注），据其来信云，现寓皮阜教授家中，一切均甚顺适。祈释尊念。婿来加省大学后，迄今整有一个月。在此一月中诸方面感触甚多，现已渐能习惯。

婿所寓之万国公舍中，约有中国学生二十余，然泰半系广东人，女多于男，而读研究院者不过四五人。其中有甚用功者，亦有喜好交际修饰者，而真正了解国家现状，了悟个人努力之目的者为数寥寥，言之殊令人慨然。

公舍中有一份旧金山华侨所办之"金山时报"，其中消息虽多陈旧与谬误，然读中国字实有如见中国人！岳父大人赐婿之呻吟语，婿恭置床头小桌上，每日必高声朗诵若干则，殊有许多领悟处。婿在过去半年中之生活变迁，实遇于剧烈，由滇而沪而苏而来美，其中之经历殊足令人深思回忆。

此次暂时与怡贞别离对于婿之精神生活打击甚大，然为婿等将来前途计，为整个之计划计，殊不能不忍痛作此决定，怡贞所去之地离婿处有七八千里之远，因而在明年暑假以前，彼此不能相会。

在此一年中，婿将潜心读书，以备应付将来之学位考试。盖欲获博士学位，最少须有一年之功夫苦读，然后始能起始研究工作也。怡贞来信云体重已增加甚多，脸孔已变圆。婿之体重则无什增减，然身体甚好，祈释念。

婿拟在明年请求中华教育文化基金董事会之科学补助金，如不能获得，则将设法在学系中任半时助教职。请领法定外汇事不知现有消息否？据报载现有取消上海黑市息，似此则请求法定外汇即获准，亦不能获得若干好处矣。

日前怀特教授曾约婿谈话，据云如不要博士学位，现在即可起始研究工作。婿窃以为对于国家文化真正有贡献者，乃为研究工作，博士学位仅为个人之虚荣，似乎不足重视，然将来回国做事时，无博士学位殊有许多不便处，且社会人士对于有无学位之观感亦迥异，因而最后仍决定先进行博士学位工作，研究工作先暂缓。

婿为此事颇感矛盾与苦闷，然则婿为一虚荣之博士学位，放弃研究机会，而埋头于书堆中苦读以应付"八股式"之考试，似有"未能免俗"之嫌否？恳大人暇时有以训教。

　　大人福体近来安吉否？诸弟妹近况如何？甚念。泽明泽涌想已东渡，不知泽慧有无回国消息？太平洋上风云万变，不知此一年中将有否不测巨变。婿等逃避国外，对于大人等不能（画）定省天之职，殊觉有愧于中，惟有努力读书做人，以不负大人等之厚望而已。

　　怡贞处想另有函上禀，婿等虽相离甚远但书信常（平信五天，航信三天），一切事均可彼此商量斟酌，总之，婿等相爱互敬百年如一日，大人等殊可畅怀慰安，因此一对小儿女之和合无间而老怀更为舒快也。余容再禀。

　　敬请
　　福安

　　　　　　　　　　　　　　儿婿　庭燧叩禀
　　　　　　　　　　　　　　十月四日


岳父母大人尊前：

　　敬禀者，十月四日曾上一禀，谅获尊览，今接怡贞来信，言及已接得大人手谕及瑛妹来信，甚为欢慰。大人谆谆教谕婿等注意作人道理并谨慎节俭，力行不懈。婿此次改入加省大学，半为节省费用，此地学费每年一百五十美元。房饭费每月约四十元。婿计划在抵美后之一年内花费六百五十元。

　　现在生活甚为简单。每日上课读书及食住而已。至于零用每月三数元即足，此零用不过必须之理发费，文具，邮费，及洗衬衫费（内衣均自洗），书籍及衣物均不购买，交际应酬费用更毫无其事，故敢请大人安心勿念也。请求法定外汇事恳请大人斟酌办理及支配，婿所需用者甚少，因以后即无任何补助金及工读机会，每年有六七百元亦足矣。据闻明日有船去中国，谨先将此禀付邮，余容续禀。

　　敬请
　　福安并
　　瑛妹及源弟近好

　　　　　　　　　　　　　　婿　庭燧叩禀
　　　　　　　　　　　　　　十月九日午

父母亲大人膝下：

敬禀者，去冬十二月一日奉读手谕后曾上一禀并附慧妹之信不知已达尊览否，嗣后邮务阻滞未能继续上函请安，深为罪疚。女于一月底来庭燧处，于三月三十日获一女孩，一切经过托福平安。外孙女运培健壮非凡，现体重已增至二十余磅，月前此地婴儿健康比赛曾膺冠军，现已开始试步并能呀咿学语。

庭燧在此一切顺遂，祈释念。

大人福体安否，弟妹等近况如何，念甚，请亲友处祈代致意道候为祷，余再禀肃此。

敬请

福安

女怡贞叩禀 十二月二十五日<br>庭燧附笔请安

此信写于邮路阻断之际。葛庭燧因参与军事科研工作被禁止与外界联系。这封信当时由友人回国转交。

## 二、从学者变为"家庭妇女"

1945年11月3日，葛庭燧夫妇与女儿葛运培在美国麻省

葛庭燧与何怡贞在中国播下的爱情种子，在大洋彼岸结出果实，1942年3月30日，他们的女儿葛运培在加利福尼亚州出生。

1942年5月9日和6月22日是母亲节和父亲节，年轻的父亲母亲分别收到了女儿的精美贺卡，可是当时他们的女儿刚刚一两个月大，还不会说话呢！可见当时的年轻伴侣心心相印，以这种方式表达一家人之间的亲密与恩爱。

葛庭燧曾在晚年说，何怡贞重返美国之后最杰出的成就是完成了两篇"论文"，那就是生下他们的两个孩子——1942年出生的女儿运培和1947年出生的儿子运建。

1945年的全家福

 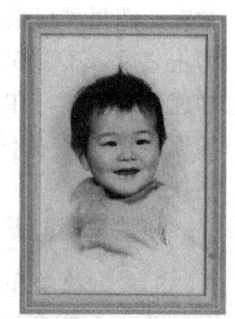
何怡贞的两篇"论文":
女儿运培和儿子运建

何怡贞在重返美国后仅仅5个月便离开了研究岗位,正如她自己在女儿的出生证上"职业"一栏所填写的那样,成为一个"家庭主妇"。

何怡贞重返美国之后,到位于美国麻省的霭满斯脱学院化学系工作了一段时间,但她没有履行原来与Beebe教授的约定,而是在霭满斯脱学院工作了3个月之后,就于1942年1月去加利福尼亚大学伯克利分校,与在那里读博士学位的丈夫相聚,事实上,她是在做临产的准备。

无法猜测Ralph A. Beebe教授对于何怡贞怀着身孕答应做她的助手是否有些不快,在他给何怡贞的信中也没有反映出这方面的情绪,然而,有一个细节值得注意,Beebe教授信中对何怡贞的称呼已经从"何小姐"变成了"葛女士",此处姓氏的更改显然是按照中国的夫姓礼仪。但有一点十分清楚,何怡贞在协助Beebe教授工作的3个月时间是卓有成效的,因为此信的中心内容是谈论他们将共同署名在美国化学学会期刊发表论文的事宜,从何怡贞的角度来说,为这篇论文进行最后的校正,说明她依然是在为Beebe教授工作。而这时,她已经是两个月大婴儿的妈妈。

1946年圣诞节到来的时候,在芝加哥寒冷的冬天里,葛庭燧与何怡贞4岁的女儿葛运培收到了许多节日礼物,这些礼物不是来自圣诞老人,而是父母的朋友和邻居。关于这件事情在何怡贞当时的笔记中留有详细的记录,引人注目的一份礼物来自李政道和杨振宁先生,那是Woodettes公司出品的一本科普读物——《电的知识》,而饶毓泰先生则送了一本字典。

何怡贞在当时的日记中记下了儿子运建出生后收到的第一份礼物,其中一份礼物来自金属内耗理论的创始人甄纳教授。

1947年3月8日,葛庭燧夫妇为儿子的诞生摆了一次迟到的满月席,何怡贞在日记中记下了应邀来宾:杨复光先生及夫人、王承明、邓昌黎、杨振宁、李政道。据葛庭燧后来的回忆,杨振宁和李政道是当年他家里的

常客，邓昌黎后来成为著名物理学家，1951年在芝加哥大学获得物理学博士之后，于1955～1962年担任美国阿冈国家实验室理论组组长，后任加速器部主任，在20世纪80年代后期，担任美国费米国家加速器实验室加速器物理系主任、特别计划室主任和阿冈国家实验室加速器物理部主任。

何怡贞还记下了那次满月酒席的菜单：

红炖鸡和鸡蛋、白菜肉圆粉丝汤、草菇芹菜肉片、青椒鲍鱼片、干贝萝卜、油豆腐芥兰、腊肠、肝。

儿行千里母担忧，父亲何澄时刻惦念着大洋彼岸的女儿一家，家书不断。日本投降后，他在给女儿的一封信中说：

怡女阅：

顷由苏州转来两书，得悉汝等情形甚好，又慧处情形使余无过虑矣。八年战乱无一天得安乐。今虽停止，然世界上问题尚多，乐观尚早。总而言之，人类任性冲动难有止境。无论好事与坏事，皆是矛盾的，断无了时。如欲无此现象，惟有无人类无世界。

余北来养病，近尚舒适。一切知足达观，则天地自宽矣！匆匆此谕。

庭燧同此。

父手书
（1945）十二月十三日

最后这封信写于何澄赴北平养病之际，从此他再也没有机会回到苏州。在北平期间他与张大千等人啸聚颐和园，并住在养云轩张大千处。抗日战争胜利显然没有使他心情得以宽慰，国家与民族依然陷于"人类任性冲动"的动荡之中。半年之后，何澄在忧心忡忡的心境中于1946年5月11日在北平东交民巷法国医院病逝。

## 三、鲜为人知的红十字通信

"烽火连三月，家书抵万金。"第二次世界大战的爆发使何怡贞与远在中国的父母亲人以及在德国的妹妹泽慧联系中断。太平洋战争的爆发使美国终于卷入战事，在此期间，红十字会承担了一个十分特殊的角色——为隔断于各交战国中的亲人转交信件，这是一段早已被历史尘埃湮灭的鲜为人知的往事。

何怡贞精心保存了第二次世界大战期间与家人通信的美国红十字会（American Red Cross）通信表格，这些信件一共16份，保存在华盛顿美国红十字会总部致何怡贞的一个旧信封中，通信人有何怡贞和她的父亲何澄、妹妹何泽慧、何泽瑛。时间从1942年5月21日至1944年4月7日，长达两年。

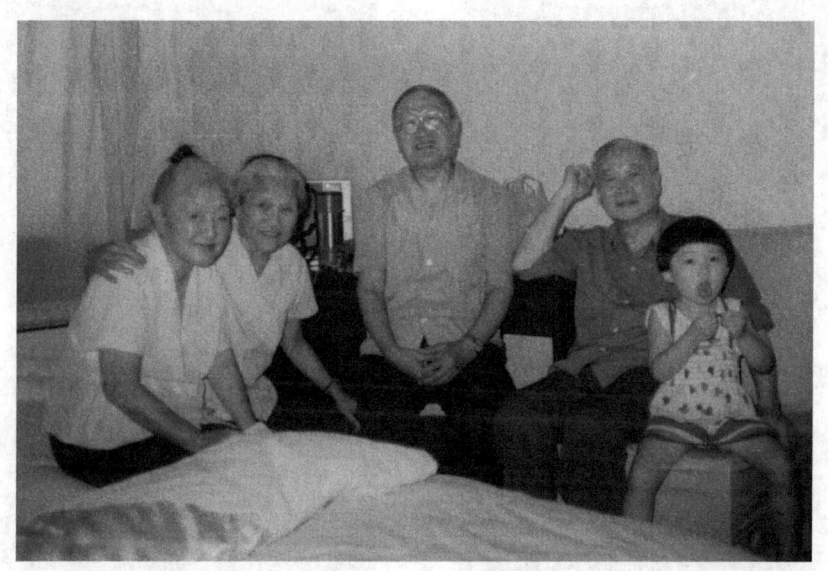

1987年，葛庭燧夫妇与钱三强（右二）、何泽慧（左一）夫妇及外孙女李欣兴

美国红十字会总部给何怡贞的信中寄去了专用的红十字会通信表格。表格分别用英文、法文、德文说明，所有信件须在25个单词之内。除了双方姓名地址外，还要填写双方国籍和关系，以及收信人的出生时间与地点。何怡贞保留这些通信表格中的英文和德文内容，分别由何泽慧女儿钱祖玄、钱民协及何怡贞外孙女梁晓彤译成中文。

何怡贞保存的第一封信，是何泽慧1942年3月24日从德国用德文写的：

亲爱的姐姐，你和家里怎么样？你有父母和兄弟姐妹的消息吗？你能给家里写信吗？我挺好的。

泽慧

何怡贞在4个月后的1942年7月22日收到此信，并在第二天用英文回信：

泽慧，还没收到父母的新消息，已于5月通过红十字会给父母去信。我会附上你的消息再给他们去信。我的女儿运培已4个月了，一切安好。

怡贞

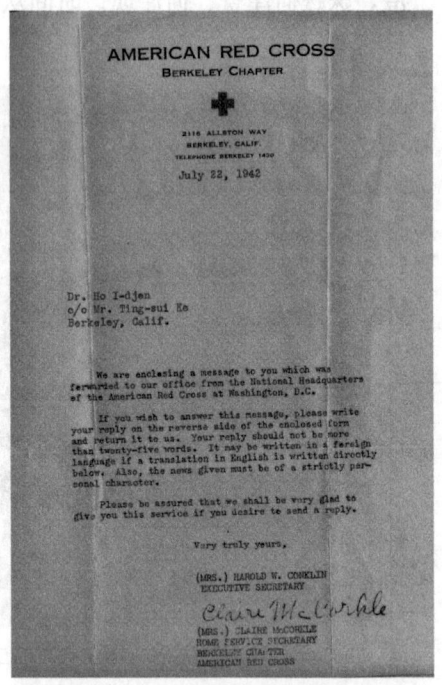

1942年7月23日何怡贞致　　　　　　美国红十字会加利福尼亚州伯克利
何泽慧的红十字通信　　　　　　　　分部关于红十字通信的函

何怡贞保留的美国红十字会来函原件包括信封、邮票和邮戳，该信由美国红十字会伯克利分部寄出，当天到达。何怡贞在美国红十字会寄来的何泽慧德文信表格的背面写了回信，并用铅笔抄录了妹妹的德文来信。

亲爱的姐姐，你和家里怎么样？我挺好的。你有父母和兄弟姐妹的消息吗？你能给家里写信吗？你什么时候回家？

泽慧

衷心祝愿！希望你们都好！你有父母的消息吗？家里怎么样？我很健康，主要工作：除了物理之外，种菜和水果栽培。

一年多不断地写信，但是没有收到家中的只言片语，何泽慧的心情是多么焦急，好在她可以从大姐那里间接得到家中的消息，也可见红十字组织通往德国的邮路多么坎坷和复杂。就在几年前，她无论在中国还是在德国，与家人的通信还可以洋洋洒洒啰啰唆唆地写满几张信纸，但此刻已变成一字千金。

何怡贞所保存的最后一封信，是何泽慧用德文于1943年11月28日写给姐姐、姐夫的，1944年4月7日寄到：

> 亲爱的姐姐，你有父母的消息吗？你们怎么样？自从我在海德堡以来，一切顺利。
>
> 衷心祝愿　你的泽慧

由于当时美国与德国的敌对关系，何怡贞把妹妹的来信全部收藏起来，没有再回信。何怡贞的谨慎不是没有理由的，尤其是丈夫此间正在辐射实验室从事绝密军事科研项目工作，与纳粹德国之间的通信惹来麻烦不是没有可能，何怡贞的处境与当时无忧无虑的妹妹全然不同。直到第二次世界大战结束，何怡贞才和已经到巴黎与钱三强结婚的二妹恢复了通信。

何泽慧与钱三强1946年在巴黎的结婚照

1942年5月21日，何怡贞用英文致信上海家中的父亲，何澄在4个多月后的1942年10月8日收到，从此之后，何怡贞中断了与家中的联系，直到战后。

英文原信如下：

> Granddaughter born March 30th in Berkeley. All well. Tingsui awarded University fellowship. Financially good. How is everybody at home?

（外孙女（葛运培——作者注）3月30日生于伯克利，一切安好。庭燧被授予"大学奖学金"资格。经济状况良好。家中所有人都好吗？）

1943年1月27日，何泽瑛在该信的背面用英文写了回信，何怡贞在11个月后的1943年12月23日收到：

All very well here. Ming, daughter-in-law, grandson in Peiping. Yang, Cheng on the way toward Szechwan. Others are still. Any news from Wei?

（家里一切安好。明（家中长子何泽明——作者注）、儿媳和孙子都在北平。源、诚（何怡贞的两个弟弟——作者注）在去四川的路上。其他人还是跟以前一样。有慧（何泽慧——作者注）的新消息吗？）

1962年，何怡贞、何泽慧、何泽瑛（左起）在北京中关村

这些信的内容都是对亲人的挂念，有限的寥寥数语中唯有亲情。何泽瑛给姐姐的一封回信竟然在邮路中漂泊了将近一年，这封家信的来往历时一年半。由于25个单词或汉字的战时限制，信中的英文表达简略而忽略语法规范，可谓"战时文法"。何怡贞之所以能保留自己写给上海家中的信件，是因为妹妹何泽瑛在此信的背面写了回信，就这样又寄回了美国。应该特别指出的是，红十字会组织在战时担负了亲情使者的角色，更加令人怀念的，是那些在战火中奔波在漫漫邮路上的无名信使。

# 第十一章 从伯克利到 MIT

## 一、走进 MIT 的两个伟大实验室

1944年1月，葛庭燧完成博士论文后，应麻省理工学院（MIT）理学院院长乔治·R.哈里森（George R. Harrison）教授邀请，在该校的光谱实验室（Spectroscopy Laboratory）进行美国国防委员会绝密项目"铀及其化合物的光谱化学分析"研究，这项研究是"曼哈顿计划"科研项目的一部分。

现在的乔治·R.哈里森光谱实验室致力于为揭示原子和分子的基本规律而进行的现代光学和光谱学研究及先进的生物医用方面的工程应用，光谱学实验室是 MIT 理学院的跨系实验室，其研究活动主要分为两个部分：分子和固体的光谱研究的物理研究以及生物物理及工程。

实验室由康普顿教授和哈里森教授于1931年建成，开始就是世界著名的经典原子光谱与后来在红外和拉曼光谱技术方面的先锋，实验室着重于光谱学的前沿发展，如采用光谱技术来诊断疾病等。

1940～1946年，实验室的许多科学家忙于国防和战争工作，相关的光谱学工作逐渐减少。在此期间，实验室的设施被用来进行"曼哈顿计划"中的光谱化学分析，从芝加哥大学的第一个原子反应堆中搜集数以千计的铀样品，用这里的10米光栅光谱仪进行分析。战争期间，哈里森教授担任国防研究委员会（NDRC）光学部的主任，从而熟悉了一大批投身于战时军事研究的科学家，其中包括专门研究红外及拉曼光谱的物理化学家 Pichard C. Lord 教授。

这种视野的拓宽对于战后实验室的发展有很大影响。

后来，葛庭燧到了 MIT 的辐射实验室（Radiation Laboratory，简称 Rad Lab），参与研制了远程雷达的发射-接收两用天线的关键部件——气体放电开关，耗时两年时间，获得美国国防委员会颁发的两张奖状、一枚奖章和一项专利。

当初被邀请到 MIT 辐射实验室时,他被告知是从事微波方面的研究,而更加让他始料不及的是,所谓的微波研究就是研制各种用途和型号的军事雷达。

在第二次世界大战期间的美国,这个高度机密的实验室前后云集了 3897 名科学家,他们的使命是根据英国在雷达研究上的最新成果而研制各种型号的军事雷达,并迅速投入战场。据资料显示,当时辐射实验室研制的军用雷达多达上千种,涉及飞机、军舰、高山之巅和陆地上的车载,几乎穷尽了迄今为止的一切雷达型号,包括反潜雷达、防空雷达、机载雷达、高炮瞄准雷达、无线电引信炮弹、运筹学反潜、固体火箭等,有人曾经这样评价:辐射实验室取得惊人成就的 5 年——相当于平时的 25 年。

## 二、神秘的辐射实验室

一位曾经参与"曼哈顿计划"的物理学家说:"原子弹仅仅是结束了战争,而雷达赢得了战争!"其中的意思是指,盟军在雷达方面远远领先纳粹德国的优势,在陆海空三军的作战中起到了至关重要的作用。而这些最新型雷达的研制则出自一个神秘的研究机构,这就是当时设立于 MIT 的辐射实验室。

雷达的基本概念早在 20 世纪初已经形成,早在第二次世界大战之前几十年,许多国家几乎同时开始设想用无线电传输中的反射或再辐射的能量探测飞机和其他物体,至少在美、英、法、荷、意、日、俄等国都有这方面的研究和探索。

1935 年,可以说是雷达技术发展史上具有划时代的里程碑意义的一年,这一年英、美、德、俄、意等国都研制出了雷达的雏形。自此之后,英国的科学家脱颖而出,率先将雷达应用于英伦三岛的空防。

雷达技术在英国科学家手中的质的飞跃,从时间上说具有十分重大的意义,因为,这个时候距离第二次世界大战的爆发已经近在咫尺。当时,德国人和美国人都已经意识到雷达在现代战争中的重要作用,这就是所谓的"千里眼"。然而,德国人如此先进的雷达技术又何以被美国人所超越呢?

其实,德国的军事科研团队也并非一群草包。第二次世界大战开始之际,德军的雷达系统足以与美国的技术相抗衡,然而,由于野心勃勃的希特勒将战争时间表截止日期定在 1939 年,因而,到太平洋战争爆发的 1941 年,德军的雷达装备早已过时,而美国却在卷入第二次世界大战之前的 1940 年便未雨绸缪，调集几千名科研人员从事雷达研究。

事实上，此举也并非美国军方的先见之明。1940 年英国人率先发明了 10 厘米微波波段的大功率磁控管，但由于战事吃紧，英国已无暇顾及工业生产，在当时的情况下根本不可能大规模生产先进的雷达设备，尽管它事关战争成败，军事意义非同小可。

但这时，本来已经被纳粹德国的轰炸机袭扰得十分狼狈的英国人还不至于顾头不顾腚。丘吉尔首相下令，将这一极具军事价值的科研成果交给美国盟友，并由空防科学调查委员会主席狄查德率领一个高级代表团，亲自携带堪称军事"国宝"的磁控管样品及图纸，试图与美国合作，这就是史上著名的"狄查德使节团"。

当时的美国俨然是隔岸观火的欧战看客，当英国使团抵达之际，美国对与英国方面的军事合作心存顾虑，这正突显了当时美国当局的政治性格与胆怯心理。巧合的是，罗斯福总统刚刚下令成立国防研究委员会，这是一个非政府组织，由当时的非政府组织主席 V. 布什（Vannevar Bush）担纲。

V. 布什是一个具有强烈国防意识的非凡人物，而且他历来主张民间科研机构与政府合作的模式，当时，他正游说罗斯福总统成立 NDRC，以非政府行为所组织的科研精英团队为班底，设立与军方密切合作的科研机构。

1940 年 8 月，怀揣特殊使命和最新雷达科研成果的英国人狄查德见到了 V. 布什。这是一次历史性的会晤，经 V. 布什的引见，美国军方代表与狄查德就合作达成共识，此时，美军代表还不知道狄查德身边的两位英国物理学家鲍恩和科克罗夫带来的箱子里装的是高度机密的最新雷达磁控管，而后来，更让傲慢的美国军人"傻眼"的是，这种磁控管能发射 10 厘米的微波，功率达 105 瓦，是当年美国最佳发射管的 1000 倍。

美英双方的合作一拍即合，一个月后，美国海陆军部正式加入 NDRC。NDRC 可谓美国现行科研体制的源头，专门为英国人的最新雷达技术成立了"微波委员会"，而一个以此技术为基础的核心实验室已经呼之欲出。当时微波委员会认为实验室的地点应该选在接近华盛顿的一所高水平大学之内，最终选定 MIT，另一个落选的有力竞争者是贝尔实验室。

这个实验室最初定名为"微波实验室"，为了掩人耳目，最后命名为"辐射实验室"。这个名称对纳粹德国的间谍们是一个巧妙的误导——他们认为这充其量是一个从事基础研究的部门，或者说是刚刚荣获诺贝尔奖的劳伦斯设立的加利福尼亚大学辐射实验室在美国东岸的翻版。纳粹德国情

报人员万万想不到这里会是一个军事科研机构,是一个货真价实的雷达实验室。辐射实验室设立于太平洋战争爆发,亦即美国对纳粹德国宣战的前一年——这不能不说是一个极为重要的、致命性的先机。1940年11月,20多位物理学家进入辐射实验室,5年后关闭之时,这里已达3897人,其中30%是科学家和工程师,其中有500名博士,后来有8人获得诺贝尔奖,其精英之多,连后来的"曼哈顿计划"也望尘莫及。

## 三、"雷达丛书"对于葛庭燧工作的介绍

有关辐射实验室的工作在 *Radar System Engineering* 一书中得到了最详尽的介绍,这部被简称为"雷达丛书"的庞大著作,被从事微波电子学的物理学家及工程人员奉为"圣经",拉比称其为"继'旧约'之后最伟大的工程",为21世纪迅猛发展的微电子技术、信息技术以及当代的天文学等广大科技领域奠定了理论基础。

辐射实验室自1940年开始集中数千名科学家和工程师研究发展军用雷达、导航系统和与此有关的元件、器件、电路、微波技术,开辟了从超短波到微波的新领域,在理论上和具体技术上均有很多创造性的发现和发明。

为了将这一系列的理论和技术成果详细地记录下来,1945年在美国科学研究和发展办公室的资助下,辐射实验室指定 L. N. 里登诺尔为总编辑,组成15人的丛书编辑委员会,以28个分册编辑出书,每册论述一个专题。全套丛书由数百名专家集体编著而成,由麦克劳希尔出版公司先后于1947～1950年出版。

这套丛书受到全世界电子科学技术工作者的重视,它在理论上发展了天线和微波理论、信息理论、控制理论和电路理论等;在实践上对雷达系统、导航系统、天线、馈线、发射机、接收机、信息处理、显示设备以及伺服控制系统等的设计,均作了详尽的论述。它所阐述的理论和技术原理,成为电子工程技术进一步发展的重要基础。

葛庭燧在MIT先后于光谱实验室和辐射实验室工作的经历,在其本人1988年填写的"干部履历表"中有如下记载:

> 1944年1月至1945年11月美国麻省剑桥:麻省理工学院光谱实验室和辐射实验室
> 
> 任职:研究人员    证明人:何怡贞、严济慈
> 
> 1945年获得一项专利;用微波雷达发射接收两用管进行自

动控制

这部规模宏大的丛书第 14 卷——"微波双工器"中，多处提到了葛庭燧与孟昭英所做的工作，"微波双工器"就是他们的杰出贡献。

本卷序言中指出：

> 第二次世界大战中微波雷达的作用是众所周知的。对于探测敌方舰船及飞机，在夜间或穿过云层的精确轰炸，以及控制夜间飞行的突袭编队，雷达的作用是无与伦比的。起初，只有少数长波雷达，但接近战争结束时运行的雷达有数千部，其中绝大多数是在战争期间研制的微波雷达。虽没有精确的界限，微波一般是指波长 1~30 厘米的电磁波，在这个波段范围内，产生微波的器件的谐振腔具有和波长相当的尺寸，其微波通路也有较大的不同。

> 微波雷达的重要部分之一是双工器。

> 双工器通常包括连接三个端点的两个开关管，三个端点分别连接发射器、接收器和天线。一个管子叫做发射-接收管（transmit-receive tube or TR tube），另一个叫做反接收管（Anti-TR Tube）。发射和接收时器件处于不同的工作条件，发射-非线性区间，接收-线性区间。线性区间的研究已经很清楚，但发射时的非线性区间则不那么容易搞清楚。虽然对于气体放电现象已经有很多研究，但是仍有许多问题存在。

> 许多研究表明，即使最简单的放电现象也极其复杂。特别是由于雷达双工器中的放电现象是由高频电压激发，而此频段以前的研究甚少，致使利用过去经验外拓来预测变得特别困难，只能靠经验进行设计。而军队的使用需求迫在眉睫，需要迅速找到解决方案，而不是研究其机理。

> 除本书各章节的著者外，我们要指出下列辐射实验室的人员也积极参与了本书所讨论的各种器件和双工器的设计、研究及测试，他们是：I. H. Dearnley, C. W. Jones, T. Ke（葛庭燧），F. L. McMillan, Jr., H. Margenan, C. Y. Meng（孟昭英）……

索引中共有两页三处提到葛庭燧，第 14 卷第五章描述了微波气体放电器，由 Louis D. Smullin 撰写，其中主要介绍了 TR Tube（又称 TR Box），写道：

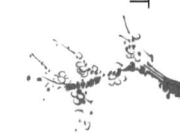

  1941~1945 年的工作主要是为新型号的雷达研制新的和更好的 TR Tube。由于时间紧迫，只有最近才开始对 TR Tube 以外的放电现象进行系统性的研究。然而，放电的 TR tube 的测量指标与其质量有直接关系，这些量有漏电功率、电弧功率、恢复时间、功率范围、寿命等。

  Anti-TR Tube 与 TR Tube 的行为类似，所以除非特别指出，TR 包含两种管子。文献中一般称为 TR Tube，而当时的研究人员称之为 TR Box，可能是因为在刚开始阶段，起这种作用的装置还是个未知数，因而，在实验室的图板上常用一个方形的盒子代表，称为 TR Box，而后来研究出来后，包含采用放电间隙的管子实现此功能，称为 TR Tube。

  葛先生参与研究 TR Tube 的间隙中的初始电子个数对尖端漏电能量损失的影响。实验观察到尖端漏电能量损失与 $n_e$ 成反比，但定量的数据一直没有。

  何怡贞的表姐王明贞在辐射实验室度过了 3 年时光，她也许是当年辐射实验室来自中国的科研人员中在 2010 年的最后一个健在者。第二次世界大战结束后，她还参与了这套丛书的编写工作。丛书第 24 卷"阈信号"中，劳生和乌伦贝克主编在序言中高度评价了王明贞的贡献："她不仅完成了第 13 章所述的全部工作，并且帮助全书有关理论的各章进行计算和描述工作。"

  2009 年 10 月，作者在北京拜访了 103 岁的王明贞先生，老人已经卧床四年，听力和视力都很差，当她看到当年自己在苏州老家和美国 MIT 辐射实验室的照片时，竟还能够断断续续地回忆起 60 多年前，她在 MIT 辐射实验室理论组工作过的往事。

  2010 年 8 月 28 日，王明贞先生在北京病逝，走完了她 104 年的漫漫人生。

# 第十二章 揭开一段尘封的历史

## 一、一本揭秘第二次世界大战幕后功臣的旧书

2001~2002年,中国科学院金属研究所徐东生博士赴MIT访问,其间,他遇到了与辐射实验室相关的两位美国老人——一位老妇人和一位老先生。老妇人曾在闲谈中告诉徐先生,她的丈夫曾经在第二次世界大战期间参加了MIT辐射实验室的研究工作,这番话当时并没有引起徐先生过多的注意。

后来,徐东生博士又遇到了一个名叫 Albert Ehrenfried 的老先生,老人的孙子是徐先生儿子的小伙伴。老人曾在 MIT 工作多年,其中包括在辐射实验室的时间,后来成为工程师、银行家和企业家等,曾创办并领导过多家企业,包括实业公司、咨询公司、银行等,老人有40多项专利和许多文章,其中很多专利获得实际应用,其1955年的IEEE文章中提出的科技产品营销方面的观点至今依然被广泛接受。

2006年圣诞节前夕,徐东生博士再度到MIT作短期访问,其间,顺便拜访了老人。当时,老人拿出一本珍藏几十年的旧书——印制于辐射实验室随着第二次世界大战结束而完成历史使命之后的1946年。这是徐东生博士第一次看到这本书,并由此而对这个早有耳闻的神秘的战时研究机构有了更加深入的了解,产生了极大的兴趣。徐东生博士在 MIT 访问期间,还发现了当年 MIT 辐射实验室的一个秘密,这就是从 MIT 到机场的秘密微波通道。

那本名为 *Five Years at the Radiation Laboratory*(《辐射实验室的五年岁月》)的书实际上是一本纪念专辑,书中介绍了这个实验室所从事的工作,还插有许多集体合影。这本有暗红色硬纸板封面、印制精美的图集,让人得以看到在辐射实验室存续的5年期间,所有默默从事军事雷达研究,并为第二次世界大战做出重要贡献的来自世界各地的科学家们的音容笑貌,唯一令人遗憾的是,这本书中许多内容由于涉及机密而在印制之前被删掉了。

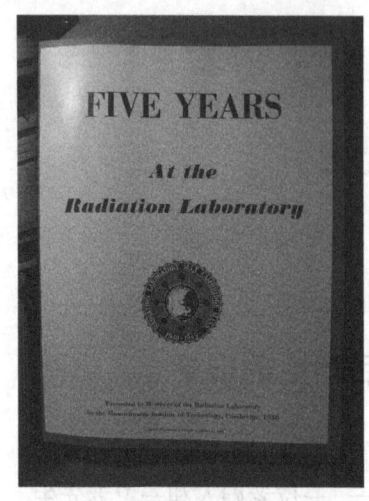

*FIVE YEARS* 扉页书影

出于军事机密原因的审查和删节是可以理解的,甚至是必要的,但是在这本图集中,被删节的地方留下了一片空白,这就是所谓的"开天窗"。"开天窗"的做法本来是出版物之大忌,在20世纪40年代中国的国民政府统治时期,这种做法往往被一些报刊用来作为对书报审查制度的无声的抗议。

《辐射实验室的五年岁月》一书中留下多处"天窗"的原因已不得而知,但显然不是因为出版的匆忙,也不是为了节省制版的成本,书中凡有被删节的页面均被打上了"保密"的特殊标记,证明删节者和编辑出版者对此做法的达观态度——此书并非公开出版物,以如此面目出现,更能够让人看到原书的真实面貌。

《辐射实验室的五年岁月》包括封面在内有207页,约550幅照片,其中合影约100幅,单人照约150幅,讲述了辐射实验室近五年的历程,包括实验室的组织机构、主要领导介绍、部分重要的研究成果、主要雷达设施的发展过程,还有整个实验室临近结束时人员的合影照片及部分工作照,此外还包括辐射实验室的建筑概况及实验室分布图、辐射实验室雷达在第二次世界大战各个阶段所占的份额、重要战役中雷达的贡献等。

徐东生博士在翻阅这本书时,意外地在一张合影中发现了葛庭燧。回到沈阳后,他将此事告知何怡贞先生,之后,又请老人从美国寄来了书中照片的复印件。

经葛运培女士辨认,不仅确认了合影照片中有她的父亲,而且还发现,另外两位著名的中国科学家孟昭英和王明贞也在其列。照片说明也印证了他们三人的英文名字,葛庭燧(T. S. Ke)和孟昭英(C. Y. Meng)的照片在128页,他们的座位相隔一个人,而王明贞(Ming-Chen Wang)的照片在115页,此三人曾在中国媒体的文章中被称为第二次世界大战时期参与美国雷达关键技术研究的"中国三杰"。

其实,当时在辐射实验室工作的中国科技工作者还有毕业于上海交通大学的朱兰成和毕业于燕京大学的鲍家善。微波专家朱兰成当时还是天线组的组长,后来以"斯特拉顿-朱兰成公式"闻名,被誉为电磁波与雷达研究的三大国际权威之一。他在 20 世纪 30 年代创办 CHU 天线公司，后来发展成为世界知名的高科技企业，为美国海军提供了大部分天线。鲍家善 1940 年在燕京大学获学士学位后，进入圣路易华盛顿大学，相继获得硕士和博士学位，1943 年进入辐射实验室，从事雷达天线和磁控管的科学研究工作。他与朱兰成和布林（S. Breen）博士合作发明了小数尺圆锥扫描天线、含有金属阻碍物的喇叭天线、獭尾式波束天线和半波导箱天线，并获得专利，其理论和基本原理沿用到 21 世纪仍有重要的实用价值。鲍家善后来历任南开大学、南京大学和上海科技大学教授，是中国著名的微波超导专家。1996 年，他赴美国参加了辐射实验室关闭 50 周年纪念活动，当时原 MIT 辐射实验室成员只有约 300 人健在。

## 二、"五年"六十年之后的故事

根据徐博士提供的线索，2007 年 9 月，葛运培的儿子梁应普和女儿梁晓彤终于在网上发现一本 *Five Years at the Radiation Laboratory* 在拍卖的影踪，有 3 个人参与该书竞买，价钱从 10 美元一路涨到 80 美元。

网上拍卖的截止时间是第二天中午，梁应普征求母亲意见——100 美元买不买？母亲的回答当然是肯定的。第二天，梁应普在拍卖截止前一分钟报价，最后以 110 美元竞买成功。

梁应普曾用一段饶有兴味的文字记录了该书的竞买过程：

> 那本书很难找，一个朋友帮忙在 eBay 德国的网站找到这本书的信息，付款后等了两个礼拜也没收到书，后来发现卖书这个人已经不再是 eBay 用户了。我就在美国 eBay 上设置了一个搜索提醒。结果过了一个礼拜，忽然从 eBay 收到一封邮件，说我的搜索有了结果，看了看，确实是那个 1946 年版的，卖家是一家纽约旧货商店。这个拍卖 6 天到期，我放了底价就开始盯着。
>
> 这个竞价到中午结束，早上的时候已经是 80 美元了，根据我的经验，只有最后几秒钟出手，才能用相对便宜的价钱抢到手。等啊，等到最后一分钟的时候，紧张地放了底价 130 美元，刷新刷新刷新，一直到成功买到手，最后的结果是 110 美元。
>
> 那个搜索到现在已经放在那儿半年了，没发现再有第二本书。看来这本书命中注定就是我的呀！

梁应普的这段文字凝聚着对外祖父深深的敬意与怀念，110 美元能够用来做什么事情？应该有成千上万个答案，但对于购买 *Five Years at the*

*Radiation Laboratory* 一书而言，这 110 美元已经等同于无价之宝。这本网上竞拍而来的书中还夹有 3 张珍贵的附信，该书的原拥有者是 Jeannette Barry——一个美丽的女人，她的照片在第 110 页，而阿尔伯特老先生的照片在第 111 页。

关于该书原拥有者珍妮特·巴里在辐射实验室之后岁月里的故事似乎已无法得知，甚至就连该书的拍卖者与原拥有者的关系也难以获悉，但有一点应该几乎可以认定，关于本书的价值和意义，在买卖双方各自的心中有着天壤之别。

对于拍卖者来说，这本书很可能就是鸡肋一般的可以换取几十美元的"廉价品"，而对于葛庭燧的后人和怀念那些往事的人们来说，正是这本至今未与公众见面的 *Five Years at the Radiation Laboratory*（1991 年曾以其他形式再版），使人们得以从品相极高的黑白照片中一睹第二次世界大战期间幕后科学英雄的风采，从而拂去了掩盖神秘的辐射实验室 60 多年的历史尘灰。

## 三、"屋顶上的精英"

另外，还有一本比 *Five Years at the Radiation Laboratory* 这本纪念图集内容更加丰富的书，记录了美国第二次世界大战期间雷达研究的历史，这本名为《屋顶上的精英》的书英文原名为 *The Invention that Changed the World*，可以直译为"改变世界的发明"，作者为美国人 Robert Buderi，书中除了收有 22 幅反映军事雷达研究 5 年过程的珍贵照片，还详尽描述了辐射实验室不为人知的故事。

《屋顶上的精英》这个中文译名似乎更加形象和生动，因为当年 MIT 辐射实验室的精英们就是在屋顶上测试雷达的。令人遗憾的是，这本写于 20 世纪 90 年代后期的书对于中国学子的贡献只字未提，唯一提及"中国"的地方，只是实验室的同事们有时会到波士顿的中餐馆吃饭。

中文版《屋顶上的精英》封底上写着：

> 雷达是"改变了世界的发明"并不夸张；更确切地说，应该是"拯救与改变了世界的发明"。
> ——斯蒂芬·安布罗斯 *D-Day* 作者

本书封二写着：

> 雷达的发明是扭转二次大战战局的关键，也是现代科技发展的摇篮。它最初是在美国麻省理工学院的一间简陋的实验室里诞

生的，那里汇集着一群至情至性的科技精英，他们将科学天才的敬业、敏锐、骄傲和痴狂演绎到了极致。战后，这股科技精英的庞大力量又转移到民航雷达、微波炉、电波天文望远镜、雷射、计算机、通信网络、半导体、宇宙飞船等的研究开发工作，促进了民用工业、天文物理、信息产业的蓬勃发展，开创了崭新的光电时代、网络通信时代和太空时代。

# 第十三章　战时科研的人才链条

## 一、神秘机构背后的神秘人物

辐射实验室的建立及其历史功勋正是 NDRC 所为，提到 NDRC，有一个不可回避的杰出人物，这就是 V. 布什。罗斯福总统确实是一位在国家政治与军事战略上颇具远见之人，当初他在白宫与 V. 布什会谈了 15 分钟之后，立即决定授权他成立 NDRC。总统先生的初衷是让这个民间机构作为军方的补充，而并非取而代之。

后来的事实证明，罗斯福对于 V. 布什的欣赏和选择，是决定第二次世界大战成败最重要的一枚棋子，不负众望的 V. 布什后来的作为，还奠定了美国在军事和民用科技上长久领先世界的最重要的基础——出于军事用途而大规模集结数千名科研人才的举措，在美国历史甚至各国历史上也无法重演——"曼哈顿计划"与辐射实验室堪称庞大军事科研团队的千古绝唱。

为了寻找科研机构的依托所在，V. 布什找到了他的母校 MIT。如果仅仅有罗斯福总统的赏识还不足以让作为电气工程师的 V. 布什更加伟大，是 MIT 成为他实现梦想的极为重要的一个阶梯或者舞台，而为他提供这个舞台的至关重要的人物就是当时的 MIT 校长 K. T. 康普顿（Karl Taylor Compton，1887～1954）。

K. T. 康普顿是和罗斯福一样造就了 V. 布什的人，对于自己上任伊始就敢于冒犯他的自命不凡的家伙，K. T. 康普顿校长不仅没给他穿小鞋，反而还因为赏识他的才干而给他增加年薪，又任命他担任 MIT 副校长和校董。当 V. 布什被选为美国国家科学院院士的时候，他已经获得了后来能够在更大的平台上大显身手的必要条件，至此，属于 V. 布什施展才华的道路已经铺就。

K. T. 康普顿与 V. 布什的伟大碰撞迸射出耀眼的火花——激情的也是理性的。这个事例生动地证明，一个伟大的事业要同时具备三种人才能得以梦想成真,这就是一个英明的电气工程师、一个更加英明的校长和一个最为英明的总统,而能够同时造就出这三种人的,就是一个无比英明的国家理念和社会环境(太多英明了!)——中国有两句古语大致能够比较抽象地解释这种现象:一是"时势造英雄",二是"天时、地利、人和"。

辐射实验室在 MIT 的应运而生,就其思想根源而言,也并非 V. 布什的灵机一动。在第一次世界大战期间,伟大的爱迪生先生就曾被美国海军委任为一个科学咨询委员会(Science Advisory Board)的主席,而这个职务却让这位被人类历史所铭记的人物不幸地证明了伟大的发明家与伟大的科学家的区别所在。

爱迪生当时网罗了一大批工程师参与他的委员会和研发团队,并因为对科学家抱有偏见而将那些只会"纸上谈兵"的理论人才拒之门外,最终,他所崇尚的"现代战争是机器的问题,而不是人的问题"的思想在现实中遭遇挫折。

而与此同时,不甘寂寞的科学家们却试图在另外一个组织证明自己的价值,V. 布什在那个时候便是这个组织中的一员。爱迪生在有生之年已经不可能看到美国的科学家团队在他辞世十几年之后所取得的惊人成就,而正是 V. 布什所领导的 NDRC 下设了 5 个分支机构:装甲与军械、化学与爆炸装置、通信与交通、仪器与控制、专利与发明。

NDRC 的经费来自总统应急基金,成立伊始便获得 650 万美元资助,这笔钱被用来以委托协议的方式,征集上千名科学家、32 个大学研究机构、19 个工业实验室,并签订 126 份研究合同。用合同来征集民间科研机构参与军方研究,并不是 V. 布什的首创,但如此大规模地动员社会科技力量直接服务于军事科研,则显示了 V. 布什的非凡才能,而且,这一传统至今仍为美国所沿用。

不能不说,美国人的国家意识及科技强国、军事强国的理念与胸怀无人堪与匹敌。尽管罗斯福总统曾将发誓美国决不参与战争作为竞选连任的口号,但日本对珍珠港的偷袭事件已使美国人不会再计较罗斯福的食言。在此之际,美国国会批准 V. 布什成立科学研究与开发办公室(OSRD),并将该局经费纳入国会战争预算。

作为美国第二次世界大战期间全国科学研究的首脑,OSRD 统率了"曼哈顿计划"、辐射实验室、青霉素的大规模生产及人工合成等重大项目,而此时的 NDRC 已经完成了它的历史使命,变成一个咨询机构。

任之恭在《一位华裔物理学家的回忆录》中写道:

OSRD在战争期间动员6000多名科学家参与战时军事科研，其中包括全国75%的物理学家和50%的化学家，麻省理工学院的物理学名声火箭般青云直上到公认的一流水准。几乎恰在10年之后，珍珠港事件爆发，麻省理工学院被选为辐射实验室的所在地，这是国家从事雷达研究的中心。实验室几乎吸收了当代最杰出的物理学天才的一半，另一半到洛斯·阿拉莫斯（Los Alamos）去完成原子弹计划。其中微波科学和雷达技术方面的成就被汇总在27卷文集中，对将要来临的许多年、许多代，它代表着一个不朽的知识源泉。

辐射实验室的总经费预算超过15亿美元，而同样得到OSRD强大支持的研究机构——设在加州理工学院的火箭实验室和设在霍普金斯大学的爆炸引信实验室（引信实际上是辐射实验室外包的项目，其核心是一个微型雷达，装在炮弹上来探测所接近的飞机或火箭，并通过计算给出结果以在适当的时间引发爆炸）所花经费只是辐射实验室的零头。

引信实验室制作了两千万个引信，有人说："对于1943年以前的大部分美国物理学家，以及在这之后没有参与曼哈顿计划的物理学家而言，物理学研究甚至就意味着在这三家实验室里的全部工作。这三大实验室在战争期间的总经费超过20亿美元，这相当于整个曼哈顿计划的经费，原子弹、雷达与引信是三大武器。"

## 二、被遗忘在剑桥陈迹中的中国学子

辐射实验室成立之时，葛庭燧还在加利福尼亚大学伯克利分校，对于这个刚刚获得光学硕士学位的中国年轻人来说，新的使命比从西部到东部的距离更加令人难以想象。葛庭燧加盟辐射实验室，起因于V.布什邀请加利福尼亚大学辐射实验室的劳伦斯担任MIT辐射实验室主任，后者绝对是最佳人选，而劳伦斯正沉溺于回旋加速器之中。

但是，出于对纳粹战火之下的英国人的同情，劳伦斯决定让弟子杜布里奇（Lee A. DuBridge）率一众年轻人才前往赴任，葛庭燧就是其中的一员，而且是没有让他久负盛名的老师失望的一员。当时包括葛庭燧在内的许多学者对于微波并不熟悉，而5年之后，他们已经成为无可争议的微波专家。

这样，在罗斯福、K.T.康普顿、V.布什的杰出人物链条上又增加了劳伦斯和MIT辐射实验室主任杜布里奇。当然，在这个链条的最后环节，同时也是不可缺少的一环——葛庭燧等数千名才华横溢并胸怀远大抱负的青年学者。

这是一个完美的人才链条，或者说一项伟大的事业所不可或缺的金字塔。这里不能不追述这个链条中最为关键的第一个环节——罗斯福总统英明任用的 V. 布什，使其从"有可能决定战争胜负的人"变成"决定了战争胜负的人"。

V. 布什不仅是第二次世界大战时局的隐形战神，而且他对战后美国大科学的奠基性贡献更加令世人怀念。第二次世界大战胜利后，V. 布什继续说服罗斯福总统，使战时的众多军事科研成果成功转为民用成为现实，他以预见个人计算机和数字化图书馆的未来而成为信息时代的伟大的预言家。他在战后所发起撰写的《科学——无尽的战线》（Science—The Endless Frontier），就是人们俗称的《布什报告》，这份报告可以说是美国科技发展史上的里程碑，被称为美国制定科学政策的"圣经"。

1946 年美国 MIT 辐射实验室工作人员合影，前排右四为葛庭燧，前排右二为孟昭英

然而，到了本书开始写作时的 2008 年 9 月，《辐射实验室的五年岁月》图集中那些留在剑桥的靓丽的身影早已青春不再，当年辐射实验室的青年精英们只有个别还幸存于世，在这里获得过一项专利和 OSRD 所颁奖

状的葛庭燧先生已经在20世纪的最后一缕曙光中与世长辞。然而，至少有一位中国女性，年逾百岁的王明贞老人，将她传奇的生命坚持到了2010年8月。

世界上第一颗原子弹于1945年7月16日成功试爆之后仅仅20天就变成了杀人魔王，20天，仅仅20天，这是改变了战争概念与人类信仰的20天。

葛庭燧在MIT参加了研制原子弹的"曼哈顿计划"和军事雷达研制的科学家团队，同样因为成绩优异而获奖，而在他1941年初次踏上美国土地的时候，还在伯克利的学生宿舍里研读奥本海默的《统计力学》和《电动力学》。

然而在1943~1945年，葛庭燧先后加入了迄今为止世界历史上两个最伟大的军事科研团队，并成为其中的佼佼者。他因为同时参与这两个伟大工程而被称为"双奖华人科学家"，再加上参与中国战场抗日战争的历史，葛庭燧在第二次世界大战时期的角色可谓绝无仅有。

"曼哈顿计划"和辐射实验室的特殊经历，曾经让葛庭燧在以后的数十年中感到内疚——葛庭燧认为，研制杀人武器是一种"罪恶"。关于这一点，他多次对自己的儿女说过，但葛庭燧此言不知是否还包括当年参与冀中抗日的地雷战。

在21世纪的太阳即将升起的时候，葛先生溘然长逝，那是他生命中最后的一次远行，而将他的背影永远地留在了20世纪。我们现在已经无法揣摩他对生命旅程的回忆，尤其是关于那场远去的战争的回忆，不能更深刻地理解他为何无法将参与研制原子弹和雷达的历史当成一种荣耀，因为我们没有像他一样亲历。然而，正是这样的疑问，让我们有一个确凿的理由去探究他的真实心理——那将对今天依然充满战火的世界有某种启迪。

广岛和长崎依然没有忘却原子弹所带来的创痛，但关于第二次世界大战末期原子弹加速研制的历史已然成为往事尘烟。

不管当年剑桥的科技精英们在生命的长跑中何时先后到达终点，有一个重要的事实是，除了聚焦在V.布什身上的光束之外，美国政府和人民是否还在怀念辐射实验室中的人们，这个世界上还有多少人知道那些被遗忘在剑桥的人们的名字?!

诚然，那辐射实验室时代的剑桥青春，不乏后来获得诺贝尔奖的伟大科学家，但是，当年的中国年轻学子后来的道路却十分坎坷，无论葛庭燧、王明贞还是孟昭英。重要的也许并不是他们来自遥远东方的中国，而是这样一个显而易见的事实——他们并非美国人。然而，他们对世界反法西斯战争事业的贡献可以说是一种对科学的热诚与正义的理念。

当盟军最终夺取第二次世界大战胜利已成定局时，罗斯福总统于1944年11月给V.布什写了一封信，信中写道："尽管OSRD的工作是在没有任何公众知道的情况下极秘密地进行的，但是，它的实际效果能从来自全世界作战前线的公报中看出来。总有一天，成功的全部真相将被公开。"辐射实验室的真相直至21世纪初依然没有向全世界公开，这其中可能涉及这样几个问题——能不能公开？有没有必要公开？谁有责任有义务去公开？

第二次世界大战之后的数十年中，人们经常会提及这样一个问题：美国的科学技术水平在战前远远落后于欧洲，而第二次世界大战是美国科技称霸世界的转折点，美国人和全世界爱好和平的人都不会以此认为美国是战争的受益者。然而，就以决定战争成败的雷达而言，丘吉尔首相奉献的雷达甚至核技术，与中国年轻科学家们的奉献都是典型的例证，所不同的是，英国人的奉献多少有些出于无奈，而中国年轻学者的奉献只能被说成是无私。

# 第十四章 葛庭燧与杨振宁的友情

## 一、李治华：奇诡的"红楼"旧梦

战后的 1946 年初，在芝加哥金属研究所，葛庭燧见到了刚刚结束西南联大艰苦教学生涯来到美国的任之恭先生——他们曾经是清华园里的师生和西南联大的同事。而此前几个月的那个冬天，葛庭燧在芝加哥迎接了杨振宁的到来，后者得以在战后离开西南联大，葛庭燧帮助他办理了芝加哥大学物理系的入学手续。

1949 年，葛庭燧（后右三）在美国，前排中为杨振宁

这里，有必要插入一段来说一说杨振宁与葛庭燧的多年交情。

1983 年，杨振宁博士在《欧华学报》（*Journal of the Association of Chinese Scholars in Europe*）（1983 年 5 月第一期）上读到李治华先生的

长文《红楼梦法译本的缘起和经过》，发现其中谈到他当年在西南联大时的老师，以及后来到美国求学时曾经对他鼎力相助的葛庭燧先生及太太何怡贞女士，便将此文寄给当时在安徽合肥的中国科学院固体物理研究所所长葛庭燧。

这封邮件后来一直由何怡贞珍藏。这是一封航空邮件，牛皮纸信封，封面落款为杨振宁先生亲笔所写："C. N. YANG"，邮戳上的寄出时间是1984年7月3日，寄出地点是荷兰莱顿大学，邮件寄达时间是1984年7月12日。

《欧华学报》由欧洲华人协会出版，主编正是李治华先生本人。

李治华先生1915年出生于北平，自幼聪慧过人，高中毕业后升入北平中法大学伏尔泰学院法国文学系。1937年，他以总分第一名的成绩毕业，并争取到联合公费留学金赴法国求学，此后，一直致力于中国古典文学作品的法文译介。

1954年，联合国教科文组织决定出版《东方知识丛书》（又名《世界文学名著》），李治华应邀参加了这项工程，并自报选题翻译《红楼梦》，结果这一承诺使他和法国妻子雅歌付出了27年艰辛。

1981年，法文版《红楼梦》被列入联合国教科文组织编撰的"东方知识丛书"出版，法国伽利玛出版社版本用羊皮做封面，列入著名"七星书库"丛书。该译著一年再版数万册，雄踞法国同类书籍发行量首位，李治华本人也被法国媒体称为"驾驭传播中国文化之舟的掌舵者"。

杨振宁先生寄给葛庭燧的《红楼梦法译本的缘起和经过》一文，原是李治华先生1982年7月在剑桥欧洲汉学会议上的演讲稿，此文记述了翻译《红楼梦》的起因和心得，同时堪称一篇研究红学的学术论文。文中，李先生从自己的身世与《红楼梦》时代背景的关系说起，谈到当年其父到北平的满清末任顺天府尹何乃莹家，为何府尹的两个孙子做家庭教师，教习英文和数学，他也因此和父亲一起住进何家大宅。何乃莹就是当年慈禧、光绪西逃时的扈从大臣，山西灵石两渡村人，时任顺天府府尹、都察院左都御史。何家府第坐落在北平宣武门外教子胡同38号，在李治华童年的记忆里，府尹大宅与曹雪芹笔下的荣国府如出一辙，府尹家族的生活习俗、人物命运甚至语言都与《红楼梦》中的细节十分类同。

李先生在此想表明的是，那个与大观园十分相似的生活环境，使他通过对童年生活的回忆而使翻译工作变得顺畅，包括对人物、环境、礼仪、儿童游戏等诸多细节的熟悉，使他对于《红楼梦》中的词语甚至所描绘的场景，都不会因为生疏而产生表述上的偏差。

葛庭燧传

　　此文记述了李治华先生一次神奇的经历：20世纪80年代初，在从里昂到巴黎的高速火车上，他见到了一对来自中国的科学家夫妇，这就是葛庭燧与何怡贞，其时他们正在法国作访问考察。闲聊之中，李先生惊奇地得知，何先生正是当年顺天府尹家族中人。

　　这次奇遇让李先生惊异莫名。

　　李先生不仅有缘与何先生在火车上结识，他还曾在巴黎的一个中国同学处见过何泽慧。当钱三强向李先生介绍妻子时，李先生开口便问她是否认识北平的教子胡同何家。何泽慧当时只是轻描淡写地回答："认得，是本家。"接下来，李先生兴致勃勃地说自己曾在教子胡同何家住过很多年，何泽慧未予作答，李先生也不好意思再说下去。其实，何泽慧对封建家族的旧事不愿多提很可以理解，毕竟她已经是新时代的科学女性，世界顶尖的科学家，对那些陈芝麻烂谷子的事情没兴趣是很自然的。

　　也许何泽慧并不知道李先生谈起教子胡同不是为了和她套近乎，而是在为翻译"红楼"巨著做研究。比起何泽慧，李先生认为姐姐何怡贞更喜欢聊天，比较随和，谈起何家的旧事，何先生说了一句："我们家里的事，你比我还清楚。"结果，何先生这句漫不经心的话也被李先生引用到文中，说是和红楼梦中贾政给贾雨村下的评语相伯仲："岂知雨村也奇，我家世袭起，从代字辈下来，宁荣两宅人口房舍以及起居事宜，一概都明白，因此遂觉得亲热了。"

　　清代的封建大家族，清规戒律饮食起居习俗大抵不变，顺天府尹和京兆府尹巧合的还不仅于此。曹雪芹的上几代就曾是江宁织造和苏州织造，而何怡贞与何泽慧的外祖母王谢长达所创办的振华女校，就在苏州织造的旧址。王谢长达的丈夫王颂蔚在京城官至三品，她随丈夫在京城生活多年，直至丈夫病逝才返回苏州老家。李先生如果还知道这些掌故，不知道又会妙笔生花到何种程度，说不定此文又多了几番笔墨和感叹。

　　不过，也难怪李先生对教子胡同的喜好让何氏姐妹毫无兴致。民主自由思想和科学家之类的头衔不说，大户人家的姑娘大抵是如此心如止水，对于祖上风风光光的何氏来说，府尹也不算什么大官，不至于那么趋之若鹜。

　　这里绝对没有贬低李先生的意思，相反，李先生的治学精神和才学令人钦佩。李先生文中有一处还特别值得推崇，那就是他从何家的历史中找到《红楼梦》一句名言的绝好印证："凡山川日月之精秀，只钟于女儿。"包括何怡贞、何泽慧以及中山先生身旁的护士何芬等何氏姐妹，已是现实中的明证。

顺天府尹何乃莹与《红楼梦》里贾雨村担任的京兆府尹其实是同一个官爵；何乃莹因同情义和团的罪名为慈禧所杀，留下长寿的夫人如贾母一般统领着几代儿孙，这也与王颂蔚英年早逝，而王谢长达呕心沥血抚育何氏后代成才有某种相似。正是王谢长达毅然将女儿王季山嫁给何澄，才得以让何氏家族延续辉煌精英。

看来封建家庭的命运都有几分相似，王谢长达所生几个女儿除了王季山之外均未生育，甚至有如王季玉这样的终身未婚者。唯独王季山，不仅承担了延续香火大任，8个儿女尽为英才。

王季山是兄弟姐妹中唯一没有读过大学的，在振华女校简易师范毕业后，主要精力在于相夫教子。了解这个家族历史的人，恐怕无人会遗憾她没有出国留学，反而因她的付出和贡献更加厚爱一分，亦可看作姐妹之间的家庭责任分工不同。

《红楼梦法译本的缘起和经过》一文已经被收入李治华先生所著《里昂译事》一书，此处之所以对这段轶事多花笔墨，还有更重要的原因，那就是它印证了杨振宁与葛庭燧的交情，以及杨先生对中国古代文化的喜好与珍视。

## 二、杨振宁与葛庭燧的往日深情

杨振宁寄给葛庭燧那本《欧华学报》中的文章，背后隐藏着意味深长的历史云烟。

杨振宁与葛庭燧之间的交往，最早要追溯到 20 世纪 30 年代初。当时葛庭燧在清华读书，而杨振宁是在清华园里长大的，他的父亲杨武之是清华大学数学系教授，而且是葛庭燧"近世代数"课的老师。

1940~1941 年，杨振宁是昆明西南联大物理系三年级的学生。当时，葛庭燧从燕京大学研究院毕业，来到西南联大教书。这一年在葛庭燧的人生中是一个不可忽略的转折点，经历了肺结核病的折磨，经历了冀中平原的抗日烽火，更重要的是，他在这一阶段面临两个几乎同时到来的打击——一件事是从燕大刚刚开始萌芽的爱情让他尝到了失恋的苦涩，另一件事是报考美国的学校没有被录取。情感与事业的挫折，在这个时间节点上一同爆发。

就在这一年，葛庭燧忧郁地走上了西南联大的讲台，他教授的一门课程是"高等实验物理"，而坐在台下听讲的学生之一就是杨振宁。

1945 年冬天，杨振宁赴美留学，昔日的老师葛庭燧代他办理了进入

芝加哥大学物理系的各种手续。在1945年到1949年这四年的芝加哥时光中,初来乍到的杨振宁经常到葛庭燧家中玩,除了这里有他熟悉的老师和引路人之外,另外一个原因就是,他很喜欢这个家庭中的两个孩子——运培和运建。

1949年秋天,葛庭燧毅然决定携全家返回祖国。他们一家四口离开了芝加哥,从旧金山乘轮船回国,临行时,杨振宁托葛先生带一支钢笔给他的弟弟,葛庭燧与杨振宁一别就是数十年。

葛庭燧告别芝加哥金属研究所之后,杨振宁继续留在芝加哥大学物理系读书,获得博士学位后,他东去普林斯顿,并在美国定居。1957年,杨振宁与李政道一起获得诺贝尔物理奖,成为世界知名的华人,这已经是众所周知的事情了。

1999年,葛先生第三次重返美国,也是他最后一次踏上美国的土地。在包括英国皇家学会会员、法国科学院院士、日本金属学会会长在内的著名科学家的极力推荐下,葛庭燧获得了他一生中的最高荣誉,同时也是矿物、金属、材料三个学科领域的国际联合学术组织美国矿物、金属与材料学会(TMS)的最高奖——1999年度梅尔奖,这个荣誉还包括,在TMS的年会上作学术演讲。

1999年5月,杨振宁博士从美国纽约州立大学寄给葛庭燧一封信:

> 庭燧兄:看到《人民日报》海外版上5月7日的长文,说你荣获TMS之梅尔奖。我要向你祝贺!60多年你对内耗问题的贡献,对培养中国材料科学人才的努力是大家都称赞不绝的。请问夫人好!

自从葛庭燧与杨振宁1949年在美国分手,他们首次重逢的时间已不得而知,但至少在1992年,他们曾经在合肥见面,那一年,中国科技大学在合肥举行学术报告会,以此庆祝杨振宁七十寿辰。

杨振宁在会上做了关于碳60研究概况的报告,葛庭燧介绍了从美国归来之后的研究成果。然而,对于他们两人来说,此次重逢最为重要的意义在于畅叙友情。就在那次叙旧中,杨振宁博士再次谈到他的观点:21世纪的科学将是中国的科学。而葛庭燧提出的问题是:靠谁来发展中国的科学,进而成为世界领先的科学?

那天,葛庭燧赠送给杨振宁5匹唐三彩的小马,并写上祝他长寿和落叶归根的祝辞。然而,此刻的杨振宁却突然说出了一句让葛庭燧颇感意外的话:"你曾给钱学森写过信。"其言显然指的是40多年前的往事——1949年,葛庭燧替中共地下党转信给钱学森并附上了一封信。

葛庭燧当时没有听懂杨振宁的意思，也许他一直没有明白杨振宁所言的含义。我们不妨做这样的推想：假如葛先生当初也带给杨振宁一封这样的信，那么就很可能会有两个结果，其一是杨振宁返回祖国效力，其二是杨振宁拒绝祖国的召唤。设想这样两个结果同样都是徒劳无益的，不如假设一下，如果当初杨振宁归国，几乎可以百分之百肯定地说，世界上将会少一个获得诺贝尔奖的华人，也会推迟华人获得诺贝尔奖的时间。

杨振宁先生祝贺葛庭燧荣获 TMS 梅尔奖的那封信，已然穿越了漫长岁月的往事尘烟，尽管贺信只有寥寥数语，一切尽在不言中。

然而，性格耿直的葛庭燧即便是对交往很深的杨振宁也并不放弃个人准则。比如，葛庭燧在合肥创建中国科学院固体物理研究所，听说杨振宁要在中国建一个凝聚态物理研究所，便托人直言转告杨振宁，说他在筹建一个固体物理研究所，杨振宁闻知表示不再搞凝聚态物理研究所了。还有一次，杨振宁到了北京，托人转告说想见葛庭燧，葛庭燧回答："他要见我就请他到合肥来，这里是他的老家，可以顺便回家看看。"

第十四章　葛庭燧与杨振宁的友情

# 第十五章 一个年轻内耗大师的诞生

## 一、一次偶然改变一生

随着第二次世界大战的结束,辐射实验室也完成了它的历史使命,这里的几千名科学家们各奔东西。日本的战败使葛庭燧的心备受鼓舞,他相信依靠美国人的力量打败日本人的想法,原子弹的威力已经证实了这一点。

他从而更加相信科学的力量,因为无论"曼哈顿计划"还是辐射实验室的经历,让他亲眼看到了科学的力量如何变成了强大的武器。然而,也正是因为这一点,葛庭燧也从广岛和长崎升起的蘑菇云中感受到了科学所散发出来的血腥味,这种味道在实验室中是闻不到的,于是他开始为参与杀人武器的制造而自责和内疚。

葛庭燧曾经萌生过回国的念头,国统区他是肯定不会去的,国民党让他失望;当时在纽约《华侨日报》工作的清华同学、中共地下党员唐明照建议他去延安。唐明照少年时代随父赴美,曾与葛庭燧同年考入清华大学,他后来成为著名的外交家,为中国人首任联合国副秘书长。

当时,唐明照的建议让葛庭燧有些犹豫,冀中发生的那次"锄奸运动"使人不寒而栗,而随西南联大在昆明的日子已然更让人心境苍凉。内战已经爆发,清华物理系难道还能放下一张安静的书桌吗?回国之后究竟能做什么?更何况在美国的生活环境与科研工作条件与国内是天壤之别,最后,他决定继续留在美国,理由出自一个十分具体而现实的问题——孩子还小。

葛庭燧随后去了芝加哥的金属研究所,并从事他大半生始终不渝的金属内耗研究,这完全是出于一次偶然机遇。

那是 1945 年底,葛庭燧在 MIT 得知著名金属物理学家克拉伦斯·甄纳教授(Clarence Zener)将做一次学术讲演。甄纳教授的题目使他误以为与自己的光谱专业有关,便兴致勃勃地慕名前往。然而,就是这个误打误撞的讲演专题，决定了葛庭燧此后一生再无改变的科学道路。

甄纳教授当时正与史密斯教授一同筹建芝加哥大学的金属物理研究所，他所讲的是"金属中的滞弹性与内耗"。内耗（internal friction）是材料中的机械振动能量由于材料内部的原因而被转换成其他形式的能量（一般为热能）的现象。

尽管对这一专业几乎是一无所知，但听了甄纳教授的报告，葛庭燧认为这一新兴的物理学分支有助于今后祖国的冶金工业，便找到甄纳教授，毛遂自荐要去他正在筹建的金属研究所，甄纳教授一眼看中了这个踌躇满志的中国青年。在接下来很短的时间就证实了甄纳教授没有看错，葛庭燧在一年左右的时间便给了甄纳教授极大的惊喜，更给予国际科学界的同行们巨大的惊喜，他的天才发明在20世纪世界物理学的发展史上留下了深深的痕迹。

葛庭燧与何怡贞带着3岁的女儿葛运培从波士顿来到了芝加哥。

金属内耗专业对于葛庭燧来说是一个十分陌生的、全新的专业，即便是在本书开始写作的2008年，作者在百度搜索引擎中输入"金属内耗"4个字，搜到的结果几乎全部是关于葛庭燧一个人的文章，而"滞弹性"（anelasticity）这一词条被创建后仅仅被阅读12次。

1947年，葛庭燧在芝加哥金属研究所

其实，在20世纪三四十年代的美国，战争已经打破了科学研究的常规，比如在辐射实验室的岁月所从事的雷达研究，不仅葛庭燧，当时几千名年轻科学家们几乎都是新手。然而，有一点必须指出，葛庭燧的硕士与博士课程都是光谱专业，而光谱与金属晶界的研究都属于人类科学对于微观世界的探索。

如今，人们对于当时这种临时抱佛脚式的研究工作会觉得不可思议，但是，隔行不隔理，"触类旁通"这些中国成语在此处得到了最生动的印证，即便是在当时具有世界尖端水平的紧迫而条件艰苦的战时科研。

这样说来，中国古人所云的成功理论在大洋彼岸同样是真理。天时、地利、人和，在那无数天才的学子填补科学空白的年代，在战火硝烟与科

学氛围同样浓郁的美国,一群年轻有为的科技新星已然成为"屋顶上的精英"。

在芝加哥金属研究所从事金属弛豫谱(内耗)和金属力学性质的基础研究期间,葛庭燧先后担任讲师级和副教授级研究员,这是他在科研上取得奠基性和开拓性成就的时期。在四年时间里,他单独发表了18篇论文;发明了测量金属内耗的装置,这一装置被国际科学界称为"葛氏扭摆";他首次发现了晶粒间界内耗峰,被国际文献命名为"葛峰"。

葛庭燧的一系列研究成果奠定了"滞弹性"这个新领域理论的实验基础,成为世界金属内耗研究领域的创始人之一。这是葛庭燧一生最重要的科学贡献——用他的名字命名的这两项伟大的发明与发现,奠定了他在20世纪世界物理发展史上的里程碑式的贡献的基础。

## 二、解读金属内耗

内耗,是自然界常见的现象,它是指一个振动着的物体即使与外界完全隔绝时,其机械振动也会逐渐衰减下去,这种使机械振动能不可逆地耗散为热能的现象,被称为"内耗"。这种能量耗散或者吸收,通常与机械振动的频率有关,在某一频率范围内,出现内耗或者吸收的峰值,叫做频率内耗峰;当振动频率一定时,在大多数和原子输运过程中有关的情况下,这种能量消耗或吸收又与测量温度有关,在某一温度范围内出现消耗或吸收的峰值,称为"温度内耗峰"。

金属内耗学说创始人甄纳(Zener)

简言之,内耗是金属内部在振动时所产生的一种能量消耗现象,一个振动的物体由于内部的滞弹性弛豫(relaxation),而使能量消耗殆尽。

甄纳教授提出了滞弹性弛豫理论,而葛庭燧用自己所做的金属内耗试验证实了滞弹性弛豫现象。他们共同创建了金属内耗研究这一物理学新的分支,并使之成为20世纪40年代材料科学的前沿领域。40年后,葛庭燧以他数十年对金属内耗领域的杰出贡献而获得甄纳奖,这个领域几代学者的共识是:在金属内耗领域,葛庭燧的名字永远与甄纳先生并列在一起。

为了了解金属内耗理论，这里首先要说明几个重要的概念：

晶界（grain boundary），指多晶体材料内部，结构及成分相同而位向不同的两部分晶体之间的界面。晶界就是晶体之间的结合部，随着温度升高而变软，在外力作用下将产生滑动。

假如把晶体比作建筑物里的砖，那么晶界就如同砖与砖之间的水泥。晶界是多晶材料特别是细晶粒材料最重要的缺陷类型之一，与材料的力学性能、化学行为以及光学特性密切相关。微量掺杂元素可以改变晶界的原子结构和电子结构，对材料的力学性能、化学性能以及电学性能有较大的影响。

滞弹性，是相对于弹性的一个概念，1947年由甄纳教授提出。弹性（elastic）的概念和现象几乎是众所周知的，就是指一个物体在外力作用下改变其形状和大小，当外力卸除后物体又可回复到原始的形状和大小，这个特性就被称为弹性。"弹性"一词源于希腊，在17世纪被英国科学家玻意耳（R. Boyle）引入物理学，成为一个科学概念。

弹性是各种工程材料的一项重要的物理性能（或列为力学性能），是材料科学的研究领域之一。为人们所熟知的"胡克定律"所阐述的固体弹性的近代理论始于英国人胡克（R. Hooke）1660年的拉伸实验，其结论是伸长与力成正比。

本书中涉及的"滞弹性"概念，是指在低于弹性极限的应力范围内，实际固体的应力和应变不是单值对应关系，往往有一个时间的滞后现象，这种特性称为滞弹性，而金属的滞弹性，则是指在弹性范围内，应变落后于应力的行为。

由于滞弹性的存在，金属晶界会产生内耗现象，滞弹性体的应力与应变关系仍然是线性的，应力卸除后可以完全回复到原始形状和尺寸，只是要经过充分长的时间才能达到，即应变对应力有滞后现象，这就是滞弹性。它与不可能完全回复的非弹性体有本质区别。

甄纳教授曾经预言：在金属多晶结构中，晶界滑动应该产生出内耗现象。但他本人以及他的学生在很长时间的实验中，却始终未能发现并证实金属多晶中晶界内耗的存在。

葛庭燧的脑海中一直在思索甄纳教授对于内耗现象的预言：内耗是振动时的表现，内部晶界振动引起能量消耗，在某一个温度和频率下内耗最激烈，那就是内耗峰。葛庭燧下决心用实验证实甄纳的预言。

## 三、"葛氏扭摆"与"葛氏峰"

与任何伟大科学发现的过程十分相似，葛庭燧的思维前提是分析以往

对于金属多晶进行实验测量的失败原因。他得出的初步结论是：很可能是实验中的频率范围不对，以往实验中的测量范围都局限在声频，而且使用的是弹簧片，晶粒间界弛豫出现在很高的温度，这样就难以探知晶界弛豫的全貌。

葛庭燧在想，金属多晶内耗出现的频率范围会不会在低频呢？

找到这个思维入口，他必须自己动手先设计一台新的扭摆式的测量仪，用新的实验手段来进一步证实自己的大胆设想。其实，此刻距离"葛式扭摆"的诞生只有一步之遥了。

任何伟大的科学发现都基于有准备的头脑，这就是任何一种科学预测和设想中所蕴涵的成功的必然性，当这种尚未显露的必然性浮出水面的一瞬间，往往伴随着某种奇妙的偶然性，犹如牛顿所看到的苹果和瓦特看到的水壶。

"葛式扭摆"的诞生同样伴随着这样奇妙的偶然性。

首先是一个偶然的联想，这个新的实验仪器的原型，竟然是葛庭燧在清华物理系做实验时常用的检流计（galvanometer）。检流计是用来检测微弱电量、微弱电流、电压以及电荷的一种普通的精密电学仪器。葛庭燧会想到它，证明许多伟大发明的手段其实并非远离人们所熟悉的事物的凭空捏造。

其次是一个纯属偶然的细节：在旧体育馆地下室里，葛庭燧竟然连一根实验用的金属丝都找不到。他翻遍了抽屉，只找到一根铝丝，那是一根几十厘米长、一毫米直径的铝丝。正是这根别无选择的铝丝，将他所发明的扭摆测量装置与成功紧紧相连。后来，葛庭燧怀着不无侥幸的心理开玩笑说："如果我当时找到的是一根铁丝，那么，在当时的条件下，这个扭摆仪就无法发现内耗峰。"

现在需要大致描绘一下这个扭摆装置的样子。

用两个修钟表用的镊子夹住那根铝丝的上、下端，上端固定在实验室化学支架上，下端接一个横摆杆，横摆杆中央有一个小镜，下接一个带铁箍的线圈，线圈置于永久磁铁之中，再在线圈下端接一个铁杆并浸泡在油里，用于阻尼试样扭转振动时的侧向运动。

横摆杆的两端有位置可调的小重锤，以便改变整个扭转系统的惯量，即改变振动频率。当带铁箍的线圈通电流后，横杆开始摆动。计算摆动振幅的方法是这样的：用一束光源射向镜子，光影随着横杆的摆动而来回晃动，再用一个半透明的灯尺记录光影每次摆动的振幅，此外，还要一个电炉为铝丝加温——这就是"葛式扭摆"最原始的设计。

"在低频中寻找金属多晶内耗现象的设想＋检流计的测量原理＋光学知识＋那根不可思议的铝丝",这台就连甄纳教授最初看到都觉得未免滑稽可笑、匪夷所思的简陋装置,尤其是放在那间阴冷的地下室中一个毫不起眼的土气的东西,就是直至 21 世纪依然无以取而代之的金属内耗仪。

就是利用这台仪器,葛庭燧在芝加哥的严寒中,在那间简陋的实验室——一间旧体育馆的地下室中,反复地测量那根铝丝,终于在大约 280℃的温度下测到了一个内耗峰,测量频率为 1 赫兹,而用同样的方式对单晶试样进行测量,却没有观测到内耗峰。

这样两种截然不同的实验结果让葛庭燧兴奋不已,但是他并没有贸然向甄纳先生报喜,而是继续反复测量,直至发现多次的测量结果全部一致,他知道自己成功了!而就在不久前,甄纳教授曾经对他所做的东西直摇头,教授的理由是,用这样的低频方法根本不行,它会遇到像空气阻尼、周围环境振动等外耗的影响,肯定做不出内耗峰。

葛庭燧无懈可击的实验结果,让甄纳教授觉得眼前的一切已经无可争议,他高兴地写信给英国科学家 Mott 教授,称一个来自中国的葛先生用自制的扭摆仪器发现了内耗峰,Mott 教授在回信中称赞:"这是一项非常了不起的工作!"

# 第十六章　远方祖国的呼唤

## 一、"美中科协"的学生领袖

葛庭燧在美国的 8 年时间并非两耳不闻窗外事的书呆子，他经常与美国的同学和同事谈论中国大西北解放区的情况。在 MIT 工作期间，他和一些美国同事组织了一个座谈会，讨论美国记者斯诺和史沫特莱等介绍中国解放区的专著，那些美国同事表达了他们对毛泽东和周恩来的敬佩之情。

早在国内期间，葛庭燧就得知中国科学工作者协会是一个进步组织，以倡导科学工作者为劳动大众服务、争取民主与世界和平为目的。1946年，该会秘书长涂长望去英国开会，回国途中经芝加哥，与葛庭燧讨论了国内形势，并建议筹备该会在美国的分会。

当时美国法律不允许在该国成立外国社团的分会，此事一直未能办成。随后，该会理事丁瓒来芝加哥大学进修，谈到中国的出路是反帝反封建，激起在芝加哥的国民党学生的反对。1948~1949 年，新中国即将诞生，广大留美学者和学生，看到了灾难深重的中华民族有了希望。

葛庭燧积极参加了中国共产党南方局领导的活动（具体组织人是薛葆鼎，由周恩来、董必武领导），于是，葛庭燧与一大批进步的中国留学生决心成立一个关心国内情况的组织。在芝加哥进修的计苏华医师积极推动，留美学生丁儆、陈立、冯平贯等请葛庭燧出面牵头组织，终于在 1949 年 2 月于芝加哥成立了"留美中国科学工作者协会"，简称"美中科协"，会议选举葛庭燧担任理事会主席。在成立大会上，纽约的侯祥麟和明尼苏达的涂光炽等专程赶来参加，事后葛庭燧才知道，他们都是中共地下党员。计苏华于美中科协成立后即回国，全国解放后，任北京医院院长。

美中科协成立后,加强了同美国各地和同国内及香港的联系,在美国各地成立了地区分会和各种学科小组。最早成立的金属小组由葛庭燧任组长,化工小组由丁儆任组长,自然辩证法小组由葛春霖任

1948年6月13日,葛庭燧和孩子

组长。当时,由丁儆负责出版通讯,曾由北京中国科学工作者协会总会全文转载。

美中科协与纽约出版的《留美学生通讯》和《华侨日报》密切联系,获得大量国内信息,推动了留美学人回国参加新中国建设的高潮。当时的《华侨日报》由唐明照任主编,他是葛庭燧"九·一八"时期在清华的同级同学,因宣传抗日被捕,由于他是美国公民,最后被美国大使馆引渡回国。

## 二、钱学森归国的幕后故事

1948年8月,葛庭燧夫妇和儿子葛运建在美国天文台

在美中科协的工作中,葛庭燧做出了他人生中极为重要的一件大事,那就是协助中共动员钱学森回国。

1949年4月22日,葛庭燧正在实验室做测量,这时,他在美国的报纸上看到了"百万雄师过大江"的消息,便把这个日子写在实验记录本上。当月,他收到在香港大学任教的清华校友曹日昌的信,随信附来给钱学森的一封信,代表当时的人民政府邀请钱学森回国效力,葛庭燧当即把这封信抄到自己的笔记本上,并转给当时在MIT任教的钱学森,还附上一封亲笔信。

曹日昌是清华心理学系毕业的留英学

生,中共地下党员,时任香港大学心理学教授,系中国科学工作者协会香港分会负责人,曾为海外学者和留学生回新中国服务做了大量联络接待工作。

曹日昌在1949年5月15日致葛庭燧的信中说:

庭燧兄:

4月底的信收到。计苏华兄亦会到,计兄已于今日北上。

计兄谈到留美同学的情形与吾工作之努力,不胜钦佩!计兄也许不及给你写信,我和计兄的决定是:凡是你和计兄的朋友,或你们两位知道清楚的同学,要回国的,没有别的关系,都可由兄介绍给我,我转介绍国内安排工作的人。在政治上纯洁,有"一技之长"的,我们一律欢迎。盼兄长多多鼓励他们回来。

另有一事相托。钱学森先生,想你认识,否则请打听一下。北方当局很希望他回来,要我约他,我不知道他的通讯处,附函请代转交,并请对他多鼓励一番,他能回国最好!拜托,拜托。即祝大安!

弟　日昌上<br>五.十五

信中提到的计苏华大夫,1944年在重庆时周恩来曾动员他去留学。计苏华于1947年7月赴美留学,1948年参加美中科协发起的工作,为主要负责人之一,1949年经香港回国。

曹日昌请葛庭燧代为转交给钱学森的信是这样的:

学森先生:

听好几位留美的同学提到您,可惜我们没有见过面。

近来国内的情形想您在美也知道得很清楚:全国解放在即,东北华北早已安定下来,正在积极恢复建立各种工业,航空工业也在着手。北方工业主管人久仰您的大名,只因通讯不便,不能写信问候,特命我代为致意。如您在美国的工作能够离开,很希望您能很快回到国内来,在东北或华北领导航空工业的建立。尊意如何,盼赐一函。一切旅程交通问题,我都可以尽力襄助解决。

最后,我作一个自我介绍,我是学心理学的,现在香港大学任教。因为香港接近国外,国外朋友回国多数经过香港,我就顺便招呼一下。

余另叙，候示，

即祝研安

弟 曹日昌上<br>五．十四

葛庭燧1949年5月20日向钱学森转交曹日昌的信，并附上一封自己的亲笔信：

学森兄：

顷接曹日昌兄由香港来信，附有致兄一信，谨此奉上，请查收。

曹兄系清华同学，曾留学英国，现任香港大学心理学教授。据悉，伊现为国内外联络人之一，此次致兄信系遵北方当局之嘱。敦请吾兄早日返国，领导国内建立航空工业。曹兄来信虽语焉不详，但是很可见北方当局盼兄回国之切。

如兄愿考虑最近期内回国，则一切详情细节自能源源供给。据弟悉，北方当局对于一切技术的建设极为虚心从事，在为人民大众服务的大前提下，一切是有绝对自由的。以吾兄在学术上造诣之深及在国际上的声誉，如肯毅然回国，则将影响一切中国留美人士，造成早日返国致力建设之风气，其造福新中国者诚无限量。

弟虽不敏，甚愿追随吾兄之后，返国服务。弟深感个人之造诣及学术地位较之整个民族国家之争生存运动，实属无限渺小，思及吾人久滞国外，对于国内伟大的生存斗争犹如隔岸观火，辄觉凄然而自惭！

尊见如何，尚祈教我，专此，敬请

研安！

弟 葛庭燧谨启<br>五月二十日

弟拟于下月中旬赴麻省剑桥参加美国物理学会（六月十六日至十八日，届期如兄有暇，当造访请教。又及）。

信中提到的北方当局显然是指即将建立新中国的中国共产党，钱学森后来一直保存着当年葛庭燧写给他的这封信。在1993年葛庭燧八十诞辰时，钱学森在贺信中写道："我永远也不能忘记是你引导我回到祖国怀抱的。"

## 三、挈妇将雏漫漫归国路

此刻的葛庭燧不仅积极参与了动员钱学森归国的工作,而且,他本人也接到连襟钱三强动员他早日回国的信。

钱三强在 1949 年 4 月 20 日致葛庭燧的信中说:

庭燧兄:

北平解放后,曾得一信,知道今夏要回来,高兴得要命,老人家更是高兴,新政权比较从前的好得多。想到我们十三四年前曾经奋斗所想达到的目标,现在来了。只要我们个人人生观仍旧,一切都觉得很自然,中国现在就希望非个人主义者来为大众服务。

在制度上有许多要改的,比如美国不许夫妇共同作事。解放区相反地,特别为夫妇工作找方便。关于全盘科学建设,很需新起的科学工作者来筹划,因此老兄回来是最好没有的。现在南京上海已下,今年想怕广东都有希望了。所以,全国建设立即开始,请有志者共同来参加这伟大工作。

匆祝研安。大姐好。

葛庭燧与曹日昌约定,凡是由他介绍的留美学人,全部由曹负责在国内联系工作并处理路过香港归国事宜,作为这个重要渠道的联络人,葛庭燧曾接到大量留美学人的来信,要求他写介绍信回国效力。

1949 年 5 月 29 日
葛庭燧和两个孩子

1949 年 6 月,在匹兹堡召开了全美留学生的美中科协大会,由各地分会和学科小组分别介绍这一阶段的活动情况和国内信息。葛庭燧当场宣布即将离美回国,受到了与会者的热烈响应。

大会选举葛庭燧担任大会主席,并决定成立全美美中科协,干事会设在纽约,由侯祥麟担任干事长。理事会将由通讯办法产生,后来选举的理事长是丁儆。干事会成立后,美中科协发展迅速,由李恒德继续编写《美中科协通讯》,纽约《华侨日报》唐明照转来钱三强致美中科协的信,葛庭燧将此信在刊物上发表。信中鼓励留美学子回归祖国,有力推动了留美学子的归国运动。

1949年10月1日,葛庭燧以芝加哥美中科协的名义与留美基督教中国学生协会联合举行庆祝新中国成立大会,并在会上做了国内形势报告。他们以大会的名义向国内打电报祝贺。当时,与会的美中科协有六七百人,主张挂五星红旗,台湾国民党学生却主张挂青天白日旗,双方竟为此大打出手。

葛庭燧会前已与叶笃正串联了18位在芝加哥的清华校友,打电报给清华大学校务委员会主席叶企孙教授转致祝贺:"觉醒了的留美学人正在丢掉幻想,准备斗争!"本来,1949年初,葛庭燧即接到清华大学校务委员会主席叶企孙教授签发的聘书,聘请他自1949年8月1日起为物理系教授。北平解放前夕,据说,国民党当局劝说叶先生南下,但他坚决留在了清华园。

1947年7月,葛庭燧与叶笃正在芝加哥

这是他自大学时代起最后一次得到叶先生的帮助:第一次是在叶先生的鼓动下参与冀中地雷战,第二次是叶先生在他的清华成绩单上亲笔签字,使其得以到燕京大学研究院读研究生。

葛庭燧在一份自传性文章中披露了他在回国前的真实心态,其中谈到两个重要细节:一是他当时一边从事金属内耗的专业研究,一边参加美中科协的社会工作,"故工作颇为繁重";二是他曾经在内心深处对于是否回国而感到矛盾重重:"在决定回国以前曾因美国友人之劝阻,个人对于纯粹学术研究之憧憬及个人在金属物理学上之学术造诣更加发扬光大等问题感觉矛盾。"这份小传写于 1950 年 6~7 月,其中所述心态是真实而可信的。

葛庭燧一家原定夏天回国,但由于"交通阻滞",直至 11 月底才离开美国,由于办理香港过境签证手续遇到困难,由香港至天津的船又等了 10 天,他们一家四口于一个多月之后,由香港转道回到新中国。

1949 年,葛庭燧一家归国前在美国,前左为李政道

到达香港的时候,曹日昌向葛庭燧转交了叶企孙和钱三强发来的欢迎电报。

## 四、7 岁中国女孩的信

在回国途中的轮船上,女儿葛运培给美国小朋友写了一封信,在信纸的背面还画了她所乘坐的轮船和火车。当时的葛运培 7 岁半,此信在轮船上写好之后并没有寄出,信纸与信封都是当时横渡太平洋的国际客轮专用的。

信用英文写成。当时在美国境内从芝加哥先乘火车到达西海岸,然后坐大客轮从美国至夏威夷、日本、马尼拉,到香港需要一个月的漫长时间,还要在香港换小客轮到天津。信纸的背面是这个小女孩画的火车和客轮,画中的船身上写着船名:President Wilson。这封信体现了这个中国孩子旅途的激动和即将看到姥姥的欢快心情,也是 1949 年底葛庭燧一家返回祖国的生动佐证。50 多年后,葛运培将当年这封并没有发出去的信译成了中文:

 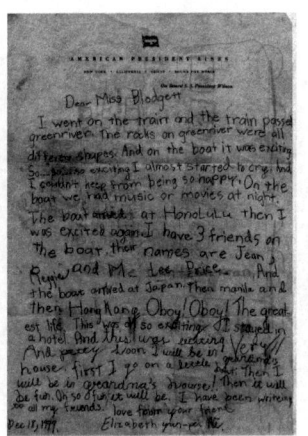 

葛运培与小朋友　　　葛运培在轮船上给　　　葛运培在信的背后
　　　　　　　　　　美国小朋友写的信　　　　画的轮船和火车

亲爱的 Blodgett：

　　我坐在火车上，火车穿过绿色的河流。石头在绿色河水中形状各异。坐在轮船上很激动，太…太…太激动。我幸福得不能自已。在轮船上我们在夜间有音乐节目或者放电影。当轮船到达夏威夷，我再一次激动起来。

　　在这艘轮船上我有三个朋友。他们的名字是 Jean，Reggie 和 M. Lee Price。然后这船到达了日本，然后马尼拉然后香港。哇塞！哇塞！最棒的日子，这令人如此激动。我停留在一个旅馆，非常激动！然后很快我将到姥姥的家。首先我要继续乘坐一条小船，然后将到姥姥的家！这将会很快乐，这将会非常的快乐，我要写信给我所有的朋友。

　　爱你的朋友

　　　　　　　　　　　　　　　　　　　　　伊莉莎白·葛运培
　　　　　　　　　　　　　　　　　　　　　1949.12.18

第十六章　远方祖国的呼唤

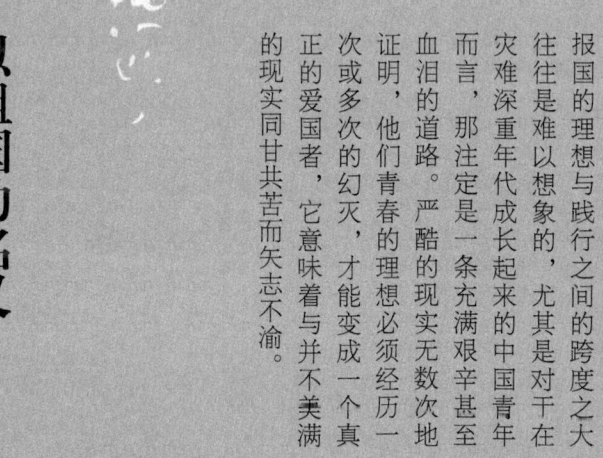

## 下篇

## 以祖国的名义

报国的理想与践行之间的跨度之大往往是难以想象的,尤其是对于在灾难深重年代成长起来的中国青年而言,那注定是一条充满艰辛甚至血泪的道路。严酷的现实无数次地证明,他们青春的理想必须经历一次或多次的幻灭,才能变成一个真正的爱国者,它意味着与并不美满的现实同甘共苦而矢志不渝。

# 第十七章 阳光如此美丽

## 一、豪情万丈的日子

1950年1月抵达北京后，葛庭燧在清华大学物理系任教。这是他在西南联大任教之后，再度重返母校，并成为新中国清华大学物理系最年轻的教授之一，时年37岁。

何怡贞任燕京大学物理系教授，这是她第二次到燕京物理系教书。她每天从清华园新林院3号骑自行车上班，那是一个日本造的二手坤车，前面有一个柳条编的车筐。每天早上，她会骑车到附近一间小食店买烧饼和油饼给孩子当早点，烧饼上有芝麻，那种香喷喷的味道让两个孩子久久难忘。

不久，葛庭燧还担任了中国科学院应用物理研究所的合聘研究员，所长是严济慈，副所长是他的结婚介绍人陆学善。吴有训在这一年3月被提名为近代物理研究所所长，副所长是他的学生钱三强。

刚刚踏上祖国土地之后的葛庭燧豪情万丈，他担任了中国科学技术协会总会宣传处副处长，并兼美中科协与中国科协总会的联络人，致力于发动留美学子返国工作。此间，满怀激情和精力旺盛的葛庭燧还负责编辑《自然科学》和《科学通报》，并积极进行抗美援朝和国防科学的宣传；他还与清华教授金岳霖先生发起成立了自然辩证法学习会，并在暑假开始重新温习俄文。

但是，刚刚回国的前半年，他大部分时间都用于教学和社会工作，专业研究被暂时搁置。

1950年上半年，葛庭燧参加了中国科学院扩大院务会议，并在这次会议上得到了一个令人振奋的信息：政府号召提高业务水平，并开展与实际相结合的学术研究。于是，他开始用一半时间重新恢复金属内耗研究。

清华园是他的母校，而他的老师叶企孙先生更让他满怀感恩之心，多年之后，他在谈到清华时说道："我与清华至少有五层关系。"葛庭燧在清华大学建立了金属物理研究室和国内第一个金属内耗实验室。

他开始培养年轻科技人员和研究生，并抱有让科学工作在国土上生根的强烈信念,当时的物理教材大多是英文版,他便开始大力提倡翻译书籍和自编课本。他参加了物理学名词的审定工作,以半年多的时间审定了每个名词,出版了中国第一部公开出版的《物理学名词》;他鼓励光学班的同学们集体翻译《物理光学》和《几何光学》,以清华物理系的名义出版;他与《中国物理学报》主编王竹溪一直主张用中文报道国内的研究成果,把中国人自己的《物理学报》办好。

也是在刚刚回国的前半年,他"感觉之唯一苦闷是不知道如何做法才能为人民服最大的务"。其实,这也是几乎所有国外归来的年轻科学家共同的困惑,而且这种困惑在以后的几十年中始终存在。因为,新中国的一切都与国外的情况不同,最主要的差别,在于国外优越的生活和工作条件与国内百废待兴的艰苦环境,在于国外作为基础科学研究的实验室工作与国内所要求的结合实际的研究。

葛庭燧自幼萌生尚武之志,大学时代在清华园运动场上经常可以看到他的矫健身影,后来,他因为肺结核的困扰而放弃投笔从戎的念头,甚至远离了剧烈运动。然而,此时他的青春激情被再度唤起,一个重要的证明就是他参加了沈阳金属研究所的职工运动会,在跳远比赛中得到一个优秀奖,尽管这只是一个鼓励性的奖项。此外,他还开始打太极拳,在他的影集里有4张4种不同姿势打太极拳的照片,背景是金属所的集体宿舍19栋。

葛庭燧一家回国护照上的合影

总而言之，20世纪50年代初的葛庭燧无论在年龄上还是心情上都颇为志得意满，新中国天空下的空气似乎格外新鲜。

在葛庭燧、何怡贞夫妇带着两个孩子回到祖国的前夕，一件不幸的事情发生了。

1949年底，何怡贞的母亲王季山及一亲戚两人在苏州十全街灌木楼家中被害。家中财产并无缺少，王季山也没什么仇人，当时正值葛庭燧与何怡贞全家从美国回国途中。王季山于振华女校毕业后没有继续到大学深造，几乎没有从事过社会工作，她的全部时光用于相夫教子。她共生下十个孩子，除了两个夭折外，其余八个孩子皆在她的悉心抚养下成才。

## 二、在新中国，在北京

当时将满8岁的女儿葛运培后来在回忆随父母回国时的情景时说：

我们辗转一个月，直到1950年1月才到北京。在清华园我们住在新林院3号的西半边，新林院2号是周培源家，新林院3号本来是给钱三强家的，他们到科学院去住了，正好我们回国，就让我们住了。

直到2008年11月，这几栋房子还在。当时我妈妈有一次给我们买了好多儿童书，有《爱迪生的故事》、《小青蛙历险记》等。小学4年级时，妈妈给我们买了《卓娅和舒拉的故事》、《古利雅的道路》、《十万个为什么》等当时最热门的儿童读物。

我回国时已经7岁半，弟弟运建3岁了。在美国，我爸爸妈妈从来没有教我中文。一回国，妈妈就把我送到了清华幼稚园学中文，1950年9月上清华成志小学一年级。入学口试时老师问我："美国好还是中国好？"我答的是："美国政府不好，美国人民好。"当时是抗美援朝，记得在幼儿园有过防空演习，在小学看《中国少年报》有美国扔带细菌的玩具、糖果的报道。

我爸爸妈妈一同在美国学习、工作和生活了8年，期间他们一直没有办绿卡，身份是工卡。这是我妈妈告诉我的，我听了也很意外，这说明他们一直就是准备回国的。1949年6月24日回国前，在我去和老师告别的照片后面，我妈妈写上我家在北京清华大学物理系的地址。

后来批判亲美、崇美、恐美和思想改造运动在清华大学开展起来，我爸爸也受到过严厉批判，我印象中是批判他第二次世界

大战中为美帝国主义服务。所以我们家的英语书和唱片在箱子里再没有拿出来过,从中学到大学,我学的是俄语,原来流利的英语很快忘光了。

我妈妈整理回国的行李有大铁箱(现在至少还有5个),也有木箱和少数纸盒子。在香港转船时,我看到有个纸盒子下边一个角坏了,说是被人偷了,漏出我的橡皮泥玩具。妈妈带回来东西很多,很杂:有准备给弟弟穿的连体小睡衣,一直到12岁都能穿的浴衣(当时弟弟两岁,这件浴衣后来给我孩子用了);有成板的阿司匹林药片,清华大学有一个工人得病,那时消炎药极缺,我妈妈给了他一些,我还记得他对我妈妈感恩戴德的样子,说救了他的命。

我在成志小学读书时,有一次老师布置写作文,让我们写蚕的一生,妈妈不知从哪里弄到几张蚕仔、稻草和很多的桑叶,在他们卧房的大柜子上养了很多蚕,最后结了那么多蚕茧。我写的那篇《蚕的一生》写得很细,至今仍牢记不忘。

在当时的条件下,和普通家庭比起来,我们家的生活条件还是很好的。我记得家里有一大听奶粉,因为我们不缺牛奶喝,一直留到困难时期,大家判断没变质,送给一个需要的人了。有个我们小孩坐的小椅子,是我爸爸刷的油漆,也是从美国带回来了,现在还在用。

我们家从美国带回来的东西有电动缝纫机、电风扇、电熨斗、烤面包机、洗衣机(桶式)、饮料罐、闪光灯、拖车、旱冰鞋、书籍、唱片、两个折叠桌(回国后送邻居周培源家一个)、衣服布料、收集的杂志页、信笺、明信片、旅游地图等等,竟然还有一个汽车掸子!

到了北京又添了家具,有大柜子、沙发、行军床、玻璃书柜等等,1952年,我们家从北京搬到沈阳金属所6栋2楼,我见扛箱子的搬运工叨叨:"这家这么多箱子,扛也扛不完呀。"

## 三、与毛泽东的多次交往

1950年8月,第一次全国自然科学代表大会在北京召开,葛庭燧作为美中科协的代表参加了这次会议。

在中南海怀仁堂,葛庭燧第一次见到毛泽东主席。毛泽东向与会代表挥手致意,现场一片欢腾。他目不转睛地注视着毛泽东魁梧的身影,还是在美国的时候,他曾在外国记者描写中国解放区的书里见过毛泽东的照片,而此刻,他就站在这位历史巨人的身边。

葛庭燧后来曾多次回忆毛泽东向他走来时的情景,他听到有人向毛泽东介绍他说:"他是刚从美国回来的。"毛泽东当时停下了脚步,微笑着打量着他,对他说了几句话。

葛庭燧后来一直很遗憾没有听清毛泽东对他说了什么,因为

1950年8月18日,葛庭燧参加中华全国自然科学工作者代表会议的纪念章(157号)

当时热烈的场面淹没了这位伟大领袖的声音,但他已经获得了极大的满足和享受。这种对于领袖的崇拜是新中国刚刚建立的时候绝大多数中国人发自内心的情感,那是一种对祖国的热爱、对光明的追求、由对民族振兴的自豪感所激发出来的从未有过的豪情。

这种真实而强烈的情感,正如当年诗人胡风所写的一首诗的标题——"时间开始了"。

在那次会议上,葛庭燧被选为全国自然科学学会联合会(简称全国科联)宣传委员会副主任委员,在接下来的1951年和1952年的"五一"节与国庆节,葛庭燧都在天安门观礼台上见到了毛泽东。

尤其令他难忘的是1952年的10月1日,上百万人接受了毛泽东的国庆检阅。当时葛庭燧已经接到了筹建沈阳金属研究所的使命。此刻,他心中所想的事情只有一个,那就是报答毛泽东主席的关怀,而他的女儿葛运培在得知将离开北京的消息时,第一个反应就是见不到毛主席了。可见,在祖国如旭日东升的年代,无论大人还是孩子都把伟大领袖当成幸福的象征和民族的希望。

葛庭燧一生中曾8次同毛泽东合影。在与毛泽东的数次交往中,最令他难忘的是1955年随中国科学家代表团访日归来那一次。那一年12月,葛庭燧参加了以郭沫若为团长的中国科学院访日代表团,那也是新中国第一个出访资本主义国家的代表团,他们在周总理的亲自安排下得以成行,代表团的成员包括历史学家翦伯赞、考古学家尹达、数学家苏步青、桥梁

第十七章 阳光如此美丽

专家茅以升、水利学家汪胡秋、生理学家冯德培、药学家薛愚等,而葛庭燧则是物理学家的代表。

那次出访正值万隆会议之后不久,代表团第一次乘坐的印度飞机在途中发生故障而返回香港,后来改乘英国飞机于12月1日抵达日本。那也是新中国的科学家们首次在国际社会亮相。访问期间,代表团与日本科学家亲密接触,参观了重要的研究所和著名学府,还向广岛纪念碑献花致祭。日本科学家称,代表团访日是中日科技界"划时代的事件",这在两国之间那场令人难以忘怀的战争刚刚结束10年的时候是特别耐人寻味的。

代表团当时乘一艘苏联的小型军舰于12月29日到达上海,受到陈毅市长的款待。第二天下午,在杭州的一个晚宴上,毛泽东主席接见了代表团全体成员。这一次,葛庭燧对毛泽东的言谈听得特别清楚,毛泽东对大家说:"你们这次出访的担子可不轻啊!"郭沫若团长向毛泽东汇报说,代表团受到了日本人民的热烈欢迎,毛泽东说:"一切事情都是在变的嘛!"

葛庭燧清晰地记得郭沫若向毛泽东汇报说,日本科技界对武汉长江大桥和三门峡工程深表赞赏,毛泽东豪迈地说:"让他们封锁吧,封锁个十年八年,中国的一切问题都解决了。"这些伟人式的话语深深地打动了葛庭燧。

郭沫若团长向毛泽东介绍葛庭燧说:"他是代表团里最年轻的一位,在日本东京大学和其他城市做的几次学术报告都很受欢迎。"毛泽东对葛庭燧说:"好嘛,要赶上去嘛,要培养年轻人嘛!"当时的葛庭燧42岁,比毛泽东整整小20岁,在那张由11个人围坐的餐桌上,葛庭燧的位置正好在毛泽东身边。

那次与毛泽东共进晚餐的每一个细节都被葛庭燧一生所铭记,毛泽东不时劝大家多吃菜、多饮酒,举止言谈一副伟人风度。葛庭燧记得他一再向毛泽东敬酒,与毛泽东这样亲密的距离使他受宠若惊。席间,毛泽东还让科学家们吃橘子,并亲手递给葛庭燧一只橘子,让他多吃,葛庭燧将毛泽东对他的厚爱看作是对知识分子的尊重和深厚感情。

那次晚餐后,毛泽东拿出香烟招待科学家们。葛庭燧说自己不会吸烟,毛泽东说,年轻人不吸烟是好事。葛庭燧记得毛泽东问他是哪里人,葛庭燧回答说,山东蓬莱,毛泽东笑着说:"这是个好地方,出神仙呵!"接着又说:"你们那里出了个吴大帅呀!"葛庭燧一时不知如何回答,但很快接着说:"吴佩孚是'二七'事变的罪魁祸首。"毛泽东听了连连点头:"好啊,要学点革命历史啊!"似乎对这个年轻自然科学家的政治觉悟表示首肯。

从日本归来后，葛庭燧写了题为"中日两国科学家之间的亲切友谊"的文章，发表在《科学通报》1956年第4期上，中国年轻科学家的文章在日本各界引起了巨大反响。

没有任何迹象表明，仅仅在几年之后，中国知识分子的命运将跌入万丈深渊。对于这一点，葛庭燧与当时的几乎所有高级知识分子一样做梦都想象不到。

# 第十八章　无情的自我否定

## 一、沈阳之行

1952年的"院系调整",是新中国高等教育史上一个重大事件,尽管对于这次调整的历史评价众说纷纭,但从某种意义上说,它确实影响了一些著名学府后来的发展方向。在这次著名的"调整"中,清华大学物理系被合并到北京大学,葛庭燧来到沈阳。

1952年10月,葛庭燧响应建设东北重工业基地的号召,全家离开了清华园,前往沈阳,参加中国科学院金属研究所的筹建工作。这是新中国成立后中国科学院新建的第一个研究所,是在东北最大的城市沈阳的南湖地区一片菜园里建起来的。

葛庭燧在这里建立了金属物理研究室,培养了大量的研究生和青年骨干,进行中国自己的金属内耗研究,10年后葛庭燧被任命为这个研究所的副所长。

葛运培回忆10岁那年从北京搬到沈阳的心情时写道:

> 听说要搬到沈阳,我不高兴,离开北京就看不到毛主席了。我爸爸批评我思想落后,只为个人着想。后来我二姨夫(钱三强——作者注)知道了,在1952年国庆节当晚,给我安排了一次跟二姨、表妹上天安门看焰火的机会,当我看到前门漂亮的灯饰,高兴极了,拿出铅笔和纸画了起来,我表妹拉我衣服,我说等一会儿。等我再回头才知道,原来刚才是二姨叫我看毛主席,当时毛主席就站在我身后!我急着到处找,也没找到,毛主席走了,我懊悔极了。

当时担任金属研究所所长的是著名的物理学家李薰。

李薰1913年11月20日出生于湖南,祖父李增效是清朝举人,父亲李本深曾与蔡锷将军同窗六载,考中清优廪贡生,民国初年两任江西省安远、定南两地知县。

20世纪40年代，李薰在英国谢菲尔德大学安朱教授指导下，从事钢中氢的研究并声名鹊起。第二次世界大战初期，英国曾发生钢中氢脆引起飞机突发断裂事故，英国合金钢研究委员会所属钢中裂纹（hair-line crack）分会委托安朱和李薰小组进行研究。为此，李薰设计并亲自制造了一台测定氢在钢中溶解度分析的装置，发现钢中的氢是造成飞机事故的主要原因，并找出了钢中除氢的规律。1940~1947年，李薰所在的小组通过大量实验令人信服地证明：钢中的氢是引起裂纹发生的原因。他留英14年，在学术上的贡献举世公认，有英国师友一再劝说其加入英国国籍，李薰以坚守中华民族气节的理由拒绝了。1946年，南京国民政府也曾经仰其盛名，授意中央研究院干事长萨本栋教授亲赴谢菲尔德延聘，以回国成立冶金方面的研究所并主其事相许，遭到李薰婉言相拒。

新中国诞生后，李薰于1950年8月收到钱三强来信，邀请他回国。当年10月，李德全与周培源率团访英，团员涂长望与李薰相约在伦敦面谈，再次邀请他回国参加新中国的建设。不久，郭沫若院长写来亲笔信，代表中国科学院恳请他回国擘划金属研究所，李薰欣然应允。这一年年底，李薰向谢菲尔德大学提出辞职，并邀约在英的中国学者张沛霖、柯俊、张作梅、庄育智、方炳等人彻夜筹划，终于在1951年8月取道香港回到祖国。

在李薰归国那一年3月，母校谢菲尔德大学根据他的学术成就，授予他冶金学博士（D. Met.）学位，这是该校冶金学院设立的最高学位，该校是当时英国唯一能以冶金学博士命名高级博士学位的学府，李薰则是1923~1951年的28年中获得这个学位的第二人。

李薰归国后，立即受命担任中国科学院金属研究所筹备处主任，1953年4月3日，周恩来总理亲自签署任命李薰为所长。李薰后来先后担任了中国科学院沈阳分院院长和中国科学院副院长、技术科学部主任。

葛庭燧与妻子何怡贞及一众"海归"学者成为李薰所长手下的精英团队。

## 二、关于"崇美思想"的自我批判

1952年1月出版的《自然科学》杂志2卷1期，发表了葛庭燧撰写的文章《批判我的崇美思想》，这篇文章对于了解他本人以及那个年代知识分子的真实思想状态是难得一见的历史资料：

> 过去我对于美国的科学和技术，只是从表面上来看，并没有

仔细分析它究竟是掌握在谁的手里；我只强调过去美国科学技术研究的成就，而没有看清楚它正如同帝国主义的命运一样，已经急剧地走向衰亡和毁灭的道路。

由于我盲目地推崇美国的科学技术，所以在不知不觉之中有了崇美的思想。同时因为我在美国八九年来所做的科学研究工作，使我在不知不觉之中产生了追怀和留恋过去的思想，不但随时要替我自己在美国所做的科学研究工作辩护，也要替我在美国所参加过的学校和研究机关辩护，再推而广之，甚至于有意无意地也要替当时美国的一切辩护。这样便使我逐渐模糊了敌我的界限。

在抗美援朝运动中，我在感情上有过很大的激动，美帝国主义的暴行和血腥侵略引起了我深切的仇恨。我对于抗美援朝运动的宣传和增产捐献工作都曾经积极参加。在中华全国自然科学专门学会联合会和中华全国科学技术普及协会号召全国自然科学工作者为国防建设服务的时候，我也曾经积极地到各处去做动员工作，也准备亲自参加国防建设工作。

但是在追溯美帝国主义侵略我国的历史的时候，我却认为在第二次世界大战的时候，美帝国主义曾经和我们共同打击日本帝国主义。我虽然深切仇恨现在的美帝国主义，但是我却并不怎样仇恨在第二次世界大战时期中的美帝国主义。为了辩护我的这种态度，我曾经强调我在美国时（我是1941年去美国的）所听到的许多关于美帝国主义反法西斯行动的夸大宣传。

现在想起来，这实在是百分之百的亲美思想！我为什么没有看到，正是在这个反法西斯统一战线的时期，美帝国主义一直在积极援助蒋介石反动派和中国人民的抗日力量为敌的许多事实？我为什么不去深刻地分析一下，美帝国主义在反法西斯战争中究竟做了些什么？从美帝国主义目前的侵略行动，不是很清楚地可以看出来，美帝国主义在第二次世界大战中，早就在准备和部署侵略世界的计划吗？

从一九四二年起直到日本帝国主义投降时为止，我在美国一共参加了三年半的军事研究工作，前后曾致力于不可见光通讯的研究，关于原子弹和雷达的研究。我曾经认为这是有助于同盟国家反对德、日法西斯战争的工作。我因此而更为强调美国科学技术的成就，并且有时也发生"与有荣焉"之感。

但是，原子弹和雷达的发明在反法西斯战争中究竟起了什么作用呢？关于原子弹的发明，我们现在可以很清楚地看出来，这只是美帝国主义用来威胁人类、做原子讹诈的资本。在第二次世界大战的时候，在苏联遵守约定出兵攻击日本帝国主义前夕，美帝国主义使用原子弹来屠杀无辜的日本平民，这对于反法西斯战争来说是完全没有必要的。

由此可以看到，原子弹和雷达的发明，固然是科学和技术高度发展的成就，但是如果被掌握在反动阶级手里，那只是有害而无利的。我在一九四五年日本投降以后便脱离了军事研究工作，参加了芝加哥大学金属研究所，致力于金属强度的基本研究。在这个时期，研究所的基本任务曾经明确地规定为只做金属的基本研究以提高学术，不做服务于任何特殊工厂的研究。所做的研究工作全部写成论文在专门杂志上发表，从来没有保守过秘密。

在这种情况下，我认为这不能说科学研究的成果专为反动阶级所利用，这种研究确是以提高学术为目的的。尤金博士在十月十七日至十八日《人民日报》上所发表的论文中所说的几段话，在这个问题上曾经给了我以启发："自然科学家生活在一定的社会里，不是属于这个就是属于那个社会阶级，不是这样就是那样参加社会生活的。""学者们及一切研究所、实验室，都依赖于统治阶级，而统治阶级则给他们提出合乎统治阶级经济利益的一切任务。"

芝加哥大学金属研究所所做的基本科学研究是符合美国统治阶级的利益的。美国的资本家绝不是对于基本研究和提高科学发生兴趣，他们之所以肯拿出一小部分钱来辅助和支持科学研究，一方面是为了收买和蒙蔽那些所谓"超政治"、"超阶级"的纯业务观点的科学家们，另一方面也是希望这些科学家们去绞脑汁、去发明，为他们进一步对工人阶级进行剥削创造更有利的条件。

他们允许科学家在杂志上公开发表其研究成果是有限度的。正如尤金博士所说的，反动统治阶级为着本阶级的政治目的而公开地利用自然科学来同工人阶级、同劳动者做斗争。美帝国主义者已经对自然科学建立了最残暴的垄断和监督，利用它来达到自己准备新世界大战的罪恶目的。

美国的反动统治者一方面掠夺了科学家们的研究成果，用来屠杀和平居民，用来威胁世界和平，一方面对于这些科学家们却也尽其蒙蔽和欺骗的能事。我在美国的时候，常常认为和我一起参加军事研究的美国科学家们是进步的，最低也可以算作是所谓"超政治"、"超阶级"的科学技术工作者。

现在想起来，这是片面的看法。在美国科学家中，也有一些人是能够看清楚问题的本质的。他们坚决地站在劳苦大众这一边，不受美帝国主义的欺骗和蒙蔽，但他们遭受着美国反动统治者的迫害、逮捕和审判，被剥夺了教学和研究的机会。

我现在深深地体会到，在美国，研究科学技术的设备和工具掌握在反动阶级手里，科学技术工作者对于自己的工作是不可能自由选择的。

我相信，那些在反法西斯战争时期和我一起做军事研究的美国科学家现在一定有不少的人又在替美帝国主义研究屠杀我们中朝人民的战争武器。他们一定还在受着美帝国主义的蒙蔽和欺骗，相信美帝国主义的侵略战争是"防御战争"，于是他们便百分之百地做了美帝国主义的帮凶。

对于美国的科学家做了如上的分析以后，我应该回头来分析我自己当初到美国去留学的动机和后果。我过去曾经这样想：我到美国的目的只是为了去学习一门科学和技术，为将来新中国的建设服务。

我现在已经回到新中国来了，有了为新中国建设服务的机会，因而过去我常常只看到我到美国去留学还是有它的好处和进步作用的；我没有认识清楚，我们现在之所以有了为新中国建设服务的条件，是由于中国千万优秀革命志士牺牲奋斗的结果。如果没有他们坚持和反动派做斗争，我就是在美国学到了一些科学和技术，至多也不过和上面所说的美国科学家一样，仍然只能替反动派服务，做它的帮凶。

现在，我深刻地体会到我们新民主主义制度和社会主义制度的优越性。我们的科学技术工作和科学研究是和人民大众的利益完全一致的。只要我们的科学技术工作者能够掌握马克思列宁主义的思想方法，我们的科学和技术就必然会随着我们国家的工业建设而突飞猛进。苏联科学技术的光辉成就，正是鼓舞我们前进的最好榜样。

我自知这次所做的检讨和批判是不够深刻的。我诚恳地希望各位同志,尤其是自然科学工作者,能够帮助我检查思想。我决心要通过这次学习来彻底改造我的思想,做一个人民教师和人民科学家。

这篇文章尽管很长,但是作者认为全文引用是非常必要的。它的撰写年代是新中国刚刚诞生的时候,从杂志的出版周期看,文章从约稿到写作的时间,应该是1951年的下半年,当时也正是中国抗美援朝战争的第二个年头。

从政治对立到直接的军事冲突,使这一时期成为中美关系史上最为寒冷的时光。此时此刻,葛庭燧的心情是完全可以想象和理解的。作为年轻的清华大学教授,热烈的爱国豪情似乎已经被他难以遮掩的美国背景蒙上了一层阴影,无论是自我辩白还是明哲保身,显然都需要他挺身而出,做一次公开的、彻底的、忏悔似的灵魂剖析,而且,这次自我批判必须是深刻的,触及灵魂的,必须是从感情上到理性上的逻辑严密的反思。

无论如何,葛庭燧确实做到了这一点,是一次脱胎换骨式的自我拯救和灵魂洗刷。这样做并不是出于自我保护的需要,而是他发自内心的、严肃而无情的思想批判,那个名噪一时的"无产阶级科学家"尤金博士显然带有鲜明的"御用"色彩,而葛庭燧的文章,无论从逻辑论证的严密性还是从论据的翔实与充分性来看,都十分接近"无产阶级科学家"尤金博士的"思想高度",而且,他所达到的政治水准,因为现身说法式的"理论联系实际"而更加生动和具有"创造性"。

葛庭燧的思想认识不是他自作聪明的自我拔高和上纲上线,这是那个时代的政治观念所导致的"真理性"的思维方式,符合当时正统的苏联式无产阶级理论的世界观和方法论。这种理论将一切自然科学以及它的研究者,都纳入不同的阶级范畴,一切政治理论变得虚妄的原因也因此而更加浅白。

葛庭燧确实是以这样的方式、以这样的身份,在如此具有权威性的杂志上成为中国年轻一代自然科学家思想改造的典范。即便如此,他在文章的结尾处诚恳地认为自己的检讨不够深刻,改造不够彻底。然而,他无法知晓的是,他的政治立场问题并不取决于他本人的努力,而是取决于他所走过的道路和政治经历。因此,他即便确确实实沿着这条道路不断地"洗心革面",但他终将无法成为一个完全可以信赖的"同志",这也是他后来长期为之自卑和痛苦的原点。

第十八章 无情的自我否定

1955年,葛庭燧与助理研究人员讨论钢铁中原子扩散所引起的内耗

1956年3月访苏期间,葛庭燧(中)在莫斯科钢铁学院参观芬克尔斯坦实验室的"葛氏扭摆"内耗仪装置

20世纪50年代初,葛庭燧(前排右二)在金属研究所

# 第十九章 新中国第一次科学寒流

## 一、科学家中的最高"军衔"

1955年,中国人民解放军首次实行军衔制,对于科学家们来说,这一年对于中国科学史同样意义非凡,因为这一年新中国也是首次为科学家"授衔"。

1955年6月,中国科学院正式成立学部,聘请了233位著名学者为第一批学部委员,并按学科领域分设物理学数学化学部、生物学地学部、技术科学部、哲学社会科学部4个学部,葛庭燧当选为中国科学院数理化学部的常务委员。学部委员在1993年改称院士。

1956年,学部组织并承担了第一次国家自然科学奖(首届中国科学院自然科学奖金)评审,这是对国家科学技术奖励制度的奠基式贡献。首届国家自然科学奖授予一等奖3个,二等奖5个,三等奖2个,四等奖6个,当时,葛庭燧以"金属中的内耗与力学性质研究"的一系列论文(11篇)获得国家自然科学奖二等奖。

然而,这一中国科学界的最高奖项却很快被淹没在"极左"政治的风浪中,直至1982年才得以恢复。

那次自然科学奖的评选标准曾经明确规定,申报的研究成果必须是在国内完成的,评奖的范围也不限于中国科学院。但事实上,当时获得一等奖的成果无一是在国内取得的。

我们已无从得知葛庭燧获得二等奖时的心情与想法,然而,对于新中国的科学生命而言,一场出人意料的春寒正悄悄袭来。对于中国科学界来说,1956年的春天来得比往年早,但没人会想到这意味着严冬也将过早降临。

中共中央在这一年1月召开关于知识分子问题的会议,周恩来在会上做了报告,这个报告被认为是中共中央自1949年以来首次向全党和全国公开而全面地阐述知识分子政策。报告中说:"在建设高度技术基础的社

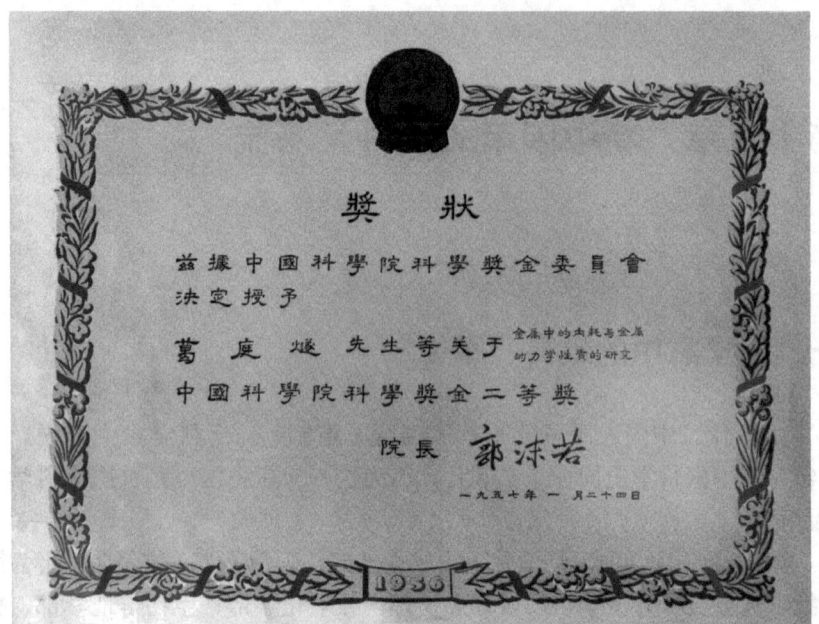

1956年,葛庭燧获国家自然科学奖二等奖奖状

会主义时期,除了必须依靠工人阶级的积极劳动外,还必须依靠知识分子的积极劳动。"周恩来在报告中明确提出了"赶超世界先进水平"和"向现代科学进军"这两个激动人心的口号。

周总理的报告使科学家们如沐春风,仅仅3个月后,上百名科学家被邀请到北京饭店,陈毅元帅介绍了一个人给大家认识,这就是在地方从事经济工作的张劲夫。这一年的5月9日,中共中央政治局正式任命张劲夫为中国科学院党组书记,与郭沫若院长一起主管中国科学院。张劲夫坦率地说:"我到科学院是做郭沫若院长的助手,他管全院的事,大家都要尊重他。实实在在地讲,我不懂科学,党中央派我来,那么我只好来。我不懂怎么办呢?我向各位科学家学习,向大家学习,一起做好向科学进军的工作。"

后来的事实证明,张劲夫这个"门外汉"对于拯救新中国科学事业起到了至关重要的作用。

## 二、在那个萧瑟的夏秋

1956年的5月确实令中国的科学家们欢欣鼓舞,因为毛泽东提出"百花齐放、百家争鸣"的"双百方针"。在接下来的8月,中国科学院和高等教育部在青岛召开遗传学座谈会，对过去偏执于苏联李森科生物学派的做法给予了纠正，会场宣布强加给摩尔根遗传学的各种政治帽子应全部摘掉，摩尔根学派的研究工作重新开展起来。

于光远对于那次会议的评价是十分中肯的："那个会真是百家争鸣，很自由的百家争鸣，有一本书，外国都翻译了。那是我们最好的，最有意思的一个会，有什么不同意见都可以讨论，真正的讨论，真正的百家争鸣。"种种迹象表明，中国科学的春天已经不可遏制地来临了。然而，没人会想到这只是所有人的一种错觉。

1957年6月8日，中共中央决定组织力量反击"右派"分子的进攻，这一天的《人民日报》发表了实际上是由毛泽东亲自撰写的社论《这是为什么？》，轰轰烈烈的"反右"斗争全面展开。

7月6日的《人民日报》发表了一篇题为"反社会主义科学纲领"的文章，这使得科学界感受到的不是料峭春寒，而是真正的严冬般的寒冷。这篇文章矛头指向曾昭抡、华罗庚、钱伟长、童第舟和千家驹等教授关于保护科学家和要求科学研究自由的观点，指责他们企图在科技领域向党夺权。

曾昭抡时任高等教育部副部长，1955年当选为中国科学院学部委员，是中国科学院化学研究所第一任所长和全国高分子委员会主任。1957年，他响应中国共产党的号召，帮助党整风，这场"大鸣大放"又被称为"引蛇出洞"。

曾昭抡作为民盟中央常委和其科学规划组的召集人，与千家驹、华罗庚、童第周、钱伟长等经过调查和座谈，向国务院科学规划委员会写了一份报告《对于有关我国科学体制问题的几点意见》，就保护科学家、科学院和高等院校与业务部门的研究机关之间的分工协作、社会科学、科学研究的领导和培养新生力量等五个方面的问题，提出了许多建设性意见：

针对一些科学家脱离科学的偏向，提出要协助他们妥善解决时间、助手、设备、经费以及合理安排使用等问题；

针对科学院、高等学校和工业部门之间存在本位主义的问题，提出了合理使用人力和协调彼此关系的建议；

针对在升学、升级、选拔研究生和留学生时片面强调政治条件的倾向，提出了今后应当业务与政治并重、人民内部在培养机会上应一视同仁等建议。

曾昭抡主持起草的这份报告，与后来我国制订的《科研工作十四条》、《高教工作六十条》等科学、教育方针政策的基本精神是一致的，可见他

们是远见卓识之士。然而这些宝贵意见在当时不仅没有被采纳，反而被视为"反党反社会主义的科学纲领"，在全国范围内受到严厉批判。

曾昭抡还犯了另一个致命的"错误"，他参加了当时民盟中央副主席章伯钧、史良召集的一次民盟知名学者、教授的汇报会，与会的曾昭抡、费孝通、钱伟长、黄药眠、陶大镛、吴景超等六位教授或许有些"大放厥词"，因此成为"大右派"的典型，这就是当时闻名全国的"六教授事件"。

有这样一段往事：在审查和批斗曾昭抡的时候，化学家唐敖庆对专案组说："我不能揭发我的恩师，因为我不知道他有什么罪行。"后来，专案组一定要让唐敖庆写揭发曾昭抡的书面材料，唐敖庆如实写了一份与曾昭抡接触的历史，其中包括与曾先生一起参加"大学长征"的悲壮往事，从长沙步行到昆明创建西南联大，以及曾先生在西南联大受到国民党痛恨和学生爱戴的情景，这份材料显示了唐敖庆的正直与无畏的精神品格。

曾昭抡在身患癌症与遭受批斗的困境中遭遇了一个更为沉重的打击，他的夫人——北京大学西语系教授俞大絪因被抄家、殴打及凌辱含恨自杀。妻子自杀之后不到一年，曾昭抡在精神和疾病折磨下、在无休止的批斗中含冤而去，终年68岁。

在被打成"右派"的著名科学家中，还有一位葛庭燧当年在清华物理系读书时的同学、在1952年院系调整中主张搞"大清华"的钱伟长。钱伟长是中国近代力学奠基人之一，在20世纪40年代提出薄板薄壳非线性内禀统一理论，对欧美固体力学和理论力学产生重大影响。被错划成"右派"30年后，钱伟长成为全国政协副主席。

## 三、张劲夫挺身保护葛庭燧

张劲夫当然无法领会到"反右"斗争的真正用意，更无法把握它的未来走向。他怀着本能的善良愿望去找毛泽东，坦率地说："毛主席啊，我今天来请示您，您让我到科学院去，任务就是要向科学进军，赶超国际先进水平。"毛泽东连声说："是啊，是啊！"张劲夫对毛泽东说："物以稀为贵，科学进军主要靠科学家，现在科学家很少啊！"他的意思其实很明显，是希望毛泽东能站出来为科学家说话。

毛泽东表示接受张劲夫的意见，让他去找书记处，当时的总书记邓小平说："我赞成呀，这个意见对呀，这样好啊，就请你张劲夫，你们科学院党组代党中央起草一个文件，如何来保护自然科学家。"邓小平这里使用了"自然科学家"一词,似乎他已经领会了毛泽东对社会科学家怀疑与否定的态度。

领命之后的张劲夫起草的一份报告,实际上只是保护自然科学领域的高级科学家,要旨是对于这些科学家与社会科学家及一般知识分子区别对待。报告中说:"那些具有突出贡献的自然科学家,在国内外相当著名,影响较大,平素不大关心政治,但有爱国心,对共产党寄予希望,但有很多不满,在这次鸣放中有些右派言论,但没有活动,可采取'谈而不斗'的办法。"

中央很快批准了这个报告,实际上是在一批刚刚从美国回来的科学家名单上撑起一把保护伞。当时数量庞大的"右派"知识分子并不在这个保护伞的庇护范围之内,但对于葛庭燧来说,他享受到了伞下的荫凉。

"反右"开始那一年,沈阳市和金属研究所将当年的"红色科学家"葛庭燧定为"右派",张劲夫得知这一情况后,立即飞到沈阳,表示科学院党组的不同意见。葛庭燧就这样被张劲夫保了下来,事实上也是被那份红头文件保了下来,这里所说的"保",不是使葛庭燧免戴"右派"帽子,而是改为"内定右派",那是一顶隐形的政治帽子。

刘振坤所著张劲夫传记中对当年保护自然科学家的往事作了如下描述:

> 院属京外单位的运动是由地方党委领导的,在中央下发的这个文件中,明确规定院属单位的科学家划"右派"必须事先经院党组同意。沈阳金属所葛庭燧,搞金属内耗研究的,当时,所党委向沈阳市委汇报了他有很多言论,要定他为右派。
>
> 张劲夫听说之后,马上坐飞机到沈阳去制止。他与市委讲:"中央有文件的,科学院的直属研究所的科学家我要负责,我们科学院不同意给他划右派。"由于他凭中央文件据理力争,态度鲜明而坚决,终于使葛庭燧过了这一关。

## 四、一顶隐形的政治"帽子"

葛庭燧一直以为自己是"反右"斗争中的幸运者,最多只是被贴过一张大字报而已。那是因为当时研究所一个搞冶金的青年知识分子张子清被划为"极右",抵触情绪很大,葛庭燧到张子清家里去劝,于是有人写了一张大字报,标题是:"葛先生要引导青年向何处去?"

然而,葛庭燧在当时的某些话已经构成"右派"言论,比如他曾提出"党管干部,科学家管学术",这样的观点是典型的与党"分庭抗礼"。

20多年之后,葛庭燧才偶然从侄子葛运墭的嘴里得知,他在"反右"时被内定为"右派"。那是葛运墭有一次从别人偶然掉落的高考外调材料中看到了自己的档案,里面写着:"叔叔葛庭燧在1957年被内定为右派。"

据葛运墭回忆,当葛庭燧得知这件事情时非常惊愕和愤慨:"组织上对我还是很信任的,不然为什么还让我当副所长,还让我参加1962年的广州高级知识分子会议?"葛庭燧此时的心情是非常复杂和痛苦的,那是一种被愚弄与被欺骗的感觉,以他的耿直性格,以他的自尊心,这绝对是难以接受的,他当时显得情绪难以自控,愤愤不平地对侄儿说:"这事情连我都不知道,你是怎么知道的?不应该你看的东西,你就不应该看,你回学校向组织坦白!"

作者在2009年为本书的写作搜集资料时,意外发现20世纪50年代任金属研究所党委书记的高景芝女士关于葛庭燧这段历史的谈话记录:

> (葛庭燧)以个人为中心很严重,在反右斗争时对党的领导和科学工作中的一些政策不满,发表了一些右派言论,受到重点批评,性质已经属于右派性质,但是"保护过关",没当右派分子处理,只是在九三学社小组内进行批评,没有在全所大会上批评。但是,他对问题有自己的不同想法,就发火,别人无法说话。经过耐心的教育和帮助,现在政治思想上有了进步,工作也比较努力、负责,当了副所长,现在,在政治上组织对他是完全信任的,今后的进步就看他自己的了。

高景芝参加过"一二·九"运动,与葛庭燧是清华校友,在"文化大革命"期间被作为"走资派"打倒,加上女儿带着一群红卫兵小将要和她划清界限,最后在极度的绝望中开煤气自杀。

在葛庭燧逝世那一年,电视连续剧《我亲爱的祖国》和资料片《共和国科学档案》正式播出,让何怡贞和子女们非常遗憾的是,葛庭燧没有亲眼看到党和政府对他政治历史经历的彻底平反。《共和国科学档案》中三次提到他的名字,两次称其为"红色科学家",片中既有他获得国家自然科学奖二等奖的镜头,也有他深入冀中抗日根据地参与地雷战的事迹,还有他和爱国学子们学习毛泽东《新民主主义论》的场景,以及讨论和研究回国的情节。

影片中还首次披露了"反右"斗争的部分内幕,叙述了张劲夫保护科学家的历史往事。葛庭燧在"反右"斗争中的经历被作为本片的重要例证。《我亲爱的祖国》的结尾,辑录了包括葛庭燧在内的几位爱国科学家的录像镜头。

# 第二十章　开创新中国金属内耗研究

## 一、短暂的黄金岁月

在清华大学物理系，葛庭燧重新回到自己的恩师叶企孙先生身边，成为母校和物理系最年轻的教授之一，另一个不满40岁的教授是彭桓武。

在1950年至1952年，葛庭燧在清华大学物理系的科学馆二楼建立了中国第一个内耗实验室——"金属物理实验室"。他带领容保粹和孔庆平两个弟子，把他从美国带回来的一套扭摆内耗仪组装起来，又用国产元件建立了一套扭摆内耗仪和一套扭转线圈装置，用来进行内耗、切变模量、恒应力下的蠕变和恒应变下的应力弛豫四种滞弹性测量。

当时葛庭燧让容保粹做的研究题目是"钢铁中碳、氮的扩散和沉淀"，让孔庆平做的研究题目是"纯铁的高温蠕变和内耗"。这两项工作的研究结果，都在1954~1955年的《物理学报》和《中国科学》上用中英文发表，成为葛庭燧后来获得国家自然科学奖二等奖的部分内容。

1951年葛庭燧在清华大学开设了新中国第一个"金属物理"课程，当时没有现成的教材，他自己编写了一套讲义。葛庭燧讲课深入浅出，听课的本科生和研究生总是把教室挤得满满的。容保粹和孔庆平也在听课的行列并参加考试，当时在燕京大学担任教授的何怡贞也来旁听过几次课。

在这段时间，葛庭燧作为从美国归来的清华物理系最年轻的教授，怀着饱满的爱国热情，意气风发、全身心地投入到科研和教学工作中，这可称为葛庭燧回国后在学术上的第一个黄金时段。

1952年冬，葛庭燧怀着用专业知识服务祖国大建设的强烈愿望和热情，由首都北京到国家在东北的重工业基地沈阳，参加中国科学院金属研究所的筹建工作。建所初期在葛庭燧课题组工作的，除跟随他由北京到沈阳来的容保粹和孔庆平以外，还有1952年分配来的大学毕业生周本廉（后来成为中国科学院院士）和王其闵，1953年分配来的大学毕业生钱知强和马应良。

1952~1956年，葛庭燧在金属研究所带领这六位青年学子，发掘了他发明的扭摆内耗仪的潜力，添置三套扭摆内耗仪，并建立了声频内耗装置。他针对一些工程材料开展了卓有成效的工作，并取得了重要成果。连同前期在北京的工作，他共发表了11篇研究论文，并于1956年获得国家自然科学奖二等奖——"金属中的内耗与力学性质研究"。

这是当时颁发的一、二等奖中唯一在中国国内进行的实验研究成果，其中包括新发现的碳在面心立方金属和合金钢中微扩散引起的内耗峰、钢中马氏体回火转变引起的内耗峰、钢中含氢引起的内耗峰、铁在稳定磁场中的声频内耗等。

葛庭燧为了解决抚顺钢厂钢材的剩余寿命问题，首次提出了用提高温度的方法，通过短期试验来推测长期蠕变寿命。为此他还与孔庆平、王其闵一起在金属所建立了中国第一台蠕变试验机来进行这项工作。

在这段时间里，葛庭燧扩展了内耗在材料科学中的应用范围，取得了创新性的成果，受到了国内外科学界的称赞。他的11篇论文除了用中、英文在《物理学报》和《中国科学》上发表外，还有3篇被苏联科学家推荐到《金属物理和金属学》杂志上以俄文转载，1954年，苏联翁索夫斯基教授主持编译了以葛庭燧的工作为主要内容的《金属的弹性和滞弹性》一书。两年后，葛庭燧随以二机部部长刘杰为团长的科学代表团访问苏联，受到苏联科学家的热烈欢迎，纷纷请他作学术报告。事后刘杰团长对葛庭燧说："我们都是来向老大哥学习的，只有你，是老大哥向你学习。"

这个时期是葛庭燧回国后第二个黄金时段。

但是，1957年开始的"反右"斗争，使葛庭燧的事业受到了极大的打击。他卓有成效的探索和开拓被批评为"挖松土"；他的理论联系实际工作被批评为"挂羊头卖狗肉"。一个爱党爱国的科学家竟被说成是"反党反社会主义"。在随后的几年里，他领导的课题组陷入了瘫痪和解体状态，有的先后离开了金属所，有的转到了其他研究室，这不能不说是金属内耗研究十分令人痛心的损失。

## 二、在弟子的记忆里

葛庭燧在清华大学的第一个学生容保粹和第二个弟子孔庆平，后来始终追随着他的脚步，他们两人被葛庭燧后来的弟子们尊称为"容大"和"孔二"。

孔庆平是孔子七十二代孙，1950年毕业于安徽大学，后分配到中国科学院应用物理研究所，很快就跟随葛庭燧到清华大学从事金属内耗的研究。在以后半个多世纪的岁月里，孔庆平跟随葛先生从北京来到沈阳的金属研究所，又来到合肥的固体物理研究所，是葛先生科研工作的重要助手、合作者和见证人。

1981年，孔庆平（右）与葛先生一同参加第七届国际内耗会议

在20世纪70年代末改革开放刚刚开始的时候，葛庭燧曾给德国著名学者吕克写了一封推荐信，孔庆平得以作为洪堡访问学者，到原联邦德国亚琛大学进行金属内耗合作研究长达两年多时间，并从此建立了固体物理研究所与亚琛大学的合作关系。

在合肥市内的家中和董铺岛上固体物理研究所的办公室里，孔庆平先生两次接受了作者的采访，他回忆了葛先生在国内最先开设金属物理课程，用从美国带回来的设备建立国内第一个内耗测量实验室的峥嵘岁月。

葛庭燧逝世之后，孔庆平成为葛先生开创的晶界内耗研究的重要继承者之一，他与固体物理研究所的同事和学生一起，通过与亚琛大学合作，用双晶试样研究晶界内耗，进一步说明了晶界内耗的本质，受到国内外专家的高度重视和极高评价。2008年，国际内耗会议主席邀请孔庆平在国际学术会议上做报告。

孔庆平先生一直从事金属力学性质——蠕变和内耗的研究。蠕变是材料在单向应力下发生的形变，较大应力时的蠕变会使材料发生损伤和断裂；而内耗是在交变应力下测量的，测量内耗的应力一般都很小，不会使材料发生损伤。

孔庆平曾与葛先生一起参加过抚顺钢厂炼油设备的蠕变研究，制成国

内第一台蠕变试验机。孔庆平强调指出了葛先生在金属蠕变研究中所提出的"短期推长期公式",它的含义是:金属在高温条件下所产生的蠕变,很难通过长期的实验测定,因此需要通过短期的实验推断其长期的变化情况。

葛先生与美国人 Dorn 几乎同时发现了这一参数公式,Dorn 的发现时间较葛先生稍迟一些,因此被称为"葛庭燧-Dorn 参数公式",而孔庆平对于这个参数公式的实验研究做了大量具体工作。

孔庆平如今已经是固体物理研究所的研究员和博士生导师,由电子工业出版社出版,师昌绪、李恒德、周廉主编的《材料科学与工程手册》上卷"高温力学性能"部分,就是由孔先生执笔撰写的。

葛庭燧的另一个弟子方前锋研究员认为,1948~1949 年,葛先生发明"葛氏扭摆"并发现"葛氏峰"之后,证实了美国芝加哥大学甄纳教授从玻尔兹曼线性迭加原理出发所推导出来的多种滞弹性之间的定量关系,从而奠定了滞弹性理论的实验基础,使滞弹性成为一门新的学科领域。

王中光研究员在回忆和阐述葛庭燧数十年内耗研究的历程时说:

> 葛先生 1948~1949 年从美国回国前,曾在冷加工的铝-0.5%铜合金中观察到具有反常振幅效应的内耗峰,他认为是一种与 Zener(甄纳)提出的线性滞弹性弛豫不同的非线性滞弹性现象。
>
> 从 1952 年开始,葛先生在金属所建立的内耗实验室曾对非线性滞弹性现象进行研究,但未能得出重复性的结果,这方面的工作从 1957 年因"反右"斗争而停顿。从"整风反右"后的 1959 年开始,葛先生 方面为加强内耗研究的工程应用背景,新设立"金属疲劳的物理原理的研究"课题,同时恢复非线性滞弹性内耗的研究。
>
> 当时做铝-铜合金的是从中山大学来进修的张进修,做铝-镁合金的是从长春物理所来进修的张志舜,大约在 1962 年,张进修在铝-铜合金中重复出了葛庭燧曾经看到的反常内耗现象,张志舜在铝-镁合金中也看到了类似的现象,并有所发展和深入。
>
> 葛先生最初把非线性滞弹性现象直观地解释为与沉淀过程有关。由于铝-镁合金不存在沉淀过程,葛先生逐步认识到,非线性滞弹性现象应该与位错和溶质原子的交互作用有关。遗憾的是,这些可望做出好成果的工作,在 1963 年末被作为"理论脱离实际"的研究工作而受到冲击。1965 年以后,因"社教运动"和"文化大革命",上述工作全部停顿,这方面的研究成果曾作

为"位错内耗与范性形变机理研究"的主要部分获 1982 年国家自然科学奖三等奖。

1980 年，葛先生在合肥董铺岛中国科学院固体物理研究所，建立内耗与固体缺陷重点实验室，非线性滞弹性现象的实验和理论研究才进一步得以深入。在此期间，他和研究生们发现了位于室温附近的非线性滞弹性内耗峰是由两个子峰组成，并分别对应于溶质原子在位错芯区的横向（垂直于位错线）和纵向（平行于位错线）的扩散过程。

他们先后在低于室温和高于室温的温度范围，发现并系统研究了 5 个与位错和溶质原子不同组态有关的内耗峰，完整地勾画出了位错与溶质原子交互作用相对应的内耗谱。他们构造了溶质原子在位错芯区的扩散方程，并通过解析和数值方法计算出了内耗曲线，这些曲线与非线性滞弹性现象的实验结果相一致，从而初步建立了非线性滞弹性理论框架。

非线性滞弹性的实验发现和理论建立，不但为内耗学科开辟了新的研究领域，而且使人们可以通过实验直接测量出溶质原子在位错芯区的扩散激活能，而这种科学数据是通过别的方法很难得到的。

历经近半个世纪的研究，葛庭燧所率领的科研团队从发现现象、开始建立模型，逐步深化认识，历经艰难险阻，到最终在系统研究非线性滞弹性的实验现象的基础上，建立了较完整的理论体系，先后获得了国家自然科学奖三等奖和中国科学院自然科学奖一等奖。

这一门新学科领域的提出，在国内学术界产生了极大反响。著名物理学家彭桓武、冯端教授认为，这是一个很重要的研究方向；王业宁院士和著名材料专家龙期威教授则认为，"提出这一理论是内耗研究发展的一个新的里程碑"。

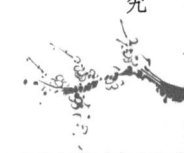

# 第二十一章　角色中的困惑

## 一、做科普报告的大师

1961年4月12日,苏联航天员加加林乘东方号宇宙飞船绕地球一周,耗时108分钟后成功返回预定地点,这是人类征服天空迈出的第一步。葛庭燧留下了一本《苏联在征服宇宙中的伟大成就》报纸剪报、一叠报告手稿和一页学生提问的记录纸。

这个报纸剪报本是纸质十分粗糙并且发黄的32开普通笔记本,封皮上有北京天安门图案,下面工工整整地写着:"苏联在征服宇宙中的伟大成就　1961.4.18/19　葛庭燧。"

在27页纸的两面,密密麻麻贴满了1961年4月12日起辑录的50多张剪报:有报道、评论、照片、示意图、资料、统计表;有葛庭燧画的红、蓝两种颜色的重点线、题目、注释、重点、理解、感想;有一页自己整理的苏联和美国人造卫星比较的文字。有的一页剪报两侧批注了300多个蝇头小字。按笔记本封面上记录的时间,这些功课是在18~19日两天内完成的,那一定是葛庭燧的不眠之夜。

葛庭燧留下的报告手稿同样是纸张粗糙而泛黄的20页B5大小纸张,蓝黑色钢笔墨水手迹。第一页写着:

> 苏联在征服宇宙中的伟大成就
> 读书报告
> 1961.4.21 下午6:30 金属所(中国科学院金属研究所——作者注)
> 1961.4.29 下午2:00 林土所(中国科学院林业土壤研究所——作者注)
> 1961.5.1 下午2:00 建筑材料分院(沈阳建筑大学前身——作者注)

报告会接连进行了三场,从第一次报告的时间可以看出,他是在做完报纸剪报后只用一天时间一气呵成写完报告手稿的。

报告的六个标题分别是：

1. 人类进入宇宙的新纪元开始了！
2. 回顾苏联在征服宇宙上的伟大成就；
3. 关于安全返回地面的问题；
4. 关于宇宙生理学的问题；
5. 美帝远远落在苏联后面；
6. 几点体会。

学生提问的一页写的是：

建筑材料工业学院学生提的，加加林少校通过玻璃窗看地面：

请问：此玻璃由什么材料制成？飞船速度多大？难道玻璃不会因飞船速度大与空气摩擦而熔化？

据科学报导，火星上也发射了"卫星"，现在火星上是否有生物？还有高级生物吗？

4月12日苏联发射的宇宙飞船用什么做燃料？今后的第三宇宙速度还用这种燃料吗？

飞船在空中绕地球旋转时，是否本身也自转？否则的话，人在飞船上的位置如何？即人对地球而言是正立还是倒置着呢？

飞船在高空中，空气很少（近似真空），还能按牛顿定律作用吗？否则，怎么旋转呢？动力如何？

当时的青年学生所提出的问题一定会让葛庭燧感慨万分，可以想见他把年轻学生的提问夹在自己的笔记本里一起保留起来，此情此景，一定是在怀念他在大学课堂里聆听物理大师讲演的情景。

## 二、当科学家变成技术员

中国科学院金属研究所是在南湖地区的一片菜地和粪池上建成的，这个大院以后一直在中国的金属材料科学研究中具有举足轻重的地位，号称"国家队"。从芝加哥金属研究所到沈阳的金属研究所，这两个地方都以冬季的寒冷著称。

新中国成立后第一个来华学习的外国研究生来到葛庭燧的实验室实习，这位来自捷克斯洛伐克科学院的卡列尔·密歇克副博士在这里工作了

1961年4~5月，葛庭燧科普讲座手稿

4个月之后,于1954年发现了镍在加磁场下出现的一种奇特现象。他回国后用中国老师发明的扭摆装置继续研究,从而完成了他的博士论文。

在沈阳,葛庭燧被选为辽宁省和沈阳市物理学会理事长,这个职务表明了他在东北地区物理学方面的学术地位。葛庭燧非常热心于科普工作,这是因为一个工人无意中的一句话震动了他的心。那位工人说:"外国资料看不懂,中文资料也净是数学公式,看不明白,真是睁眼瞎子。"

于是,葛庭燧决心为工人撰写通俗易懂的科普读物,而且,他还将这件事当做思想改造的具体实践。他曾经说:"我们科技人

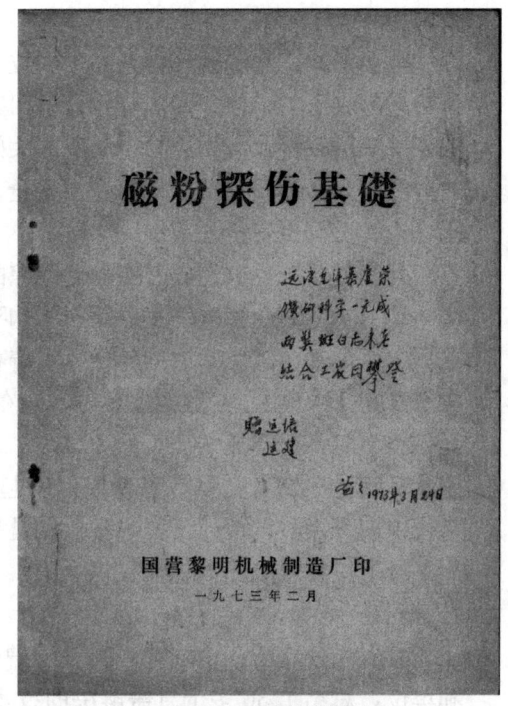

1973年,葛庭燧撰写的《磁粉探伤基础》书影

员受到劳动人民的培育,能看外文能看数学公式,可是我过去只有兴趣写极少数人能够看得懂的东西,写书的目的是为了扬名中外,却不能急工人师傅所急,写出为工人师傅所急需和欢迎的读物。"

葛庭燧的检讨是发自内心的,他选择了在无损探伤保证产品质量方面应用最广泛的"磁粉探伤"课题,根据国内外的资料,编写出一份通俗易懂的参考资料《磁粉探伤基础》,由沈阳市技协在全市范围内举办了几百人参加的学习班。值得一提的是,这些通俗技术读物都没有作者署名,一律以诸如"沈技协"或某某编写组名义发行全国。

葛庭燧是中国金属无损探伤的开创者,在基础理论研究受到质疑和阻挠之后,无损探伤因为与生产企业密切相关而得以推广。无损探伤对于葛庭燧来说并不陌生,早在1944年春天,葛庭燧在麻省理工学院金属物理班学习时就曾经有所接触,当时称为"X光透照",而且,他在第一次月考中就得了100分。

从20世纪50年代开始,葛庭燧就在沈阳地区多次做有关"原子能和平利用"的科普报告,他还与何怡贞一起,以中国物理学会沈阳分会的名义培训全市中学物理教师。

有一天，葛庭燧在市内开办工人技术讲座，与学员们畅谈到深夜，连公交车都收班了，他只好步行几公里回家，结果，被一位警惕性极高的便衣警察一路跟踪，直到进了金属所的大门。便衣警察向门卫了解了葛先生的身份，并通过门卫转告他要注意安全。葛庭燧笑着说："有公安的同志跟着我，反倒更安全了。"

其实，葛先生被便衣警察偷偷跟踪的故事还有很多。比如，他曾经在沈阳最繁华的商业街之一太原街因为购买一些炼乳和罐头而被盯梢，因为在那个生活用品高度紧缺的年代，衣着朴素的葛先生如此"奢侈"的消费之举实在令人瞠目结舌。殊不知，他在"文化大革命"前的月薪是360元，是当时一个普通学徒工的20倍。

葛庭燧参加由沈阳市劳动模范发起的群众技术活动，一直持续到60年代中期。当然，他的工作绝不仅仅是科普讲座，而是利用业余时间帮助兵工厂解决技术难题，包括飞机大梁、飞机起落架和水库闸门防腐等重大技术问题。

有人做过这样一个统计，葛庭燧曾经先后到过辽宁省的40多个工厂和单位，总结了30多个急需解决的技术难题，其中就包括金属无损探伤检验技术的普及与发展。葛庭燧曾经率领一个无损探伤专家小组去一个工厂，帮助解决子弹外壳成品最后的检查工序问题。几百名工人每天坐在强烈的灯光下，目不转睛地逐个检查流水线上成千上万的产品，葛庭燧立刻意识到，这将会严重损害工人的眼睛，于是，他下决心为工人们制造一套自动检查装置，最后，他在多种方案中最后选择了超声波"线聚焦探头"的检查方法。

还有一个生动的例子是，葛庭燧应用超声波帮助沈阳铁路局解决了火车抱缸停车事故。铁道部在沈阳召开现场会，并将此方法推广到全国，成为铁路系统的一项重大革新成果，受到铁道部科技大会嘉奖。

1973年，他参加一家工厂铝合金型材"过烧"的检验攻关，使50吨有"过烧"嫌疑的铝合金型材得到合理使用；1974年，某企业成百吨的特殊钢材因加工不当而出现裂纹，他率领技术人员果断采取措施，挽救了这批原来拟定报废处理的钢材。

## 三、三下鞍钢与大炼钢铁

鞍钢是新中国成立之后数十年里中国工业的标志与象征，正如它的形象别名"钢都"，葛庭燧曾有过三赴鞍钢的经历。

第一次下鞍钢是 1954 年春天，这时正逢《金属弹性和滞弹性》一书刚刚在国外出版，葛庭燧以科学家身份到鞍钢作报告。第二次下鞍钢是 1965 年 3 月，这次是葛庭燧就自己的科研课题到那里去寻找根据。他本人将这两次鞍钢之行，看作是以学术权威自居而高高在上的不良形象，并称之为"没有放下专家的架子"。

葛庭燧第三次下鞍钢是在 1974 年 5 月，那一次他前后工作了一年半时间，任务是参加一个重大项目的"攻关会战"。葛庭燧将这次鞍钢之行看做是自己和工人群众打成一片的洗心革面之旅，一个重要的例证是，当工厂请他到客房里吃饭时，他却选择了在车间大食堂里与工人一起用餐。

1976 年，葛庭燧（右三）在鞍钢与王崇伦（右五）
等劳动模范讨论中厚板超声探伤问题

葛庭燧经常出现在半连续轧板厂热处理工段，在这个劳动条件恶劣的工段，工人们在一张张两米五宽、十几米长的钢板上，用手把超声波检验装置推来拉去，成千上万次地进行探伤检验。正逢夏日酷暑，葛庭燧和工人们一样汗流浃背。工人对葛庭燧说："老葛，你亲自干一下这活，就能体验到咱工人劳动强度有多大呀，要赶紧时间搞出自动化探伤设备来啊！"

就在这次下鞍钢期间，葛庭燧的儿子葛运建遭遇严重车祸受重伤，昏迷 4 小时，锁骨骨折，头部缝了十几针。接到研究所里的长途电话时，葛庭燧正在作报告，他当时并没有惊慌失措，忙完了工作之后，才赶回沈阳处理儿子的伤势。

然而，1958 年开始的"大跃进"给中国科技事业带来了巨大的负面影响。在政治上和经济上极为荒唐可笑的"大炼钢铁运动"曾经导致全民参

与，连农村的田野上都遍布小高炉，家家户户拆掉金属制品，甚至包括门闩和钥匙都拿去炼铁。

作为金属冶金方面的国家最高科研机构，金属研究所也被卷入了"大炼钢铁"之风。当时，李薰所长忧心忡忡，作为著名的金属学专家，他估算从运入原料、燃料到出渣出钢，即使全所停止正常工作，也无法完成任务。于是他巧妙地向市委提出一条建议：由金属研究所派出两个小分队去指导土法炼钢。金属研究所这一方小小的天地幸免于难，但是对于全国大炼钢铁造成的巨大经济损失却无力回天。

在那个荒诞不经的年代，科学也变成了蒙昧的政治牺牲品，种种违反科学规律的政治口号和运动，成为科学家们内心最大的痛苦。当时有人提出要搞"超声波运动"，沈阳市有人设想改变铁西工厂区的严重环境污染，提出推倒全区烟囱，改为"超声波"煤气化的方案。当时的李薰和葛庭燧等人依然保持着科学家的求实精神和良知，勇于提出异议。

葛庭燧曾将这样两句话当做自己的座右铭："两鬓斑白志未老，结合工农同登攀。"1982年，中华全国总工会授予他"全国职工技术协作优秀积极分子"称号，葛庭燧说："科技人员用自己掌握的技术和知识为社会主义、为工农兵服务，这才是最光荣最幸福的。"

葛庭燧此言，显然有感于美国科学家们的岗位只是局限于实验室，而他的美国同行则始终认为，葛庭燧的幸福感源于他将自己变成了一个技术员而不是科学家，而这恰恰是中国的国情所导致的相互误解。

葛庭燧在内心深处从未忽视过"知识分子的自我改造"，而且以工人们叫他"老葛"或者"葛师傅"而感到欣慰。他显然不满足于以此作为"和工人阶级打成一片"的重要依据，他甚至更严格地解剖自己说："我是一个从旧社会过来的知识分子，开始应工人师傅邀请参加技术协作活动的时候，总是抱着一种恩赐的态度，同工人师傅在一起研究问题，我总是觉得不大自然，表现得客客气气，表面上很谦虚，内心还是自高自大。后来在不断的实践中，我受到了教育，世界观逐步得到了改造，我才深刻理解了毛主席的话——知识分子如果不与工农民众相结合，则将一事无成。"

葛庭燧的这段话可以当做那个年代中国知识分子典型心态和真实心理的写照，而且，他对于自己毫不留情的反思与自省是真诚的。有一次，工人就某项产品的质量检验问题向他提出一个问题，他对于当时的无言以对感到万分惭愧和自责。这事实上堕入了一个错误的逻辑陷阱——工人们认为科学家的金口玉言就是百病良药，而不幸的是葛庭燧也认为自己必须是百病良医。

沿着这个貌似正确的逻辑走下去，葛庭燧将生产中遇到的许多问题都归于自己的无知、无用甚至无能。他曾经用这样一个例子来证明毛泽东"卑贱者最聪明、高贵者最愚蠢"那句"名言"。有一项产品的质量问题被一位专家宣布为"不治之症"，其结果是大批产品的报废；而具有丰富工作经验的工人则认为这项产品的问题并非"不治之症"，应该根据使用上的要求区分出可用和必须报废的产品。一位工人大胆改变超声波探伤仪的放大电路，提高了仪器的灵敏度，进而可以检验出这项产品的缺陷，事实上果然挽救了大批成品和半成品。

还有一个实例，在一次关于无损探伤的应用与展望的报告中，葛庭燧引用了很多文献资料，还包括许多尖端技术和高深理论，工人们说听不懂，葛庭燧为此而再次陷入深深的自责，他检讨自己是故弄玄虚，理论脱离实际。

这绝非一般意义上的科学家与技术员的角色定位问题，而是那个政治色彩淹没一切的年代所打下的时代烙印。尽管始终未能在内心深处摆脱这种角色转换的困惑，但葛庭燧依然试图使自己的一切言行完全符合当时的政治口号和思想理念。

第二十一章　角色中的困惑

# 第二十二章 颠沛流离的科研生涯

## 一、透过乌云的阳光

当年"反右"斗争时,是张劲夫专程到沈阳使葛庭燧免遭被列为"右派分子"的政治打击,而且,葛庭燧还于1962年应邀参加了广州"神仙会",在那次会上,周恩来与陈毅把一批被保护下来的科学家形象地称为"脱帽加冕"。

这次广州高级知识分子会议的背景是这样的:开始于1957年的"反右"斗争使大批知识分子被打成"右派",这次带有毁灭性的运动后来被形象地称为"打断了中国知识分子的脊梁"。

严重扩大化的"反右"斗争后接下来就是"极左"的"大跃进",直接导致了中国当代史上最严重的人为的大饥荒——"三年自然灾害"。大饥荒中全国饿殍达数千万人,甚至出现人吃人的惨剧,山东、河南、四川、安徽、甘肃、青海等省份出现大面积饿死人现象,当时被称为"严重非正常死亡"。

正是在这样的背景下,中共中央于1962年初召开了全国县级以上干部7100人参加的扩大的中央工作会议,史称"七千人大会"。

这是一次深刻检讨"大跃进"所带来的大灾难的会议,这是在毛泽东时代绝无仅有的一次充满民主精神的反省与自责的大会,甚至毛泽东本人都做了检讨。1959年接替毛泽东任国家主席的刘少奇在会上说,在古代出现人相食的现象是要上史书的,连皇帝都要下"罪己诏"。

"七千人大会"是中共历史上罕见的一次"出气会",在当时被形象地称为"白天出气,晚上看戏,一日三餐,两干一稀"。正是在这次大会精神的影响下,"七千人大会"闭幕后一个多月,又在广州召开了一次由高级知识分子参加的会议。会上,时任国务院副总理的元帅诗人陈毅向受到委屈的中国知识界脱帽致歉,所谓"脱帽加冕"也正是陈毅在这次会议上的形象说法,意即"脱资产阶级之帽,加劳动人民之冕"。

"大跃进"期间，许多知识分子被当成"白旗"拔掉。面对心情压抑、顾虑重重的知识分子代表，陈毅在讲话中动情地说："我想现在的问题是，大家有气，今天要来出出气。……在运动中间也发生了一些缺点、错误，有一些地方出现了过火斗争，搞得人感情很痛苦。……伤了感情，伤了和气。……我是心所畏危，不敢不言，我垂涕而道：这个作风不改，危险得很！我们必须改善这个严重的形势。形势很严重，也许是我过分估计，严重到大家不讲话，严重到大家只能讲好，这不是好的兆头，将来只能养成一片颂扬之声，这对我们有什么好处？危险得很呵！"

陈毅关于"脱帽加冕"的说法，直接否定了"资产阶级知识分子"的定论，他说："他们是人民的知识分子，社会主义的科学家，是人民的劳动者，是无产阶级的脑力劳动者。……文化界、作家，他们中间大多数，基本上跟共产党方向是符合的，五四运动以来便是这样。……为什么12年以后，这些人中大多数又有了新的进步，而我们有些人还拿着资产阶级知识分子给他们做鉴定？这不符合实际，伤人太甚嘛！……工人、农民、知识分子，是我国劳动人民中间的三个组成部分，他们是主人翁。"

陈毅还说，党的工作者对待知识分子要有"三顾茅庐"的勇气，要像刘邦一样"倒屐而出"，改变霸王的态度。霸王是要"别姬"，被逼死在乌江的。

陈毅的讲话不能看做是他个人的一家之言，至少有证据显示，他此行是经周恩来总理同意，代表了中央"七千人大会"的基本精神。关于对知识分子的评价问题，周恩来在1962年3月28日的《中央政府工作报告》上说：中国的知识分子"在社会主义的各个战线上，做出了宝贵的贡献，应当受到国家和人民的尊重，他们是属于劳动人民的知识分子"。

也正是在这一年，葛庭燧被任命为中国科学院金属研究所副所长，协助所长李薰掌管全所的科研业务。1962年的春天和夏天前后，葛庭燧有过一段极其短暂的激情时光，然而，就在"七千人大会"召开后的当年秋天，毛泽东在八届十中全会上重提"阶级斗争"，致使"七千人大会"的成果急速后退，那段短暂的激情时光，犹如两片乌云之间瞬间射出的一道光芒，很快又被遮蔽。

## 二、再度燃烧的激情

广州会议后,葛庭燧曾经多次与学生王中光在探讨学术问题的闲暇谈起过去在美国的经历,回忆当年听甄纳教授报告、在 MIT "曼哈顿计划" 工作时获奖的情景。但葛庭燧谈起此事时的心情是很复杂的,他在回忆中总是要特别强调,在美国的工作是"为帝国主义服务而得奖,是很不光彩的"。

葛庭燧一直认为理论研究工作必须与实际相结合,才能真正为社会主义建设服务。1962 年,他从北京大学物理系招收了 3 名研究生——孙宗琦、章安庆、潘正良,从清华大学工程物理系挑选了 3 名应届毕业生——李广义、杜家驹、董瑞琪,分别成立了内耗组和辐照效应组,均由他本人任课题组长。

后来这两个组的规模都有扩大,何怡贞也参加到辐照效应组,带领李日升、关若男、田继丰等几个年轻人从事石墨中位错观测的工作。这样,连同原有的金属疲劳组王中光、黄元士等人,葛庭燧亲自领导了三个课题组的工作。他说:"我们是一主两翼,以内耗研究为主,以疲劳和辐照效应为两翼,既有理论又有实际应用的背景,我们的大鸟就可以高高飞翔了。"

葛庭燧出任金属研究所副所长之后,从 1963 年开始制定科研规划,准备继续开展金属内耗研究。这一年,他在政协辽宁省三届一次全体会议和省三届一次人民代表大会会议期间,做了题为"关于积极开展科学研究和技术革新工作大协作的意见"的发言,起草倡议书并发起 113 名代表签名。

然而,一年多之后,他被派去中央社会主义学院学习半年,并参加"四清"运动。脱产学习期间,他心急如焚地惦记着刚刚开始的金属内耗研究。在"文化大革命"之前一年,豪情万丈的葛庭燧于 1965 年 5 月奋笔疾书,起草了《金属内耗的理论、技术和应用的研究》,这是一项包括 4 个大项 20 多个小项的庞大科研计划。他在这个计划草案的封面上写道:"不成熟的密件(请勿翻阅)。"这三页草案密密麻麻地写在一份研究生考卷的背面,不难想象,这是葛庭燧在中央社会主义学院学习归来之后准备大干一场的宣言书。

葛庭燧写下这份雄心勃勃的科研计划时 52 岁,然而,他后来的命运可想而知。15 年后,他受命到合肥董铺岛上筹建固体物理研究所时,当时计划所列的科研人员名单上只有张立德一个人和他到了岛上。

葛庭燧当时分管科技干部培养工作，并兼任金属物理研究室主任。此时的他正可谓雄心勃勃，他要把已经停止了多年的内耗研究再捡起来：一方面是内耗领域的实验和理论的基础工作，另一方面是内耗和材料的实际应用相联系。

1964年8月22日的全家福　　　　1964年8月23日，葛庭燧在打太极拳

葛庭燧早有为和平利用原子能事业做些工作的愿望。核反应堆材料在射线照射下产生损伤，损伤累积导致材料失效，内耗技术是研究这种损伤过程的非常有效而且灵敏的工具。位错是金属晶体中的一种线缺陷，决定金属的实际强度和范性形变行为，因此，位错内耗的研究可以揭示范性形变包括疲劳过程的本质，对于结构材料的研制和实际应用都有重要意义，而这两方面的研究反过来又会推动内耗理论的发展。

据李广义先生回忆：

> 葛先生"一主两翼"的总体布局和目标设想，极大地鼓舞了我们当时的一帮年轻人。那几年葛先生抓了三方面的工作：一是作为副所长，分管全所科技干部培养；二是金属物理实验室的实验技术和实验室建设；三是研究室的研究工作，特别是内耗理论及其应用的研究。
>
> 在培养干部方面，葛先生邀请所内外专家学者，举办了一系列学术讲座，组织了很多专家讲座，其中有面向全所的，也有专

门针对本研究室的，例如，南开大学陈仁烈教授讲"金属电子论"，中科院力学所胡海昌教授讲"弹性力学"，兰州大学张宏图教授讲授A. Seeger的《晶体的范性及其理论》；所内专家分章节讲授乌曼斯基的《金属物理学基础》，葛先生亲自讲授"位错理论"等等；此外还有英语、德语等外语学习班。

葛先生主持培养干部的工作非常有计划和针对性，通过上述系统讲座，极大地提高了我们的基础理论水平，对于后来的工作非常有益。他自己不但亲自参加讲座，而且认真记笔记。在张宏图教授讲课期间，他刚动完漏疮手术，但是仍坚持听课。他那倾斜着身体侧坐在椅子上、边听讲边记笔记的形象，至今还留在许多人的脑海中。

葛先生要求听课的人必须参加考试，并且张榜公布考分，甚至李薰所长和一些老专家也不例外。当葛先生自己讲课时，更显示出他的认真和严谨作风，板书工工整整，毫不零乱，物理概念交代得非常清楚，深入浅出，学员反映最爱听葛先生讲课，多么深奥的理论也容易理解。

在内耗研究方面，重点是研究位错内耗和用内耗方法研究范性形变和疲劳过程的物理本质；在辐照效应的研究方面，除了开展实验和理论的准备工作，还到原子能研究所进行调研并商谈合作。在这一段时间，关于反常内耗，即非线性滞弹性内耗的研究有了突破性的进展，葛先生为此极为满意。

在实验技术方面，根据"一主两翼"的需要，从低频（扭摆）、声频、超声频（几十千周），直至兆频超声衰减的各个频段的内耗测量装置，以及疲劳内耗仪和形变过程内耗测量装置等先后建立起来，积极吸收先进技术，与东北工学院自动控制系合作研制超声衰减内耗仪和能在反应堆热室中工作的遥控内耗测量装置。

令人遗憾的是，这仅仅是风暴来临之前一段极其短暂的风和日丽的日子，不久就发生了政治风向的骤变，接下来的"十年浩劫"，使这个初见规模、功能相当完备的内耗实验室遭到彻底破坏，葛庭燧心目中那只科学大鸟刚刚孵出就夭折了。

改革开放后的1979年，葛庭燧带着当年的学生李广义、孙宗琦和张进修到前西德进行内耗合作研究，先后参观了前西德、法国和瑞士的几个内耗实验室。看到这些国家的内耗设备大多数采用计算机控制，自动化程度很高，葛庭燧不无感慨地说："我们当年的内耗实验室要是坚持下来，不断发展，现在不见得比他们差！"

在场的随从人员都能够体会到葛先生内心的感受，葛庭燧当时要求他们回国后一定要研制出一台先进的扭摆装置。经过两年多的努力，中国第一台全自动真空倒扭摆研制成功，并获得1984年度中国科学院重大科技成果奖一等奖，葛庭燧建设现代化内耗实验室的理想最终在固体物理研究所变成了现实。

# 第二十三章  那段不堪回首的往事

## 一、从"红色科学家"到阶下囚

"文化大革命"爆发了,这一次,没人再来拯救葛庭燧,此时就连张劲夫也成了被打倒的"走资派"。葛庭燧和谭丙煜最先成为大字报的炮轰对象,他们被指为典型的"反动学术权威",从而揭开了金属研究所"文化大革命"的序幕。

运动的风向又很快转向批斗"党内走资本主义道路的当权派",造反派宣布,"反动学术权威"已经成了"死老虎"。但是,"死老虎"还是被打倒的"老虎",依然是群众斗争的对象,葛庭燧每天中午被逼在毛泽东像前鞠躬请罪。

始于1966年的"无产阶级文化大革命",确如那个年代对于这场运动的标准定语所言之——"史无前例"。这场运动之所以被冠以"文化革命",是因为最初的矛头指向了"资产阶级反动学术权威",而事实上,难以计数的受害者已经不仅仅局限于学者,还包括老一代的职业革命家和各级干部。

"两弹一星"的非凡成果都诞生在20世纪60年代,期间的中国曾历经"史无前例"的"文化大革命"。当绝大多数的知识分子遭逢厄运的时候,从事"两弹一星"研制的专家们,因为国防科技的需要而获得了难能可贵的特殊保护,并得以施展自己的才能。

然而,这种保护也并非万无一失。

清华校友、堪称中国"人造卫星之父"的气象学家、地球物理学家和空间物理学家赵九章先生,在1968年服安眠药自杀身亡,而他至死都念念不忘的中国第一颗人造地球卫星,在他自杀一年半之后发射成功。火箭金属材料专家姚桐斌,在赵九章自杀之前4个月被"造反派"用铁棍毒打致死。而中国老一代物理学家饶毓泰先生则比赵九章提早10天悬梁自尽。

1957年10月和11月,苏联相继发射了世界上第一颗和第二颗人造地球卫星，在第二颗卫星上，有一只叫做"莱卡依"的小狗在实验任务完成后被毒药人道毁灭，而赵九章却成为中国第一颗人造地球卫星的殉葬品。

这几位精英人物的命运是中国物理学界莫大的悲凉，令人慨叹不已的是，中国的"人造地球卫星之父"赵九章死于1968年10月26日，而在此前不到1个月，发给他的国庆招待会邀请函被造反派扣押。赵九章和姚桐斌的死都曾引起周恩来总理极大的震惊，而在这两人死去11年之后，他们被追授"两弹一星"功勋奖章。

和那些惨死的物理学家相比，葛庭燧是十分幸运的。也许是因为东北最大的城市沈阳毕竟远离北京那样的政治风暴中心，但葛庭燧因涉嫌"CC特务"而受到11个月的关押和审查，他写的交代材料有一尺多厚。在失去自由的时候，葛庭燧在身体上、精神上和人格上都遭受了沉重打击。

葛庭燧在1968年9月开始的"清理阶级队伍"运动中被"隔离审查"，当时和他关在一起的，还有研究室里同样涉嫌"外国特务"的泰国归侨李柏年先生。有一次，他们两人被工人造反派强迫弯腰，然后用棍子打腿，葛被打得站不住就摔倒跪下。后来葛庭燧曾经问李柏年："用棍子打腿的时候你为什么没摔倒？"李柏年回答："我把腿弯一些就不会摔了。"那一次，造反派们还强迫葛庭燧和李柏年互相打耳光，因为葛庭燧个子高，李柏年只能跳起来才打得到葛庭燧的脸。

有一天，一个叫做"硬骨头"的派性组织在金属研究所木工厂批斗葛庭燧和李柏年，并让研究室人员参加。批斗会上，主持人问李柏年在关押期间与葛庭燧都谈了什么，李柏年如实讲出如下的话：

李："老葛，你要是当年不从美国回来，今天就不会受这份罪了。"

葛："我不后悔回国，就是死，我这把老骨头也要死在祖国。我是属牛的，性格的确倔强得像牛。我认准的路，就坚决走到底，所追求的目标，一定要实现，决不半途而废。"

杨振宁在看望身患癌症的老同学邓稼先时问"两弹元勋"的奖金是多少，邓夫人答："10元"。邓稼先补充了一句："准确地说是20元，原子弹10元，氢弹10元。"对于那个年代的中国科学家来说，成就不是用获奖来衡量的，也不是用奖金来衡量的。邓稼先逝世之后，国家有关部门连同原子弹、氢弹、中子弹和其他的几个神秘武器又奖给邓稼先在天之灵1000元，家属全捐给研究院科技奖励基金会了。

关于那一代知识分子的历史命运和价值观的比较，有许多典型的理

论。比如,有人将杨振宁与邓稼先作比较,将吴大猷、任之恭与钱三强、王淦昌作比较,从个人的事业、生活与财富的角度,这种比较的结果不言自明;还有人用"愚忠"的理论来解读那一代许多海外归来的知识分子执迷不悔的态度,但是,这种比较至少是缺少对中华民族性格的基本常识的。

因而,葛庭燧与何怡贞对于自己当年的选择始终无怨无悔,其中的含义同样是非常深刻的。他们从精神上、理性上到肉体上都经受了苦难,也忍受了苦难,最终理解与宽容了苦难,这是因为他们对于祖国的认识是在更宽广意义上的。诚然,议论命运选择的是是非非是不明智的,但是在他们的心目中,如果苦难是祖国的富强不可逾越的过程,那么,苦难的祖国是需要有人为之献身、为之付出代价的,这就是无悔的理由。

## 二、令人遗憾的"结论"

在隔离审查期间,葛庭燧听说妻子要去盘锦劳动,他不知妻子此去何时归,便开列了一个所需用品的清单,上面列出 50 多种生活用品。

葛庭燧当时被隔离审查是所谓的"CC 特务"案,系抗日战争时期冀中根据地熊大缜案所牵连。在公安机关保留的 20 多年前的"熊大缜交代材料"中,熊大缜"供述"葛庭燧是参与冀中地雷战"CC 特务"团伙的"技术负责人"。葛庭燧也是在此时才得知,当年的清华校友和冀中军区供给部长熊大缜原来是"CC 特务",并且供出他是"同伙"。

这里有一个重要的细节,当时负责外调此案的人,曾经找到当年冀中军区负责人之一孙志远,曾经在清华大学与葛庭燧同窗的孙志远作证葛庭燧是清白的。然而,令人意外的是,葛庭燧没想到后来研究所中又有人揭发他是"苏修特务",因此而被推迟"解放"。

隔离反省一年之后,葛庭燧于 1971 年 5 月 26 日被宣布"解放"。那天晚上 5 时,金属研究所召开全所大会,宣布了"对葛庭燧同志解放的决定"。当时的驻研究所工宣队,专门派人到葛运培和葛运建工作和下乡插队的地方,将姐弟两人找回来参加大会,还叫来了葛庭燧在沈阳的两个侄子葛运墀、葛运佳"接受教育"。

晚上 8 点至 10 点 30 分,在葛庭燧家里举办家庭毛泽东思想学习班,参加人员包括所革委会主任、军代表杨主任、连长、连指导员、工宣队张队长、工宣队员、连党支部委员等 7 人。这里所说的"连",是指葛庭燧所在的金属研究所第一研究室,当时全国绝大多数单位都改成了军队建制。

葛庭燧在"解放"出来之后对他的侄子葛运墀说,在隔离审查期间,一天有4个军官和他谈了6个小时,这几人都是高级军官,在"文化大革命"前的军衔都是大校。即便是在这个时候,葛庭燧依然相信自己能够得到党的信任。有一次他和葛运墀说:"我对党一直有坚强的信心。"

调查专案组走了大半个中国,调查结果全部是正面材料,证明葛庭燧是爱国的——在美国组织过学习毛泽东著作《新民主主义论》,在芝加哥庆祝中华人民共和国成立的集会上和国民党特务斗争,坚持要挂五星红旗,打电报祝贺新中国。

1978年由中共沈阳市委科技部出具审查结论,宣布对葛庭燧"解除怀疑"。一个冒着生命危险闯过日寇重重封锁线的热血青年,在为冀中地雷战和八路军无线电台建设做出重大贡献之后,竟然被当做"间谍"和"特务",而最终所得的一纸结论竟然只是"解除怀疑"!这份结论全文如下:

### 葛庭燧同志的审查结论

葛庭燧,曾用名何普,男,一九一三年生,家庭出身中农,本人成份科学工作者,原籍山东蓬莱县。一九五零年一月参加革命工作。文化大革命前任中国科学院金属研究所副所长,现任中国科学院金属研究所副所长。

文化大革命中据被我镇压的一个特务的口供说"葛庭燧是潜入我冀中解放区的CC特务组织的成员",因此,对其产生怀疑。经查,葛庭燧同志于一九三八年冬为抗日协助我根据地解决技术器材和资料,在我党地下组织的带领下由北京去过冀中解放区一次,约半个月的时间即返回,没有其他问题。故解除对葛庭燧同志的怀疑。

中共沈阳市委科技工作部
一九七八年四月二十八日

这份结论的原件一直被葛庭燧保存着,这是一张普通打字机打印并盖有红色圆形公章的白纸,然而,这张薄薄的纸片却足以证明他政治历史的清白,而最终的结论仅仅是"解除怀疑",在这份原件的下方,由葛庭燧本人签署了"同意"二字。

从笔迹上看,这两个字写得从容而工整,世人已经无法揣摩和猜测葛庭燧当时签上这两个字时的心情,他激动了吗?他感动了吗?他流下热泪

了吗？他眉头紧锁了吗？他的心隐隐作痛了吗？一切都已无从得知，我们想知道的一切都包含在"同意"二字之中。

在这之后，从来也没有人对于葛庭燧那段革命历史再次做出公正的结论，就当时的葛庭燧而言，这样的结论已经让他很满意了，尽管他对于"极左"年代的很多事情难以理解，并且困惑重重。早在20世纪50年代初期"三反五反"运动中，他在清华大学任教授期间，曾在北京东单参加过工作组，当时他曾经十分感慨地对侄子葛运墀说："那时人的权力怎么那么大？工作组认为有问题的拉出去就毙了。"

那份审查结论中提及的"被我镇压的一个特务"指的就是熊大缜，熊大缜案后来于1986年8月20日由中共河北省委予以平反。尽管如此，熊大缜案依然留了一个隐形的尾巴——这位领导过冀中地雷战的抗日英雄却不能作为烈士，只算作殉职，原因是死于自己人手里。

# 第二十四章 漩涡中的命运扁舟

## 一、违心放弃内耗专业

"文化大革命"所带来的灾难性后果不仅仅殃及千千万万的个人，作为中国金属科学研究重要基地的金属研究所也险些被迁往"靠山、分散、隐蔽"的"三线"。"三线"建设是当时根据所谓的"战备需要"而实施的一项大规模搬迁，许多重要企业和科研机构在此时被迁往湖北、四川等地的大山深处。

早在"文化大革命"开始之前，陆续有科研人员被派遣到农村落户，"文化大革命"之际，"革命委员会"掌管了研究所大权并实施"军管"。"军管"是"文化大革命"时期继"工人阶级占领上层建筑"之后的又一项重大举措，其用意显然是利用军队的独立性来取代"工人阶级"的"派性"。实行"军管"的最主要特征是派驻军宣队，军代表成为主要领导人，各研究室也按照军事系列编成连队建制，比如研究金属材料的研究室就叫做"材料连"。

有一次，上级"军管"部门曾经强令将一些仪器设备移交企业。如果按照那份清单移交设备，金属研究所的科研事业将会遭到毁灭性打击，科学家们内心悲愤交加，尽管在他们的努力下，最终以拖延的方式避免了这场灾难，但是整个研究所的科研工作已经荡然无存。

在20世纪70年代初，葛庭燧因双眼白内障做了手术，虽然手术效果良好，但眼睛却因此失去了自动调节功能，看远处和近处的东西必须戴两副不同的眼镜，最让他感到痛苦的是，这将给他的科研工作带来极大的困难。

1971年11月，日本材料科学家桥口隆吉致信葛庭燧，问及他是否依然在搞金属内耗研究。当年，郭可信研究员赴巴黎参加一个关于钢中含氢的学术会议时，与会的美国科学家纷纷询问葛庭燧的近况，然而，葛庭燧的研究工作已经被迫停止多年。

事实上，在20世纪70年代开始的时候，金属研究所的科研工作已经开始逐步恢复，主要是适应当时的重要企业生产所需。当时的所领导曾经向葛庭燧提出了三个工作选择方案：①内耗研究；②无损探伤检验；③金属强度。当时葛庭燧明确表示不愿再搞内耗研究，其理由是时间、地点等条件的限制。

关于时间和地点的限制，其实只是一种委婉的说法，其真正的理由是，当时研究所已将原来从事理论研究的部门撤销，人员并入其他部门，葛庭燧深知，进行纯理论研究的可能已经不复存在。关于此事，葛庭燧在1972年11月7日的工作笔记中"关于我的工作安排的分析"中写道：

> 自从1971年2月16日所里体制调整，把原一连的"理论联系实际闯新路"班并入材料连以后，我在金属所进行理论工作的可能就已经消失了。把理论班子连根拔掉，原来的214实验室也收了摊子。
>
> 我在班里的一次座谈会上谈过，这倒使我放下了包袱，因为在过去二十年来，金属所的理论班子是因人设事为我开设的，这个班子经历了几次大变故，经历了从反右派以及大跃进形势，现在终于解散了，这使我反而有了一身轻之感。从此以后，我就完全没有考虑在金属所再进行理论研究工作，这一方面是由于自己的认识，一方面也是由于外部条件所促成。

这里所说的"一连"，就是金属研究所的第一研究室，葛庭燧在"文化大革命"之前一直是这个研究室的主任，所说的"班"，就是原来的课题组，这段分析充分体现了葛庭燧当时内心的苦闷与无奈。

## 二、思想痛苦与专业痛苦

20世纪50年代归国之初，葛庭燧豪情满怀地渴望用自己在美国所学的知识和研究成果，致力于在新中国的土地上赶超世界先进水平，并根据自己的设想提出了"赶超论"和"为国争光论"。然而，这些想法在"文化大革命"时期又被他自我否定，他在1972年1月27日写给周培源的信中表达了当时的思想状态：

> 我1949年由美国回国以来，一直愿望能够在新中国的土地上，在新中国自己的实验室里，由新中国自己培养出来的人作出超过世界科学先进水平的科研成绩来，我提出了一种"三脱离"

的"赶超论"和"为国争光论",现在看来,这实际上是"唯生产力论"在科研工作中的翻版。

多少年来,资产阶级"学者"制造了一种假象,科学是少数具有"科学本能"或"直觉才能"的科学家制造的,他们鼓吹"专家至上"、"理论至上",把一部科学史写成是几个科学家活动的历史,而劳动人民从实践中创造科学的伟大功绩却被一笔抹煞,这种历史的颠倒必须再颠倒过来。

"为国争光论"是完全建立在个人奋斗基础上的,因而是永远不能实现的。我们在自然科学上是走迟了一步,但是从整个历史年代看来,这并不是什么了不起的大事,重要的是向前看。

中国现在已经成为了世界革命的根据地,全世界人民都在从伟大领袖毛主席的教导和中国革命与建设事业的成就中汲取力量,中国的科学工作者也应当通过自己对于毛主席著作的学习和在毛泽东思想指引下进行的科学工作,给全世界的科学工作者做出榜样。

这是在当时的历史条件下,一个始终笃信毛泽东时代政治理想的知识分子的典型观念,表现了那一代知识分子的自我抗拒和思想改造的复杂心理,同时也反映了当时"世界革命中心论"在中国一代学者心目中的巨大影响。

葛庭燧在1972年的一篇日记中写道:

> 通过无产阶级文化大革命,我认识到过去搞了二十多年的"金属力学性质"是脱离实际的,是脱离了我国的社会主义建设实际的,这种搞法是离开了生产实践,对于材料的使用的观点来研究金属的力学性质与其内部微观结构的关系,因而是"学院式"的研究。

那是中国科学史上最阴冷的一段岁月,基础理论研究已经完全被视为理论脱离实际。葛庭燧已经心悦诚服地相信,过去所做的一切都是执行了"修正主义科研路线",而自己在"文化大革命"后期能够参与一些军工企业的技术攻关,完全是"接受工人阶级的再教育",就此,时代悲剧的巨大阴影已经不可避免地笼罩了一切心灵。

然而,作为一个科学家,葛庭燧内心中的困惑并没有消失殆尽,他曾在1972年的一篇日记中写道:

> 我的基本训练是物理学,属于基础理论研究,过去虽然也想

理论联系实际，但效果上总是"牵强附会"，这主要是我的世界观未得到改造，但客观的条件也起了促进作用。

在矛盾重重的心理中，葛庭燧将这种困惑归于金属研究所的工作属于工科范围，而自己的专业是纯粹的理论研究。他曾说："我在中国科学院属于物理数学化学部，而金属所归属技术科学部。"因此，葛庭燧曾经以有利于革命工作需要的理由，向所里提出调动工作。

1972年11月3日，他分别致信北京钢铁学院教授顾静徽和她的丈夫——时任中国科学院物理研究所所长的施汝为，他们夫妇曾经是葛庭燧在清华读书时的老师。葛庭燧在信中对施汝为和顾静徽以兄嫂相称，提出自己和何怡贞在金属所已经是学非所用，请求他们帮忙，到中国科学院物理研究所或力学研究所工作。

谈到中国最早一代女物理学博士的历史，顾静徽（1900～1983）堪称有据可查的第一人。顾静徽早年父母双亡，1923年在上海大同大学考取留学美国公费生。1926年在康奈尔大学获学士学位，1928年在耶鲁大学获硕士学位，1931年毕业于密歇根大学研究院，获物理学博士学位，从事光谱学研究。

顾静徽是中国物理学教育的一代名师，特别值得指出的是，她是吴健雄的老师。可以设想，当年的王明贞与何泽慧学物理专业分别受到诸如吴有训和叶企孙这样泰斗级大师的阻挠，而顾静徽恰恰在这时指引了吴健雄的成才之路。作为"世界物理女王"的恩师，仅仅凭借这一点，顾静徽的历史地位就已经至高无上了。

顾静徽的丈夫施汝为也是著名的物理学家，中国近代磁学的奠基者和开拓者之一，在铁磁合金和磁铁矿的磁晶各向异性、磁畴观察研究和铝镍钴系永磁合金磁性改进等方面做出了重要贡献。施汝为分别于1931年和1934年在美国伊利诺州立大学和耶鲁大学获硕士学位和博士学位。

施汝为早年建立了中国第一个磁学研究实验室，开始了国内最早的物质磁性研究工作，并发表了中国近代第一篇磁学研究论文《氯化铬及其六水合物的顺磁磁化率的测定》。后来，他长期担任中国科学院物理研究所所长，为中国磁学研究和物理学研究事业的发展做出重要贡献。

# 第二十五章　科学春天真的来了

## 一、一个诗人的拥抱

中国的改革开放政策从 1978 年年底才正式开始，然而，这次新的历史变革在当初并不可能立即显示出强大的威力和辉煌的前景，而且，此时头脑清醒的人都意识到路途的坎坷，因而它被当时的主流舆论称为"新的长征"。

然而，科学的春天这一次真的来了。

1978 年 3 月 18～31 日，全国科学大会在北京召开。在那次大会上，邓小平做了讲话，他的讲话澄清了两个重大的理论问题：科学技术是生产力；科技工作者是劳动者，是工人阶级的一部分。

这是两个关系到马克思主义基本原理的重大理论问题，邓小平对于这两个著名论断的解释是这样的：

> 大家知道，生产力的基本因素是生产资料和劳动力。
> 
> 科学技术同生产资料和劳动力是什么关系呢？历史上的生产资料，都是同一定的科学技术相结合的；同样，历史上的劳动力，也都是掌握了一定的科学技术知识的劳动力。我们常说，人是生产力中最活跃的因素。这里讲的人，是指有一定的科学知识、生产经验和劳动技能来使用生产工具、实现物质资料生产的人。
> 
> ············
> 
> 承认科学技术是生产力，就连带要答复一个问题：怎么看待科学研究这种脑力劳动？科学技术正在成为越来越重要的生产力，那末，从事科学技术工作的人是不是劳动者呢？
> 
> 在剥削阶级统治的社会里，有各种各样的脑力劳动者。有些人是完全为反动统治阶级服务的，他们同从事体力劳动的劳动者处在对立的地位。但就在那个时候，也有很多从事科学技术工作

的知识分子，如同列宁所说，尽管浸透了资产阶级偏见，但是他们本人并不是资本家，而是学者。……

在社会主义社会里，工人阶级自己培养的脑力劳动者，与历史上的剥削社会中的知识分子不同了。……他们的绝大多数已经是工人阶级和劳动人民自己的知识分子，因此也可以说，已经是工人阶级自己的一部分。他们与体力劳动者的区别，只是社会分工的不同。从事体力劳动的，从事脑力劳动的，都是社会主义社会的劳动者。

…………

"四人帮"把今天我们社会里的脑力劳动与体力劳动的分工歪曲成为阶级对立，正是为了打击迫害知识分子，破坏工人、农民和知识分子的联盟，破坏社会生产力，破坏我们的社会主义革命和社会主义建设。

邓小平的语言极其简要和通俗，从刚刚回到新中国的时候就始终困扰着葛庭燧的那个疑惑终于有了答案。在此之前，所有的知识分子都把自己看做是与工人阶级、农民阶级等劳动者阶级对立的，是需要接受"社会主义改造"的对象，这当然不是他们情愿的事情，因为，当时对马克思主义的理解，是把体力劳动者当做劳动者，此外都是不劳而获的剥削阶级。

然而，在刚刚过去的十年中，许许多多优秀的知识分子没有等到这个春天的来临，没有机会听到这么通俗易懂的讲话。

郭沫若在大会上的讲话则更富于诗人气质，人们印象尤深的是这位《地球，我的母亲》的作者在讲话结尾部分欢呼雀跃的声音：

我的这个发言，与其说是一个老科学工作者的心声，毋宁说是对一部巨著的期望。这部伟大的历史巨著，正待我们全体科学工作者和全国各族人民来共同努力，继续创造。它不是写在有限的纸上，而是写在无限的宇宙之间。

春分刚刚过去，清明即将到来。"日出江花红胜火，春来江水绿如蓝。"这是革命的春天，这是人民的春天，这是科学的春天！让我们张开双臂，热烈地拥抱这个春天吧！

## 二、关于科学的反思

其实，这个春天并不是突如其来的。

在全国科学大会召开半年之前的1977年8月4日，邓小平在人民大会堂亲自提议召开并主持了全国科教工作座谈会，与会的有吴文俊、邹承鲁、马大猷、王大珩、周培源、苏步青等科教界30位专家，邓小平恢复工作后第一件事就是抓科教。

这次会议有两个细节值得注意：一是与会者不分尊卑围坐一圈；二是邓小平出席了5天中的全部会议，并不停地插话。这次会议是全国科学大会的先声。原国家科委副主任吴明瑜比喻说："如果说1978年的全国科学大会预示着科技春天的到来，那么这次会议就是春天前的惊雷。"

《科技日报》所载《回眸，那个春天——记1978年全国科学大会召开的前前后后》一文，披露了从"文化大革命"到全国科学大会召开这一段中国科学的悲怆史：

> "文化大革命"的起源就是从打倒反动学术权威开始的，所以才称之为"文化革命"。其理由是极端错误和荒唐的"两个估计"——1971年8月13日的《全国教育工作会议纲要》中称，在1966年文化大革命开始以前的17年间，教育战线是资产阶级专了无产阶级的政，是"黑线专政"；大多数知识分子的世界观基本上是资产阶级的，是资产阶级知识分子。
>
> 根据"两个估计"的定调，中国大地上诞生了许多荒谬绝伦的惨案和奇谈怪论，其中最著名的就是"臭老九"这个称呼，成为知识分子的代名词。这种说法出自当时的一个专政改造对象排名：地、富、反、坏、右、叛徒、特务、走资派八种人之后，知识分子排名第九。
>
> 一个权威数据显示，从1966年5月到1968年底，中科院在北京的171位高级研究人员中有131位先后被列为打倒和审查对象。全院被迫害致死者共229名。上海在科技界制造的一个特务案，株连了14个研究单位，1000多人。受逼供、拷打等残酷迫害的科技人员和干部达607人，活活打死2人，6人被迫自杀。此外，难以计数的科技人员被下放到"五七干校"，其中最著名的例子就是著名科学家童第周打扫厕所，被戏称为"斯文扫地"。
>
> 那个年代的许多荒唐口号已经达到了虚妄与狂妄的极致，比如陈伯达所说的"要把牛顿、爱因斯坦远远抛在后面"，中科院革委会专门设立了滑天下之大稽的"相对论批判办公室"，并出版刊物。上海市科技革命大批判写作组把爱因斯坦称为"自然科学中最大的资产阶级反动学术权威"，"是自觉地充当资产阶级恶

毒攻击马克思主义的科学喉舌"。

"知识越多越反动"、"卫星上天，红旗落地"、"科技系统知识分子中的特务不像果树上的苹果一个一个的，而是像香蕉一样是一串一串的"、"科技界有六多：知识分子多，统战对象多，进口货多，特务多，集团案件多，现行反革命多"，这些"至理名言"已经为那个年代的人们耳熟能详。

对于葛庭燧来说，经历了50年代"反右"斗争的萧瑟秋天，经历了10年"文化大革命"的严冬，再也没有什么样的温暖感觉，能够让他如此幸福地呼吸着这个科学春天清新的气息。由于国防工业的需要，金属研究所在"文化大革命"期间曾经划归国防科委领导，后来又归属冶金工业部，这使得一些知识分子得以在"文化大革命"中期重获工作的机会，然而，直至70年代末，捆绑着葛庭燧的精神枷锁才真正被砸碎。

葛庭燧科研生命的春天真真切切地到来了，尽管这时他已经年近七旬，早已过了退休的年龄。犹如一棵具有古老生命的枯树发出新芽，他焕发出从未有过的活力，即便是在40年代的美国，抑或是50年代初的新中国时期都无法比拟他对科学的珍视与钟情。

# 第二十六章 一个人工小岛上的科学梦

## 一、董铺岛的历史命运

1979年12月,葛庭燧实现了他毕生的追求——成为中国共产党党员。他在那一年的12月9日填写入党志愿书,两天后便由党支部大会通过,12月24日被研究所党委批准。此刻距离他离开美国回国,已经过去了整整30年,有生以来梦寐以求的理想,竟然在15天内变成现实,如此戏剧性的事实让葛庭燧有亦真亦幻之感。

事实上,早在20世纪30年代的"一二·九"运动期间,葛庭燧本来已经可以入党,但当时的地下党组织出于对他的保护而暂缓此事。1952年,葛庭燧再次填写入党志愿书,不知何故未获批准,就后来发生的事件来看,这与当年冀中军区的"熊大缜案"有关。此后,葛庭燧不仅距离中共的大门越来越远,而且还在"反右"中被内定为"右派",受到控制使用。

然而,葛庭燧对于在66岁高龄才迟迟实现加入中国共产党的梦想有自己的另一番反思:"我原来虽然有一种朴素的爱国主义思想,但还没有当一个共产党员的决心。我身上曾一度背着两个包袱,一个是进步的包袱,一个是专家的包袱,所以我没有能尽早地投入到党的怀抱。直到1979年,才解决了组织问题,我在入党志愿书上是这样写的——余生交给党安排。"

1978年6月,葛庭燧参加了以中国科学院党组书记李昌为团长的中国科学院代表团,到荷兰和前联邦德国访问了38天,这次访问使葛庭燧与国外同行中断了20多年的交往得到恢复。

1979年5月,葛庭燧应联邦德国马普学会金属研究所所长塞格尔教授的邀请,作为访问教授,率三位弟子到斯图加特,与塞格尔教授进行关于位错内耗的合作研究,时间长达一年多。

1980年9月,中国科学院领导决定调葛庭燧去预定的全国第二个科

1979年，联邦德国塞格尔教授在金属研究所讲学，葛庭燧（右）翻译

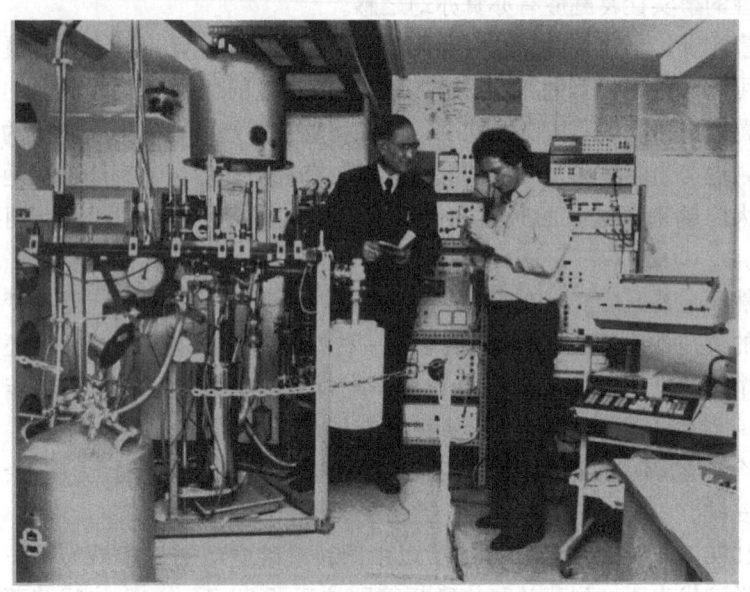

1979年，葛庭燧（左）在联邦德国马普所工作

研基地——合肥董铺岛，担任中国科学院合肥分院副院长，负责筹建固体物理研究所。当时，他刚从法国归来5天，那是他应法国国家大学部的聘请，到里昂国家应用科学院讲学一年，并担任一级教授，这是中国科学家第一次荣获这一至高荣誉。

在此期间，他与何怡贞先后去英国、挪威、日本、意大利、瑞士、奥地利、美国等国家访问和讲学，参加了全欧第三、第四、第五次和国际第七、第八次固体内耗与超声衰减学术会议。这次出国访问之前有一个十分惹人注目的细节，何怡贞坚持不以夫人的名义出访，否则她就拒绝成行，表现了她作为科学家的独立人格与尊严。

在访问瑞士高等技术工业学校时，该校的古底哈特博士说："我应该称葛庭燧为祖父，因为我的老师是学了葛庭燧的一套东西才入了内耗的门，所以我是孙辈。"

在这一段时间还有一个重要细节值得注意：当时的安徽省委书记张劲夫对葛庭燧有知遇之恩。早在1957年"反右"斗争开始时，就是时任中国科学院负责人的张劲夫带着毛泽东主席的指示亲临沈阳，才使葛庭燧没有被打倒和揪斗。在合肥，老朋友相见分外亲热，张劲夫提出，希望葛庭燧出任安徽大学校长，但被葛庭燧谢绝，他表示希望在岛上创业，继续他的金属内耗研究。

从芝加哥到北京，从北京到沈阳，从沈阳到合肥，这就是葛庭燧在四个不同的金属物理研究所创业的曲折轨迹。然而，自从第二次世界大战后离开MIT辐射实验室，他再也没有离开过金属内耗的研究，期间，他与夫人虽然最先向国内介绍和开创了纳米、声发射和全息摄影等国际最新科技成果，但他依然心无旁骛地专注于自己的专业研究。

被誉为"科学岛"的董铺岛三面环水，围绕着一个巨大的人工水库。岛的原址是一个小高地，1956年在此修建董铺水库（即蜀山湖），形成了一个小半岛，董铺岛也因此得名。这里曾经是当时的安徽省委书记曾希圣战斗过的地方，曾希圣以召开中共"九大"为名目，决定在此为中央主要领导人修建别墅。事实上，当时除了安徽之外，山东等省的领导人也纷纷在为毛泽东修别墅。

早在1958年，1号别墅就在董铺岛的最东面开始兴建，面积大约5000平方米，分为主楼和辅楼，据说楼内开间很大，隔层效果极佳，冬暖夏凉。至后来工程停顿时，1号别墅已具雏形。岛上建了3栋别墅，分别命名为1号、3号和6号，是为毛泽东、周恩来、邓小平三人所建，三个别墅的代号是这三位中国领导人的排序。

20世纪60年代初，激光科学的问世致使中国科学院开始筹建激光基地，并将此项目列入第三个"五年计划"。1965年1月组建的董铺基地工程筹委会，从空军部队和坦克部队挑选几百名优秀技工复员至此，同时调集了科技人员，并招收一批大学毕业生。1967年，毛泽东和周恩来指示

在董铺基地建设光学研究院,并列为国家重点工程。

## 二、董铺岛变成"科学岛"

刚刚踏上董铺岛的葛庭燧已经67岁,在中国绝大多数的男性职业生涯中,他早已过了退休年龄。从追随甄纳教授创建芝加哥金属物理研究所开始,这是他最后参与创建的一个国家级的研究所,在沈阳金属研究所担任了近20年的副所长之后,这是他第一次担任一所之长。

新的实验条件和技术日新月异,为固体物理不断开拓出新的研究领域。极低温、超高压、强磁场等极端条件、超高真空技术、表面能谱术、材料制备的新技术、同步辐射技术、核物理技术、激光技术、光散射效应、各种粒子束技术、电子显微术、穆斯堡尔效应、正电子湮没技术、磁共振技术等现代化实验手段,使固体物理性质的研究不断向深度和广度发展。

由于固体物理本身是微电子技术、光电子学技术、能源技术、材料科学等技术学科的基础,也由于固体物理学科内在的因素,固体物理的研究论文已占物理学中研究论文的三分之一以上。同时,固体物理学的成就和实验手段对化学物理、催化学科、生命科学、地学等的影响日益增长,正在形成新的交叉领域。

葛庭燧在这个荒凉的岛上提出了一个颇具那个年代风格的政治口号——"摸爬滚打、勤俭建所"。然而,这个口号的含义确实是非常形象和具体的,他的工作甚至包括亲自动手粉刷实验室、砌实验台和研制仪器设备。他的身上积聚着一股巨大的热力,这种燃烧一般的热情甚至不亚于当年把芝加哥那个体育馆的地下室改做实验室的日子,他经常工作到深夜还不知疲倦。

姜文学先生在1982年10月从沈阳调到董铺岛,担任固体物理研究所办公室副主任,主管人事工作。他在回忆建所初期的岁月时说:"那时候条件很艰苦,边建所边搞科研。那时我们白天不开任何会议,所有会议都是在晚上开,白天照样上班。我记得当时的研究所筹建小组会议,一开就到半夜,连开水都喝不上。当时我经常陪同葛先生去见省市领导,也都是晚上去,常常半夜三更才回到岛上。"

以葛庭燧的工资水平,他当时是岛上最富有的人,因此,研究所请来的客人常常是他自己掏钱请吃饭,他把研究所当成一个大家庭,而他是一家之长。有一次,葛庭燧请程开甲院士来研究所讲课,程先生拒绝了葛先生请吃饭，而是和秘书自己动手煮面条，他对葛先生说，老朋友之间就不要讲排场和客气了。

葛庭燧经常举这个例子教育年轻人："程先生是为国家吃过苦的人啊！你们知道程先生的经历吗？他曾在英国爱丁堡大学留学，获博士学位后任英国皇家化学工业研究所研究员，是我国第一个计算出原子弹爆炸弹心温度和压力的人，是我们国家重要的科学家，是从事原子弹研制的新疆永红部队的副司令！"

建所之初，最让葛庭燧焦急的是早些开始搞科研、早出成果。因此，他对全所提出的要求是：少大吃大喝，少买小汽车，少讲排场，省下钱来用在科研上。当时的中国科学院合肥分院在合肥市内为葛庭燧与何怡贞夫妇安排了一套住房，但被葛庭燧婉言谢绝，他们夫妇坚持住在岛上。

## 三、联合开放实验室的"双子星"

固体物理研究所的金属内耗实验室很快跻身国际先进水平。

1985年8月，中国科学院批准在这个实验室的基础上，建立由葛庭燧任主任的"内耗与固体缺陷开放研究实验室"，成为中国内耗研究中心和中国物理学会内耗与超声衰减专业委员会挂靠单位，是中国对外开放的17个实验室之一，也成为国际上几个大的内耗研究中心之一。仅仅1年之后，这个研究集体的"晶粒间界内耗研究的新进展"系列论文13篇，获得中国科学院科技进步奖一等奖。

1987年，葛庭燧根据科学院"院校结合、所系结合、发挥优势"的精神，勇于实践，提出了一个大胆的新方案，即在中国科技大学也成立一个内耗实验室，作为开放实验室的一部分，由固体物理研究所和中国科技大学联合管理。

1990年2月10日，经中国科学院批准，这个联合开放研究实验室正式成立。这两个室都是研究实体，分别由副主任在主任的领导下进行工作，并统一制定研究计划，研究方向各有侧重。

中国科技大学的实验室主要进行高温超导内耗、磁通钉扎机制以及超声衰减的研究，由固体所调去有多年内耗研究经验的助理研究员、博士以及技术人员进行筹建，经过两年多的艰苦奋战，将500平方米的实验室安装就位，装备了测量内耗和超声衰减整个频谱的测量装置及电阻及磁化率的低温测量装置。

开放室实验室在中国科技大学的部分，充分利用了中国科技大学关于

高温超导、低温测试、超声衰减以及多学科的广泛研究基础,这和开放实验室在固体所的部分原有的传统课题相结合,形成了更为完备而又强有力的体系。一套体现竞争精神的严格的管理条例、规章制度,保证了研究工作高效率地进行。有人做了这样一个形象的比喻:"如果把科大和固体所的两个内耗实验室比做一对双子星,那么,联合开放研究实验室正是在围绕着繁荣科学、振兴中华这一轴心而飞速运转着。"

开放实验室有个不成文的规定,即新参加工作的同志,必须自制或改进一台仪器,这是葛庭燧一贯重视的实验操作。在这种强调动手能力的氛围中,一位在职博士生出色地完成了国内第一台强迫振动变频扭摆的电控设计,又设计、研制了一台研究高 TC 超导体的磁通钉扎的静电激发声频内耗装置。

开放实验室接待了 10 多个国家的访问学者,并培养了 10 多位硕士生和 10 多位博士生,葛庭燧关于青年成长的"三段式"理论可以看做是他自己成长经历的经验集成:

第一阶段,做助手;

第二阶段,以自己为主完成一项研究,这包括在学会如何选题、测试和分析数据后,在有经验的老师指导下所进行的研究,这也是对硕士学位论文工作的要求;

第三阶段:基本上独立工作,即在导师的指导下,自己选题、制定研究方案,分析实验结果,提出进一步需要研究的问题,这也是对博士学位论文的要求。

## 四、生命之树长青的"葛氏扭摆"

自 1947 年"葛氏扭摆"发明以来,历经 40 个春秋,扭摆内耗仪一直是研究固体内耗的重要手段,它在固体缺陷、晶界、相变、阻尼等研究中发挥着重要作用。但是随着科学技术的发展,原来的扭摆内耗仪,已远远不能适应高层次研究工作的需要。固体物理研究所内耗组的科技人员,在葛庭燧指导下,在坚持理论研究的同时,不断改善研究手段,完善实验设备。

从 1981 年开始,他们先后研制成功自动倒扭摆内耗仪、疲劳内耗仪、变频摆、声频内耗仪等重要设备。1985 年,他们在上述工作的基础上继续开拓,用先进技术改进扭摆内耗仪,从而开始了多功能内耗仪的设计,历经两个寒暑,全部安装、调试完毕,各项性能均符合设计要求。这台设备使内耗研究进入了更高层次，它方便而精确地计算出低碳钢中含碳、含氮量的多少，因而在材料科学及工业上有广阔的应用前景。

这种功能最全的高精度内耗仪由中国科学院固体物理研究所研制成功，受到了当时民主德国伏尔克·施密特教授和日本东京大学物理研究所竹内伸教授的高度称赞，国内一些高校、研究部门、工业部门也纷纷前来参观和要求订货。

多功能内耗仪由扭摆主体、光源、光电接受器、真空系统模拟控制柜、计算机、打印机、绘图仪等部分组成。主体采用新颖的立柱支撑，便于研究人员在较大的空间内操作。这台设备既能测定固体材料在动态下的内耗和弹性模量的变化，又能测定固体材料的静力学参量；在测定内耗时，既能测定内耗与温程的关系，又能测定内耗与频率的关系；既能在强迫振动下用测定应力应变相角差的方法，又能在自由衰减振动中用测定对数减缩量的方法（当时一些发达国家的内耗仪只有一种功能）。

在测量中，从动态至静态或从静态至动态模式切换时，样品无须装卸，操作简便。整个仪器由计算机控制，并对数据进行采集、计算、存储、作图、打印等实时处理，其中电路和软件的设计均超过国外同类仪器的水平。

# 第二十七章 一个学者的本色

## 一、与钱学森老友深情

葛庭燧与钱学森的友情可以追溯到20世纪40年代在美国的岁月。

新中国成立前夕的1949年5月,葛庭燧受中共地下党员、清华校友曹日昌之托,向钱学森转达中共领导人希望他回国效力的意愿。时隔40余年后的1993年1月30日,钱学森在致葛庭燧的信中说:"我决不会忘记,是您启示我早日从美归国,为新中国服务!"

葛庭燧一直保存着他与钱学森在3年多时间里的数封通信,时间从1992年12月8日至1995年12月21日。钱学森清晰地记得葛庭燧的生日,他在1993年1月30日的信中写道:"再过三个多月,就是您的80寿辰了,我也就先向您拜寿了!祝您身体健康,并为国家多做贡献!"

他们在信中除了互致祝寿或新年的问候之外,还相互推荐新的学术文章和专著,更令人感动的是,这两位大科学家还在信中相互请教专业问题。

为进行非线性滞弹性位错阻尼的研究,葛庭燧致信钱学森,请教物理力学方面的问题。在1992年3月11日的信中,钱学森向葛庭燧请教了两个问题:一个是工程设计中的金属疲劳问题,另一个是固体微观结构与内耗的关系问题。仅仅相隔两天,在1992年第一期《人民画报》上读到《高科技城——董铺岛》之后,钱学森在3月13日致葛庭燧的信中写道:"(本文是)表扬您多年来辛勤工作的光辉业绩的,我读后深为感动,故再写这封信,以表寸心。"在读了《著名的爱国物理学家葛庭燧》后,钱学森提笔写信给葛庭燧:"我读后深受教益,并要在此向你表示敬意!"表现出钱学森谦虚与诚挚的本色。

在1992年12月8日的信中,钱学森谈到在中国科技大学开设新专业的事情,并告知葛庭燧,中国科技大学方面一直没有音信。后来,在1993年1月30日的信中,钱学森再次表示希望得知中国科技大学就此事的回音,前后相隔50几天,令人读后唏嘘不已。

钱学森写给葛庭燧的信（1993.1.30）

葛庭燧在 1997 年 7 月 6 日的笔记中写了这样一件事："昨晚做了一个梦，梦见了钱学森，这让我联想到，将来写书时可以请钱学森作序。"那时，葛庭燧确实开始在写一本金属内耗方面的专著，这也是他数十年来的梦想，但因为各种原因一直没有动笔。

这本名为《固体内耗理论基础——晶界弛豫与晶界结构》的 50 多万字的鸿篇巨制被列入科学出版社"凝聚态物理学丛书"，并得到中国科学院出版基金和国家自然科学基金委员会资助出版。令人遗憾的是，葛庭燧本人却没有亲眼见到它的问世，该书在葛庭燧逝世三个月后出版。

葛庭燧写给钱学森的信（1994.3.10）

在本书写作期间，作者萌生了请 98 岁高龄的钱学森先生作序的念头，不知钱老是否能如所愿地给天堂中的老友圆这个宿梦。不料，2009 年 10 月，传来钱学森逝世的噩耗。

在漫长的岁月中，葛庭燧与钱学森这两位伟大的科学家都在人类 20

世纪物理学史上留下了深深的足迹,同时,他们对祖国的忠诚与奉献令人感慨万千。

## 二、留学潮中的逆流派

葛庭燧一生发表过 240 多篇论文,被中外科学家引用 1000 多次;他发明的"葛氏扭摆",已经在国际上广泛应用了近一个世纪;除了在中国"极左"政治的年代令人痛心地中断研究之外,他所创建的内耗研究室始终是国际上少数几个知名的研究中心之一,而且成为"世界内耗事业的摇篮"。

正是因为身处国际学术权威的地位,葛庭燧始终坚持不要盲目到海外留学的观点,其理论依据还包括不让中国的留学生去为外国教授当劳动力,为外国科研服务。这种观点表明,他已经否定了自己以及当年留学国外的中国年轻科技人才所走过的道路。

葛庭燧曾经以当年云南省用外汇从香港高价进口国产旧设备一事为例,试图证明在人才培养方面盲目迷信国外会授人以笑柄。葛庭燧在晚年尤其对中国的年轻人出国留学的热潮持否定态度,甚至动员在国外留学和工作的学生回国,事实上,他的想法当然遭到许多人的反对甚至抵制。

事实上,葛庭燧多年来固执己见地坚持自己的立场,他不仅劝过师昌绪把儿子师宁从美国叫回来,而且在刚刚改革开放之际,当他得知老同事方炳的孩子出国的时候,严肃地说:"你怎么会把孩子送到资本主义国家去呢?"方炳先生的太太是奥地利人,他们的后代是混血儿,在"文化大革命"时受尽歧视。他当时的回答是:"孩子出国是经过国家批准的,国家不会让他们去卖国吧?"这个细节是作者当年亲耳听方炳先生所言,当时作者还是金属研究所大院里一个乳臭未干的孩子。

现在想起来,作为白人血统特征十分明显的混血孩子,在"文化大革命"那个年代所要承受的心理压力是难以想象的,因此,方炳先生的三个孩子在刚刚改革开放之际便随母亲一起到奥地利定居。

在年轻人出国问题上,葛庭燧曾经网开一面地同意让女儿运培和儿子运建去过一次他们的出生地美国,他的理由是,当年在孩子年幼的时候带他们回国,没有征得他们的同意。但至今运建还没有机会去他的出生地看看。有这样一个细节很耐人寻味,当年葛运建在法国获得博士学位归来,父亲曾亲自到火车站迎接。在他看来,儿子的归来不仅是报效祖国,而且也符合中国人传统的孝道。

如果只是简单地看待葛庭燧执意反对年轻人出国留学的观点，势必会得出错误的结论，至少会对这位执拗的老人产生严重的误解，他在自己所成长的年代中对于"祖国"的概念以及情感，是其中一个不可忽视的因素。1912年，中国近代留美学生容闳在美国逝世，弥留之际，他嘱咐自己的两个孩子回到中国，这时他早已加入美国国籍。《纽约时报》评价容闳："他从头到脚，身上每一根神经纤维都是爱国的。"

葛庭燧虽然在美国生活和工作多年，但他的内心深处始终没有忘记为祖国效力，因此，他们夫妇一直没有申请绿卡。他经常提起当年外国同行的话："在现代科学书籍里，能找到几个中国人的名字？"这句话对葛庭燧民族自尊心的伤害无疑是巨大的，然而，让他几十年来刻骨铭心的伤口上又在20世纪80年代流出鲜血，这是葛先生万万没有想到的。

1980年8月，他重返美国，当年的老朋友、老同事无意中再次谈到这个话题，他们认为，在国际科学界各个学科的著名科学家中不乏华人，但这些人大多是由外国培养、在国外出成果的。葛庭燧的心再次遭到重创，自此，他更坚定了自己的良苦用心，一定要在自己的国家、靠自己的力量培养出世界一流人才，做出世界一流的科研成果。

行文至此，关于葛先生的心胸与开放度问题的争议应该有了一个重要的参照系。"科学岛"上的联合开放实验室是开放的，但让葛老先生的心扉完全敞开却很难，因为他的心还很痛，尽管他对于痛苦之源的理解可能有所偏颇。

# 第二十八章　站在金属内耗的巅峰

## 一、被写进物理学词典的中国人

在发现晶界内耗峰的时候，葛庭燧的儿子出生了。这是他与何怡贞的第二个孩子，按照中国人的传统观念，这个男孩子尤其显得具有传宗接代的意义，同样按照中国人的说法，这叫做"双喜临门"。葛庭燧带着女儿和新的发明去医院看妻子和刚出生的儿子，女儿葛运培记得当时护士从医院3楼上扔下一块巧克力，上面有圣诞老人的图案。

葛庭燧没有为儿子取名为"葛峰"，而是按照家谱的辈分排行，将儿子命名为"运建"，而他的另一个"孩子"——"内耗峰"，在20世纪70年代才正式被国际文献命名为"葛氏峰"。

关于"葛氏峰"的科学价值，作者看到的一种评价称之为"战后最天才的发明"。而一位中国物理学家说，中国人被写进物理学词典的只有两个，那就是黄昆与葛庭燧，例如，由R.祖贝主编的《英德法俄汉物理学词典》（王同亿等译，原子能出版社出版）中只有两个用中国人名字命名的词条：一条是"葛庭燧扭摆"，另一条是"黄昆散射"。

影响深远的"葛式"低频扭摆内耗仪，便捷地测量内耗作为温度的函数，测出众多物理化学过程联系的激活能，使内耗的宏观测量能够提供试样内部结构的信息，从而使这一伟大的发明成为内耗研究领域划时代的历史事件。

此外，葛庭燧还根据检流计的原理，发明了用便于用来测量内耗的同一根试样来测量在恒应变下的应力弛豫，这个发明被称为"葛式线圈"或"葛式弛豫计"。葛庭燧对99.991%多晶钝铝进行了内耗、动态模量弛豫、在恒应力下的微蠕变（包括弹性后效）及在恒应变下的应力弛豫等四种测量，发现它们可以用一条综合曲线来表示，由四种方法所得到的晶粒间界粘滞滑动弛豫强度的值是相同的，与甄纳算出的理论值相符合。

1948年，甄纳教授的《金属的弹性和滞弹性》一书出版，从而首次

提出"滞弹性"概念。在这本 163 页的经典名著中,甄纳先生 15 次引证葛庭燧所作的实验,其中包括 6 张图和一个表格。从这种意义上说,正是葛庭燧在 1947 年所作的实验,奠定了滞弹性内耗的理论根基。

1954 年,苏联科学家翁索斯基院士主持翻译的《金属的弹性和滞弹性》一书中,用俄文翻译了 16 篇论文,其中,11 篇是葛庭燧单独发表的论文。1957 年,苏联的《金属物理与金属学》杂志又把葛庭燧等在《物理学报》和《中国科学》上发表的关于"碳在面心立方金属中的扩散"、"内吸附"、"氢分子在高铬镍合金中的扩散"等 3 篇文章译成俄文发表,葛庭燧的研究成果被国际同行大量引证。

1957 年,麦克伦教授(D. Mclean)在他的名著《金属的晶粒间界》中,特辟一章来介绍葛庭燧的方法,称葛庭燧是把扭摆和扭动线圈装置融为一体的第一人。随后,国际文献都把扭摆装置称"葛氏扭摆",把扭转线圈装置称为"葛氏弛豫计"。

诺威克(A. S. Nowick)等出版于 1972 年的内耗专著 *Anelastic Relaxation in Crystalline Solids* 被誉为"内耗的圣经",书中用专门章节大段介绍了葛庭燧的内耗工作。

1976 年 2 月,日本金属学会会报第 15 卷第 2 号刊登了小岩昌一(M. Koiwa)的文章,说:"内耗研究创始期曾进行晶界内耗先驱性研究工作,在扭振子装置留下了'葛型'及其名字 T. S. Kê(葛庭燧)。"

1981 年在瑞士举行的第七届国际固体内耗与超声衰减学术会议上,奥地利维也纳大学逊克教授(G. Schoeck)高度称赞葛庭燧装置,并将其与回旋加速器的发明作对比。他说"葛氏扭摆"只需几美元就可以装置起来。低频扭摆虽然以后有许多变种,如倒扭摆、中间扭摆、自动控制扭摆等,但国际上都把它们称为"葛型扭摆",因其原理均出自"葛氏扭摆"。

然而,直到 1976 年,葛庭燧发现的晶粒间界内耗峰才被国际文献正式命名为"葛峰",这距离葛庭燧发现这一内耗峰的时间已经过去了将近 30 年,此刻的葛庭燧在中国的"文化大革命"年代早已被剥夺了继续从事金属内耗研究的权利,科学的历史就是这样艰难曲折而未免表现出不可避免的残酷。

## 二、听"扭摆之父"讲内耗

葛庭燧曾经在一次学术报告中用科普式的语言这样生动而形象地解说内耗:

在日常生活中，人们经常会碰到内耗现象。钟声悠扬，余音绕梁，三日不绝，说明这铸钟所用的合金材料的内耗是很低的。但是，一旦钟上出现裂纹，钟声很快就停止，这说明内耗大大增加。人的脊椎骨的内耗很大，不然的话，脚的振动就很容易传到大脑引起脑振荡。

近代技术的发展，迫切需要能在各种振动频率和各种温度下，使用高阻尼也就是高内耗的材料，和低阻尼也就是低内耗的弹性器件和材料。航空和航天技术为了避免由于疲劳而发生灾难性事故，也迫切要求发展高阻尼材料。另外，为了消除噪声的污染，必须采取各种措施来减小机械部件的振动。这些都需要了解材料中的内耗是怎样产生的，从而研究采取怎样的措施，才得到具有大内耗或小内耗的材料。

内耗是指物体在振动当中由于固体内部所发生的变化而引起的能量消耗。根据在各种情况下所引起的能量消耗的有无和大小，可以推知固体内部所发生的变化的情况，从而得到物体内部的微观结构或结构缺陷的信息。用扭摆做实验，铜丝内耗小，铅锡合金的保险丝内耗大。

在作者接触到的所有阐述内耗现象的文字中，这段话是最为生动和形象的，在查阅了大量枯燥和堆砌着生僻专业术语的资料后，作者一度像迷失在茫茫大海上的一叶扁舟，感到恐怖和绝望，这段文字犹如一只救生艇或直升机放下的软梯一样，让作者感动得热泪盈眶，这种心情绝非夸张的比喻。

在本书的采访与写作中，最令作者感到头疼的事情就是对于金属内耗这一物理学分支的专业知识的贫乏。阅读大量文章进行恶补的那种情景，有点像某些电影演员为了演一个他毫不熟悉的角色而去花几天时间体验生活。

作者的内心一直是忐忑不安的，因为，对于这个专业知识错误或生硬的描述，无疑将会给传主带来严重损害，因此，不得不硬着头皮去对葛庭燧先生大半生所致力的研究事业进行生吞活剥式的研究，直到在一天早晨读到了葛先生在1990年2月中国科学院学部委员会一次全体会议上所作的学术报告中的这一段文字。

当然，很多葛先生过去的弟子和同事也给予了作者热情无私的帮助。比如，原中国科学院固体物理研究所所长、研究员张立德先生在纪念葛庭燧院士逝世7周年之际所写的文章，就生动而翔实地记录了"葛氏扭摆"

第二十八章　站在金属内耗的巅峰

的诞生过程和基本原理。

## 三、王中光先生的追忆

葛庭燧的另一个学生王中光在他的办公室——中国科学院金属研究所的李薰楼里,向作者详细解释"葛氏扭摆"的原理。王中光先生办公所在的那座科研大楼已经有半个多世纪的历史,在研究所里俗称"西大楼",曾是葛庭燧、何怡贞工作过的地方,也是作者小时候很熟悉的地方,如今挂着"沈阳材料科学国家(联合)实验室"的牌子。

王中光研究员1959年9月从清华大学毕业分配到金属研究所,在葛先生指导下从事"金属疲劳的物理原理"的研究。当时葛先生是课题组长,他是唯一的课题组成员。葛先生曾经用十分生动的语言向他讲述金属疲劳的原理及其与内耗的关系:

> 裂纹的形成和扩展是金属疲劳的基本问题,如果能够有一种方法灵敏地探知裂纹,将避免因金属疲劳导致的灾难性事故的发生。
>
> 当火车到站时,总可看到工人师傅用小榔头敲打火车的轮轴等关键部位,他们是通过声音的变化用耳朵探知是否有裂纹等隐患的存在。
>
> 当金属或金属构件中有伤时,它们的阻尼本领或内耗将发生变化,研究课题的目标,就是通过测量疲劳过程中内耗或能量消耗的变化,揭示金属疲劳的基本物理过程,最终发展出比工人师傅的耳朵更灵敏的检测缺陷的仪器。

葛庭燧鼓励王中光大胆、主动和独立地工作,他告诫说:"师傅领进门,修行在个人。"由于王中光对"内耗"知之甚少,葛先生除了指定一些基本文献让他学习以外,还多次为他一个人讲课。王中光说,葛先生讲课条理清楚,语言生动,又旁征博引,颇引人入胜,把他引入了一个充满挑战的领域。

"金属疲劳的物理原理"是葛庭燧在"整风反右"后为加强内耗与工程应用的联系而在金属研究所新设立的课题,他试图从理论上将交变载荷作用下材料的滞弹性行为的内耗与塑性行为的疲劳联系起来。这个课题的设立,开辟了中国材料疲劳基础研究的先河。

在葛庭燧的指导下,这个课题进展很快,1960年在《科学通报》上发表了第一篇题为"用测量能量消耗的方法研究金属中的疲劳裂纹"的文章。1960年秋天,从中山大学毕业的黄元士加盟课题组,加快了研究的进展,1962年起先后在《物理学报》和《中国科学》(英文版)上发表了6篇论文。

遗憾的是,这项势头正劲的研究工作在1963年末受到极大冲击,其重要原因是毛泽东发出了"千万不要忘记阶级斗争"的指示,此后更因"社会主义教育运动"和"文化大革命"而完全停顿。这个持续不到5年的研究工作所取得的成果,作为"位错内耗与范性形变机理研究"的主要内容,获1982年国家自然科学奖三等奖,并为1988年"材料疲劳与断裂国家重点实验室"在金属研究所的建立提供了基础和理由。

1978年中国共产党十一届三中全会和随后的全国科学大会的召开,带来了中国科学的又一个春天。葛庭燧的实验室得到恢复,成立了以他为主任的"晶体缺陷与力学性质"研究室;王中光也从技术室回到葛先生的身边,负责内耗研究组的工作,并经葛先生提名,被任命为研究室副主任。

1979年5月,联邦德国马普金属研究所总所长塞格尔教授邀请葛先生带领三位青年人去该所进行位错内耗的合作研究,王中光是葛先生选定的三位青年人之一,但因政审不合格而未能出国。葛先生为此还诚恳地安慰王中光,并表示一定设法为他创造出国机会。

随着十一届三中全会精神的贯彻和时任金属研究所所长师昌绪先生的努力,王中光通过了出国政审。1979年9月初的一天,金属研究所职工在附近的青年公园义务劳动,师先生一边拔草,一边凑近王中光,悄悄地对他说:"你的政审通过了,可以出国了。"

在葛先生和德国申克公司经理Jacoby教授的安排下,王中光终于在1979年9月末迈出国门,到德国进行了一个半月的学术访问,见到了在那里进行合作研究的葛庭燧和何怡贞,以及三位青年同事。

王中光先生在回忆葛先生的率真时十分令人感动。他首先坦言,在最初接触到"葛氏扭摆"时,曾对它抱有怀疑态度,这样的态度不仅是王先生有过,也许很多刚刚加入这个研究领域的"新兵"都曾有过。1980年9月葛庭燧从国外访问归来后,受科学院之命负责筹建合肥固体物理研究所,他曾多次试图说服王中光去合肥协助他工作,并开展材料疲劳的研究,但出于种种考虑,王中光最终还是谢绝了葛先生的好意,留在了金属研究所。

学生的婉言相拒曾使葛庭燧一度十分伤心和失望,但葛庭燧没有丝毫怨言,一如既往地关心和信赖王中光,邀请他参加固体物理所"内耗与固

体缺陷开放研究实验室"学术委员会的工作,亲自参加金属研究所由王中光负责的"材料疲劳与断裂国家重点实验室"学术委员会会议,并提出许多远见卓识。

1979年,联邦德国塞格尔教授访问金属研究所时合影
(前排左起:郭可信、葛庭燧、塞格尔、李薰、何怡贞、师昌绪)

1979年联邦德国塞格尔教授与金属所内耗组(左起:孙宗琦、张进修、王晓伟、潘正良、塞格尔、李广义、葛庭燧、王中光、孔庆虎、肖金泉)

# 第二十九章　科学的历史身影

## 一、半个多世纪在金属内耗领域的贡献

自离开辐射实验室到芝加哥金属研究所开始，葛庭燧一生参与了4个金属物理研究所的创建，都取得了卓越的成就，分别是：1946年与甄纳教授和史密斯教授一同创建的芝加哥大学金属物理研究所；1950年在北京创建的中国科学院应用物理研究所；1952年在中国沈阳参与创建的中国科学院金属研究所；1982年在安徽合肥董铺岛创建的中国科学院固体物理研究所。

这4个研究所的创建虽然在地域上距离遥远，在时间跨度上相差30多年，但有很多相同之处：其一，葛庭燧都是为数不多的主要筹建人之一；其二，都是在艰苦条件下白手起家；其三，都是心无旁骛地研究金属内耗这一专门分支学科；其四，都取得了举世瞩目的成就。其中，就从1945年算起直至2000年葛庭燧逝世，在这一段长达半个多世纪的漫漫科学生涯中，他始终不渝地坚守金属内耗的研究领域，这在世界科学史上是罕见的。

为了准确地表述葛庭燧在发明"葛氏扭摆"内耗仪之后在金属内耗领域的创造性贡献，此处将《葛庭燧：集世界金属内耗研究之大成的科学家》一文中的有关内容摘录如下：

> 几乎与晶界弛豫引起的内耗现象发现的同时，1948年葛庭燧还发现在体心立方结构的钽中点缺陷弛豫也引起内耗峰。回国后在五十年中他带领学生又在面心立方替代式合金铁含间隙C中发现内耗峰，这是面心立方系中一种特殊的Snoek峰。1957年又相继发现面心立方γ-铁的内耗峰和纯镍中含C的Zener峰。

> 在内耗界将晶界弛豫引起的内耗现象俗称晶界内耗，点缺陷

弛豫引起的内耗现象俗称"点缺陷内耗",而位错运动或位错与点缺陷交互作用引起的内耗称作位错内耗。

位错内耗是葛庭燧晚年最为重视的科研项目,虽然它的发现也应该追溯到1949年他在经冷加工铝(含 wt.5%铜),并经部分退火试样中发现反常内耗现象,即一般内耗峰值是随振动振幅增加而增加,而在上述试验中内耗峰值随振动振幅增加反而减小的现象。这一系列内耗峰既不能用经典滞弹性理论又不能用静态位错阻尼滞后来解释。

1964年葛庭燧提出了溶质原子从位错割阶处"跟、曳、甩"模型。可惜当时由于一系列政治运动影响未能展开深入研究下去,直至十一届三中全会后,葛庭燧到合肥筹建中国科学院固体物理研究所才得以继续研究。1989年发现该类内耗现象起因于溶质原子与各种类型位错交互作用。这一项开拓性非线性内耗研究也是先生暮年对内耗事业的最为重要的贡献。

内耗值的大小直接与材料阻尼本领有关,而阻尼本领又与材料的微观结构密切相连。

葛庭燧用测量内耗方法开展了多种与金属材料力学性质有关的研究,其中涉及马氏体相变研究、范性形变过程中的内耗和动力学模型研究、高温蠕变内耗研究以及系统地用能量损耗方法研究了疲劳早期过程,并用点缺陷与位错交互作用解释了许多实验结果。还发现了与金属冷加工和退火有关的一系列内耗峰,并经研究表明它们是与低能位错有关。

葛庭燧是一个不断耕耘、不断创新的人,即使在晚年,他还指导学生先后在高分子、超导和纳米研究领域作出了多项开创性工作。尤其应该指出的是纳米材料研究工作,是在他的高瞻远瞩倡导和积极参与之下,才使我国的纳米材料研究工作能与世界同步开展。

## 二、往事怆然

改革开放之后的1980年,葛庭燧访问美国和欧洲,此时的他已经阔别美国29年。此行的重要收获是与甄纳先生的重逢,关于金属内耗的话题,对于葛庭燧来说已然是异常沉重,因为这件事情已经被荒废将近20年。

1982年8月，葛庭燧与何怡贞在欧洲

从金属内耗专业的角度，他们应该类似师生关系，但这是一种很不确切的说法，因为尽管甄纳先生提出了关于内耗峰的假说，但葛庭燧作了最伟大的印证。他们从芝加哥金属研究所开始就是同事和伟大的科学伙伴，从年龄上说，甄纳先生也仅仅大葛庭燧7岁。

从两个家庭之间的友谊来说，这次会见是令人愉快的。不久之后，何怡贞按照甄纳先生在美国的地址，为甄纳夫人寄去了礼物，收到礼物的甄纳夫人曾写了一封温馨的回信：

亲爱的怡贞：

我们刚刚把那个画着帅气老虎的竹子卷轴挂到Clarence（克莱伦斯）的书房的墙上。相对于象征主义手法的作品，我对于熟练的缝纫更感兴趣。我已做了好几幅壁挂，是刺绣在亚麻布上的，所以对于老虎的刺绣我感到非常的熟悉。但是我想在竹子上作画应该更难。这只老虎挂在墙上非常的醒目，它被挂在一扇窗子旁边。我们看到它的时候应该都会想起你。

你还送了我一个盖子上有叶子的漆盒，和一个非常漂亮的用麦梗还是玉米秸做的小盒子。两个盒子都非常的精美。我会用它们装些珍贵的东西，像我的戒指耳环什么的。真是难以想象，艺术家是怎么把那些麦梗还是玉米秸编织在一起的。我应该把这个拿到女童子军办公室，看看她们能做到什么程度。她们用玉米做

过娃娃和其他东西，但是跟这个盒子没法比，这应该会给她们一个灵感来做得更好。

没见到你我是多么的失望，我们一直听到庭燧的消息但从来没有你的名字。后来我们在丹尼尔大学遇到几个中国的访问学者，听说你在德国。我对你没能来美国感到很遗憾，如果你能来哪怕一两天，我们会很乐意你住在我们农场。我们每周都会来这里住一下，如果有亲戚朋友来，我就会留下来和他们一起住。这里的山很美，我还有个花园。Clarence很喜欢种树，他种了上百棵松树和落叶松。这里是我们和孩子们还有孙子们聚会的地方，我很期待Jeanie和她的两个孩子明天到来。

你还记不记得在芝加哥时在我厨房里度过的那个下午，为研究所的家属们准备晚餐，当时Elizabeth睡了一觉。你带了你的特殊的刀来切肉和蔬菜。Elizabeth当时大约3岁，她是个可爱的小姑娘。现在她已结婚了，还生了两个孩子，而且她现在在教书！离开这里以后你经历了太多事情，我曾想过怎样才能得到你的消息，但是又不敢写信给你，以免给你带去麻烦，我希望那些日子已经过去了。

庭燧可以告诉你，Clarence是多么深入地参与了一个新能源项目——海水太阳能或者海洋热能转换。我知道庭燧希望Clarence能在内耗方面多花一些时间，但是基于政府对于能源方面的需要，而且进口的高油价，Clarence把他的时间和精力都花在这个工作上了。他有好几个年轻人跟着一起工作，他们需要他的指导。

庭燧听到我们没有一个孩子在科学领域觉得很惊讶。我没告诉他我们的大儿子Dick是学物理的研究生，他24岁时在加拿大湖（密歇根州）遇到暴风雨而淹死了，那时候我们都在度假。他的表弟，跟他在同一条船上，也淹死了。他们都很会游泳，但是水太冷了。Dick如果活着应该48岁了。

我们的女儿Jennie嫁给了Arthur Lepley，他是个化学家，现在在马歇尔大学当教授。他们的大女儿Margaret在MIT数学系读研究生，二女儿在达特茅斯上学，上学期去意大利读了一学期艺术；三女儿Jenny今年秋天会去念康奈尔大学，他们的儿子Richard在念高中。

我们的儿子Roberts在华盛顿作执业律师，他夫人Thelma

有个教育学博士学位，结婚前曾经在约翰霍普金斯大学做研究。Robert 和 Thelma 有两个儿子，分别是 8 岁和 7 岁。Tom，我记得比你的 Elizabeth 大一岁，也是个律师，他和 Margot 在他们大学毕业后一年就结婚了。Margot 是个经济师，在商业部工作，他们住在南加州。Tom 和他的合伙人开了一个小的律师事务所，他们有个 10 岁的儿子 Karl 和 4 岁的女儿 Pamela。

我们的四女儿 Ann 跟着 Bettelheim 医生一起工作，帮助残疾儿童，现在已经跟 Bill Edwards 结婚了。他是个医生，今年他们从公寓搬到房子里了，有个院子用来给他的孩子们玩，事实上我想他邻居们的孩子也在他房子里玩。他们有两个男孩儿，7 岁和 2 岁。关于我自己，我在女童子军做志愿者工作了大概 30 年，最近我们在匹斯堡的时间变少了，于是我在童子军的工作时间也少了些。我做新兵教练，安排露营的课程、领导人员的课程，指派课程的教练。有些活可以通过打电话来完成。我喜欢这个工作，也不想放弃。

非常感谢你还记得我们，还给我们这么可爱的礼物，我也希望你能给我些你和你孩子们的消息。

深情的
Reby Zener

信中多次说到那个种了上百棵松树和落叶松，还带着学生在搞新能源项目的 Clarence 就是甄纳先生，显然，甄纳先生已经远离了金属内耗，而他当年的学生兼伙伴葛庭燧继续成为这个领域的掌门人，直到以后的 20 年。如果说他们的伟大友谊造就了一种巧合的话，那就是他们都是在 87 岁那一年离开这个世界的。

信中提到当年在芝加哥甄纳先生家中睡了一觉的 Elizebath，是葛庭燧与何怡贞的女儿葛运培。提到孩子们的过去和现在，也许并不是甄纳夫人的随意为之，因为当葛庭燧为他们的子女没有从事科学事业感到惊讶的时候，甄纳夫人终于讲出了令人悲伤的原因，那就是作为物理学博士的儿子——可怜的 Dick 意外溺水而亡。

即便如此，甄纳夫人还是在信中十分隐讳地表述她想象得到何怡贞和丈夫在中国所经历过的苦难岁月。

# 第三十章 日常生活中的风范

## 一、贯穿一生的俭朴习惯

早在 1963 年初,葛庭燧邀请在家乡的姐姐葛秀卿到沈阳,葛秀卿途经大连的时候,侄女运培到车站接她,穿的是一身极其普通的蓝布衣服,脚上是一双半旧蓝胶鞋,梳着两条小辫子,简直像个乡下姑娘。

走进大城市中科学家的家庭,葛秀卿眼中的弟弟烟酒不动,甚至连茶也不喝。家中依然保持着朴素家风,陈设非常简单,吃的是普通饭菜,让姐姐很吃惊。葛庭燧与何怡贞之子葛运建第一次回蓬莱老家探亲,朴素的穿着令家乡人难以置信。事实上,葛运建从小到青年时代一直是粗布裤褂,皮鞋不知补过多少次,普通工人家的孩子都不会穿那么破的鞋子。

1990 年 7 月,葛庭燧与何怡贞看望二姐葛秀卿(中)

1975年，葛庭燧在大连开会，顺便返回故乡探亲。消息传来，人们纷纷议论：葛庭燧是科学院研究所的大领导，又是全国人大代表，一定衣着华贵，有专车护送。而葛庭燧却是由烟台乘坐普通长途客车到平畅河下车，随接站的两个侄儿一同步行回家的。他头戴一顶灰布便帽，身穿一套洗过多次的灰布中山装，足蹬一双半新的解放鞋。他来到自己当年住过的房子，还趴在后窗上朝里边望望，然后画了个房间的草图，向别人介绍当年的陈设。

有一次，葛庭燧去青岛作报告，他住在宾馆里一个普通的标准双人间，既无套间，也无空调，只有一对沙发和一张办公桌。邀请单位为他安排的生活费为每天25元，当他听说服务人员每顿饭不到2元时，就提出退掉15元，每天只安排10元的伙食。

葛先生与何先生在合肥住了20年的家，是一套1982年建的简陋住宅楼，后来建了新房，他们也坚持不搬。一套旧沙发用了几十年，一架老式收音机的外壳已经开裂，就用胶布粘上。人家说这种收音机早就淘汰了，葛先生说："能听就行啊！"

电视机的开关不好用也不更换，调电台频率很费力。屋子里没有太多的家具，屋子里的空间几乎全部被书架充满，有一个书架是用木板和报纸包着的砖头搭建的，家里装物品的箱子就是废物利用的纸箱。

家里的电灯还保留着那种拉线开关。两位老人十分注意省水省电，他们常说，水电是国家资源，不能浪费。一次，侄子葛运墀要送他一双凉皮鞋，听说是花150元买的，葛庭燧马上说："这么贵的鞋我不能穿，穿了就不是我葛庭燧了。"多亏他试穿之后觉得不合适，家人才没有勉强他。

何先生有许多独特的生活习惯，她最出名的作品是"何怡贞汤"，就是往炒过菜的锅里放上水烧开。他们家从来没有扔掉剩饭剩菜和旧衣服的习惯，何先生为水灾灾民捐献的衣服是专门买的新毛衣，而她自己身上的的确良工作服已经穿了20多年，她的那件风衣已经穿了30多年，外面穿旧了反过来继续穿。

老夫老妻常常以庄子之言自勉："物

1996年前后，葛庭燧与何怡贞在董铺岛散步

第三十章 日常生活中的风范

葛庭燧、何怡贞为研究生拟考试题目

物而不物于物。"除了科学研究,他们永远不会为任何物质享受或身外之物所累。

有这样一件往事,何先生当年从美国带回来一架电动缝纫机,几十年来全家都用它做衣服、缝被罩,功劳很大。1982年,老夫妻要带着儿子儿媳去合肥,把这台电动缝纫机也带走了,这时,留在沈阳的女儿向妈妈提出再买一台电动缝纫机。何先生坚决不同意买电动产品,她认为普通人家用的都是脚踏缝纫机,不应该脱离群众,要买就买个蝴蝶牌之类的名牌脚踏缝纫机。女儿和妈妈据理力争,说已经习惯用电动缝纫机了,不会用脚踏缝纫机,何况脚踏缝纫机占的地方太多。最后,何先生终于让步了,母女俩到百货商店买了一台台湾产的电动缝纫机回来,一共花了200元,母女各出100元。

## 二、"不乱花一个马克"

"不乱花一个马克。"这是葛庭燧在联邦德国工作时常讲的一句话。

1979年5月,他到斯图加特马普金属研究所担任客座教授,同塞格尔教授合作,进行关于位错内耗的研究。一年多时间,这位年逾花甲的老科学家和他的助手,不仅完成了36篇学术论文,还先后在4个学术会议上作了报告。

作为客座教授,葛庭燧享受"国聘一级教授"的待遇,但他总是精打细算,一分一厘地积攒外汇。他的住处离马普金属研究所有较长的一段路程,但他却和助手们乘公共汽车上下班。助手们劝他说:"你那么大年纪了,不要再跟我们乘公共汽车啦。"葛庭燧笑着说:"我们国家是在经济困难情况下搞'四化'的,多节省一个马克外汇,就是对'四化'建设的支援。"

当时联邦德国的物质条件比较优越。葛庭燧经常告诫助手,千万不要养成大手大脚的习惯,要勤俭节约,并且处处带头这样做。当年11月,他应邀到日本参加国际学术会议,顺道回国。离开前,他往旅行袋里塞了两双半旧的皮鞋。助手们不解地问:"远道回国带旧皮鞋干嘛?"他回答说:"带回去补一补"。原来,他到那里后,因经常走路,皮鞋底都磨坏了,在当地修理要花几十马克。他把皮鞋带回国内,在研究所门前的修鞋匠那里补好又继续穿。

1984年,葛庭燧夫妇与访问固体物理研究所的联邦德国教授格莱特交流

葛庭燧在国外如此严格要求自己,舍不得多花一分钱,但对国内科研上急需进口的仪器部件,他却毫不吝惜地慷慨资助。他知道沈阳市技术协会开展技术协作活动需要计算设备,便用自己节约下来的生活费,买了一台电子计算器,赠给技术协会。

研究室的同事要学习外语,就给葛先生写信,请他在国外买一台录音机。他想,国产的质量也不错,同样能满足学习需要,在国外买还要花一笔外汇,便给所里的同事写信,用自己的工资花500元买了一台国产601录音机。他多次出国,从没有为自己带回一件高档消费品。

葛庭燧掌握上百万的科研经费,但从不乱开支一分钱。平时,他连办公用纸也非常节约,一张纸用了又用,直到不能再用为止。用过的日历也要利用起来,舍不得丢掉。幼儿园的孩子们每年都会收到葛爷爷的礼物;葛庭燧夫妇具有强烈的"为国分忧、为民解难"的愿望,捐款支持宋庆龄基金会,大量购买国家公债和国库券;为亚运会捐款;为安徽遭受特大洪灾先后四次捐款。然而,他们唯独对"希望工程"的捐款持保留意见,认为教育的投入应该是国家的职责。

葛庭燧的家风以生活俭朴著称,但他资助乡里却毫不吝啬。20世纪

50年代末,葛庭燧向金属研究所党委反映,想给家乡山东蓬莱县大葛家村买一台拖拉机,支援村里的农业生产。所党委给葛庭燧的家乡去信表示了葛先生的想法和意见,县委在回信中对爱国科学家的心意表示感谢,同时又说为了不影响科学家的工作,拖拉机还是由县里解决。

20世纪70年代初,葛庭燧从亲属的来信中了解到,家乡所在的大队一直没有拖拉机,他就和葛家村大队商议,共同出钱买一部鞍山红旗拖拉机厂生产的28马力拖拉机,但他要求家乡出资51%,自己出49%,他的良苦用心是让家乡人牢记凡事主要靠自己。此外,他用2700元为生产队买了一匹大骡子和一辆马车。

葛庭燧始终没有忘记家乡的亲人,为失去劳动能力的姐姐、嫂子们补助生活费,为侄男侄女们资助学费,为无力修缮房屋的亲戚们提供补助。他每次寄钱,都首先考虑对周围群众的影响,他告诉姐姐,要适当参加体力劳动,生活水平不要高于周围群众。

60年代初的三年"自然灾害"期间,金属研究所职工们的生活困难至极,肚里没有四两食,身上缺少御寒衣。沈阳市委统战部为了照顾国家级的科学专家,每月发给科学家几张餐券。葛庭燧拿到餐券后舍不得用,他首先想到的是他的学生和室里的科技人员,总是带着大家一起去指定餐厅改善一下伙食,这件事在后来的"文化大革命"时期被诬为"拉拢腐蚀青年"。

在那个艰难困苦的年代,科技人员和大学生工资一般都在38~56元,有些同志上有老下有小,经济十分拮据,到月底就要去财务科借钱。由于审批手续比较麻烦,财务科也深感为难。葛庭燧了解到这一情况后,拿出了一万元钱放在财务科,供困难职工临时借用、周转,解决了许多家庭的燃眉之急,也减轻了审批部门的压力。一万元钱在当时的分量可想而知,这一万元的小小"金库",至今依然让很多老职工难以忘怀。

# 第三十一章  科学大师的家风

## 一、父母是子女的第一个榜样

葛运培还记得，1975年1月，她和丈夫梁科结婚那天，60多岁的父母和他们一起一大早坐火车，换汽车，又沿着冬天崎岖的山路，到开原石洞沟乡下去看望亲家。当时梁科的父亲因走"五七道路"，被下放到开原县松山公社。

梁科的母亲和妹妹为亲家包饺子直到凌晨3点。两家老人在乡下的草房里相聚并一起合影，办完女儿的婚事，葛庭燧与何怡贞不顾疲劳，当天就返回了沈阳。

葛运培在一篇回忆文章中写道：

> 爸爸妈妈对普通员工，比如司机、水暖工总是非常客气，尊重他们的劳动。"再见"、"师傅辛苦了"，是我们从小经常听到的。
>
> 爸爸几乎全部时间和精力用在工作和学习上，包括在家里的时间。住金属所12栋的三十来年里，父母住办公室兼卧室的南屋，小时候最深的印象就是永远看到父亲在桌前看书时的背影，他坐在一个深棕色、无靠背的方木凳上。到合肥以后的二十来年，由于他卧室的办公桌朝西，最常看到的又是父亲看书时的侧影。他坐在一个有靠背的木椅上，但没见过他靠在靠背上，这无声的榜样胜过对子女喋喋不休的说教。
>
> 父亲很严肃，也很严厉，对日常小事不大过问，但对子女的大事都是关心和出力的。比如子女的升学、提职、出国深造、结

1975年2月9日，葛庭燧夫妇在辽宁省开原县与亲家合影

婚、看亲家、生孩子、看病、房子，必要时也舍得花钱。

1960年我患了病，他全程陪同，请在中央社会主义学院认识的中医大夫给我针灸治疗。1976年我生儿子应普的时候，爸爸下了班乘公交车去较远的沈阳第四医院，看我和外孙子。因为过了探视时间，人家不让他进，爸爸和人家吵了一通也没看到我们母子。我们结婚和孩子出生，爸爸都会给一些钱，让我们存起来。他总是笑着说，虽然没给你们很多钱，但你们有了安全感。

1982年我带孩子上合肥看他们，4岁的晓彤不懂得害怕姥爷，撩起门帘甜甜地喊了一声："姥爷！"我倒是吓了一跳，生怕惹他生气。不成想，姥爷不但没生气，还很慈祥地呵护孩子。不久后，他有个短期上日本的机会，给我们买了个9英寸三洋牌彩电。当时彩电还没普及，我们明白，虽然他没有表现出来，他是这次看到两个外孙子女在合肥很喜欢看彩电，动了恻隐之心。

相形之下，妈妈除了工作之外，用在家庭和孩子身上的时间和精力很多。我妈妈对孩子的关心是无微不至的，甚至对我们的朋友、同学她也很热情。50年代初二时，她给我配眼镜，而且把我的一个同学也带去配了眼镜。80年代她给我弟弟做衣服，还给弟弟在工厂遇火灾的老同学也做了一套同样的衣服。

## 二、严父慈母

葛庭燧与何怡贞对孩子的教育是严格、温情而讲原则的。

葛运培记得，有一次，她买了一个很好看的玻璃烟灰缸，说只有几块钱，被爸爸批评了，说没有用的东西再便宜也不应该买。爸爸资助侄子运墀读书，每季度要报账，钱都要有去处。葛运培回忆起小时候在美国生活时的一件小事：

> 我们家在美国虽然有很多家用电器、汽车、电话，但回国后，父母一直非常节俭。记得有次我妈妈领我出去，回来时经过一个商店，橱窗里的可爱的木制可组装娃娃我非常喜欢，我让妈妈给我买，可是她说太贵了，我们买不起，我一步三回头被妈妈拉回家了。
>
> 一次我做梦看到了红、黄、蓝色3匹美丽的马，醒了就缠着妈妈要三色的纸剪这三匹马。妈妈说："我先给你旧报纸，你剪出来了，我再给你带颜色的纸。"我用妈妈给的报纸剪马儿，可是，尽管梦里的情景那么清晰美丽，但是我怎么也剪不出来，带

颜色的手工纸也没给我买。

时值2008年，葛庭燧与何怡贞的女儿葛运培是沈阳建筑大学教授，儿子葛运建是中国科学院智能机械研究所研究员、博士生导师，回忆父母对他们的培育，葛运培和葛运建历数一幕幕难以忘怀的往事：

> 父母对我们的学习几乎从不辅导。考好了，妈妈总是说："你应该考好。"我妈妈鼓励我们的课外活动，小学时要做火车模型，妈妈就带我上火车站看火车。妈妈支持弟弟摆弄半导体收音机，玩各种球类，进业余体校打乒乓球和滑冰。

葛运建回忆，有一次，他和妈妈争论关于如何用煤气烧水的问题。妈妈认为，火的外延温度最高，所以，不是火苗越大越好。儿子认为，这个道理他也明白，但是如果火苗太小，水壶的上部蒸发太快，反而不容易烧开。争论的结果是，母子各自按照自己的理论烧水，互不干涉。

回忆这件往事，葛运建说："对于那些非原则问题不必太较真，互相尊重对方，不将自己的意见强加于人是最好的选择，否则常常会适得其反，因为争执带来彼此的不快是更大的损失。"

1979年5月1日的全家福

据葛庭燧的侄儿葛运墀回忆,他曾听老人讲,他的太爷(葛庭燧的祖父)是个秀才,到了夏天,有的小孩抓小鸟,他用钱买来那小鸟,然后就放生了。这是关于葛庭燧祖父的唯一的记录。然而,关于放生的事情,后来在葛庭燧之子葛运建身上重演。

在作者记忆中与葛家为邻的时代,那是两位老科学家一生中最寒冷的日子,科学的春天还遥遥无期。曾几何时,美国的洋房与汽车已是往事尘烟,他们的生命中最珍贵的,已然是料峭冬日里亲情的温暖与生活的希望。

作为科学家之子,葛运建继承了父母睿智的科学基因,他获得发明专利9项,发表论文100多篇,培养博士生、硕士生各20多人,年过花甲仍工作在科研第一线。

# 第三十二章　至情至性的人生

## 一、山东人的耿直脾气

据葛庭燧当年的学生和助手朱震刚先生回忆，有一次与葛先生一同出差，中午用餐时，葛先生点了一大盆酸辣汤，每人两碗饭，每人都要喝完，不准剩下。晚餐时，朱震刚告诉服务员，酸辣汤有一半就可以了，喝多了太辛苦，葛先生发现汤少了就责怪餐厅："这酸辣汤中午是满满的，现在怎么少了一半？真是偷工减料！"

还有一次，葛庭燧、何怡贞和研究所办公室主任姜文学一起陪同一个前联邦德国专家、一个日本专家吃饭。5个人点了5个菜，全部吃完之后，葛先生提议再要5个馒头，大家有些莫名其妙。何先生理解了丈夫的意思，拿起一个馒头，把菜盘里剩下的汤汁擦干净吃掉了，葛先生和姜文学也照样用馒头把自己面前的盘子擦干净吃了。两个外国人似懂非懂地表示不解，总之，他们没有拿起面前的馒头。

葛庭燧是九三学社的元老，有一次在北京开会，规定四菜一汤，而摆上来的四个"菜"是四个大盆，每个盆里还有四个菜，葛庭燧直言："这是阳奉阴违！"

像这样得罪人或者给人下不来台的逸闻还有不少。有一次，葛庭燧到省里开会，与会的省委领导、科技厅长都坐在主席台上，葛庭燧对科技厅长说："你的发言稿抓紧点念，到时间了，该吃饭了。"结果那顿饭不欢而散。

葛庭燧的个性有时候就是这样让人感到古怪而摸不着头脑。在工作多年的金属研究所，所党委书记亲自送来为所里老科学家专门准备的礼物——医用氧气瓶，葛庭燧当场予以拒绝，但后来得知来人是新任所党委书记，又感到些许歉意。

葛庭燧拒绝礼物的事情多次发生。当年天津一家公司送给他一部汽车，葛庭燧坚辞不要，理由是怕被人家当做活广告，后来这部车留在了

研究所，在他生命最后时刻抢救的时候派上了用场。在合肥董铺岛上，因为葛庭燧不同意在一片空地上给科学家和领导盖小楼，这个计划就此搁浅。

"文化大革命"后期，有一次在沈阳科技馆开学术会议，会后葛先生问大家有什么困难，有人戏言："胃亏肉。"葛先生立即掏钱让大家去下饭馆，但他还特别叮嘱了一句："回来向我报账，剩下的钱要退回来。"

葛庭燧的侄子葛运至第一次从台湾回大陆探亲，他拒而不见，第二次回来已经是改革开放的年代，葛庭燧才见了他一面。当时，葛运至把叔叔家里竹暖瓶上的补丁拍了照，感慨地说："这就是大陆的科学家啊！"而葛庭燧面对这样的感叹已经无动于衷。

早在西南联大时期就相识的老友吴大猷造访北京，提出想见见他，葛庭燧对台湾还心有余悸，他说："从台湾来的我去看他干什么，我这么忙，影响工作。"

时任安徽省领导的万里到董铺岛上的研究所考察，当时是冬天，万里冻得直搓手。葛庭燧在一旁说："很冷啊，没钱买暖气，您给批点钱吧！"有一次，周光召带着中科院副院长滕藤来看葛庭燧，葛先生竟然把滕藤当成了周光召的秘书，说话很不客气。后来赶紧表示歉意。

葛庭燧不是性格怪异的人，他的所作所为自有他的道理和准则。事实上，一个心直口快的人未必能够心口如一，尤其对于经历了"极左"思潮风风雨雨的葛先生，在那个年代，不仅不能直抒胸臆，还要违心地甚至违背良心地说些言不由衷的话。

改革开放之际的葛庭燧已经过了公职人员的退休年龄，作为一个国际知名科学家，他压抑多年的情感井喷一般爆发，这也是他即便面对国际友人或领导干部也不必委曲求全的内因。在一次国际学术会议上，葛庭燧对质疑"葛氏峰"的法国人说："我们的文章你根本就没看，你做不出来葛峰来，我派人来给你做！"

家庭生活中许多琐碎的往事都变得温馨而美好。葛运建还清晰地记得：以前家里吃饭都是各人洗自己的饭碗，但是遇到了菜盘谁洗的问题，最后全家人一致决定，谁最后吃完谁洗。这样的规矩直到父亲晚年生病之后才取消，那时的父亲癌症已经转移，几乎拿不动筷子了，家里人才不让父亲洗碗。

运建说，妈妈后来总是让爸爸自食其力，做儿子的对此却不以为然，认为妈妈一辈子都惯着爸爸，80多岁才让他生活自理，挺可怜的。葛先生也确实凡事自己动手，包括自己洗衬衫，出门自己拉箱子，还坚决不肯让人帮忙。儿子心里明白，父亲是不服输不服老的人，一辈子都是这个牛脾气，很要面子。运培还记得有一次父亲自己在招待所点煤气，点了几次也没点着，最后打电话让女儿过来，女儿发现父亲把炉子上的小炉圈放反了。父亲当时很尴尬地说：“我知道了，你走吧！”

## 二、良好习惯是一生的财富

在女儿葛运培的记忆里，爸爸妈妈的生活很有原则，很有节制和理性。他们在家几乎没打过扑克，好像几十年只有一回玩过一种叫"百分"的游戏。父母从来没打过麻将，也不抽烟喝酒，只是偶尔喝一点红葡萄酒。

葛庭燧与何怡贞的生活中有他们自己的情趣。

20世纪50年代初，有一次他们全家4口人出去买东西，路上碰到了一个卖二胡的小贩。那是一种很小、很粗陋的竹制二胡，琴弦是两根钢丝做的，二胡卖两毛钱一把，葛庭燧买了两把。一回到家，他就坐在小板凳上拉起一首二胡曲——《苏武牧羊》，情感很深沉，而且调子很正。拉完二胡，葛庭燧给孩子讲起苏武牧羊的故事。在葛运培的回忆里，只听过父亲这一次拉二胡。葛庭燧曾经练过太极拳，打过乒乓球。1964年，有一次他上大连开会，女儿上招待所看他，他竟然赢了女儿一局。女儿从来没见他那么高兴，要知道女儿是校乒乓球队队员。

在日常生活中，葛先生与何先生的个人衣物用品都是自己整理和保管，包括冬季的棉被，这是他们的性格与习惯使然。葛先生的物品分类摆放，整理得井井有条；何先生的衣物也特别整齐，即便到了90多岁，她依然自己整理壁橱，每周都要把抽屉里的衣物倒出来重新摆好，但她对纸张和笔记本的摆放却不像丈夫一样有序，她喜欢用小本和单页纸，放在伸手即取的盒子和桌子夹层里。

何先生有许多独特的生活习惯。许多珍贵的东西她都珍藏起来，像老照片和老信件，其中有父亲1919年的信稿、1931年的汇款单、1941年葛庭燧给何亚农先生及其夫人的信、1912年的照片、她本人1933年和1937年的毕业论文、1941年的龙凤结婚证书、时间跨度70多年的上百封家信等，如今这些都成了珍贵的家庭档案，她也在97岁那年被评为"沈阳市家庭档案工作先进个人"。

她精心保存外婆王谢长达留下的一件朝服，后来捐献给百年华诞的母

校苏州十中——它的前身就是外婆创建的振华女校。此外，何先生还爱保留各种用过的东西，诸如空盒子、瓶子、塑料袋、木条等，从不随便扔掉。

葛运培为本书的写作专门撰文回忆她的父母：

我刚刚回国时一句中文都不会说，但我记得两个词："岂有此理"和"啰里啰嗦"，这是爸爸妈妈争论时常说的两个中文词汇，哪个是妈妈说的，哪个是爸爸说的显而易见。

爸爸和妈妈也经常有小摩擦，多数是我爸爸态度很凶，妈妈就不吱声，让着他。她对我说，吵有什么意思？我没见过妈妈对别人发过脾气。在我比较小的时候，我想过：将来找对象不能找像我爸那样脾气的，我很羡慕二姨夫钱三强平易近人。

爸爸经常说我妈妈小资产阶级思想，妈妈虽然从来不照镜子，不用化妆品和雪花膏，但在出国和外出开会时，她很注意穿着得体，尤其是颜色的搭配。中年以后她几十年是同一发型，两条辫子在后面盘起来，只在1941年结婚时烫了一次头发。

爸爸爱穿中山装，很少穿西服。他不在乎到马路边理发，但他很注意营养。妈妈总说我爸爸大男子主义，个人为中心。妈妈待人平和，处事不得罪人，不轻易表态。

爸爸妈妈花钱从不大手大脚，习惯把钱存到银行里。爸爸经常给山东老家的亲戚寄钱，他去世后，抽屉里有很厚的一大摞汇款单。妈妈信仰"家务劳动健身"，一天到晚不闲着，早上早早起来第一件事是烧一壶开水，最喜欢的事是叠干净的衣服，她还爱骑带前筐的自行车，这个形象给很多人留下深刻的印象。妈妈曾经长期骑自行车上下班，但后来年纪大了，就改走路，她特别能走路，走得很快，出门上街连年轻人跟在后面都很吃力。

作为知识分子，父母很支持我们的工作，1997年，我说明愿意搞计算机辅助教学工作，想在1998年退休后继续完成我们的物理教学软件，他们用行动支持了我，妈妈两次提出想拿一万元做我们学校CAI基金。

1999年5月，爸爸收到的《物理通报》上有一则全国首届物理计算机软件大赛的消息，就及时告诉了我，我们课题组大干两个月获奖，学校领导奖励了我和我们课题组，并返聘我从事CAI工作，一干就是十年。

## 三、友情与个性

1982年,葛庭燧以"位错内耗与范性形变的机理研究"等(共34篇)系列研究成果,与张进修、王中光等昔日的学生一起获得国家自然科学三等奖。

1988年,葛庭燧访问苏联和波兰,签订了关于高临界温度超导体的内耗研究交流合作协议。据朱震刚先生回忆,在波兰访问期间,他们一起到一位波兰教授家吃饭。回来的时候,朱震刚对葛先生说:"你有没有发现汤里只有一块肉?"那时的波兰生活条件很差,葛庭燧对朱震刚说,告诉大家把生活费省出来一些,买些巧克力送给那位教授。

这就是古道热肠的葛先生。朱震刚在葛先生身边工作几十年,这件小事一直让他始终铭记。朱震刚还记得,在那次东欧之行中,有一次葛先生在洗澡时摔倒,头摔破了,一直在流血,他叮嘱朱震刚不要通知中国大使馆,朱震刚看到盥洗室里放着葛先生自己洗好的衣服,这时的葛庭燧已经是75岁的老人了。

葛庭燧重访莫斯科之际,苏联科学家们给予了他很高的礼遇,这让他非常欣慰。他应邀作了"用内耗方法研究高温超导材料中的磁通钉扎"和"毫微晶材料"的学术报告,莫斯科的同行们坐满了报告厅。

有一个颇具戏剧性的细节让葛庭燧十分感动。一位年近70的老教授一直在门口等候着他,一见面就问:"葛教授,你还认识我吗?"早在1956年,葛庭燧在参加制订全国"十二年科技远景规划"期间,参加以刘杰为团长的中国代表团曾经访问前苏联两个月,并在莫斯科作了多场学术报告。这位老教授当时曾经听过葛庭燧的报告,那时的他还是刚刚毕业的研究生。

这位老教授曾在第二次世界大战中腰部受重伤,不能久坐,这次是破例来听葛庭燧的报告,并且一直坚持听完。就在那次报告会上,一些慕名而来的年轻科研人员纷纷请葛庭燧在他的著作上签名。事实上,葛庭燧与许多苏联著名科学家、教授保持着密切的友谊,这其中包括库尔久莫夫院士、柯诺别耶夫斯基通信院士、芬克耳斯坦教授等,葛庭燧的书房里摆着一个铁铸的人物模型,那就是苏联朋友送给他的礼物。

然而,葛庭燧此次莫斯科之行发生了一个不甚愉快的小插曲:当时,苏联科学院院长奥西比扬因为另有公务而临时取消了与他会见的约定,这似乎让葛庭燧的自尊心受到很大伤害,当即大发雷霆。

他的学生、助手兼翻译朱震刚先生如实翻译了葛庭燧的意见,苏方当即表示,等葛先生访问哈尔科夫回莫斯科时再与奥西比扬院长会见。后来苏联科学院履行了承诺,奥西比扬院长在会见葛庭燧时一再表示歉意,还特意在莫斯科一个非常具有俄罗斯民族特色的餐厅宴请了葛先生一行。

## 四、那片天空两朵相似的云

葛先生与何先生夫妇自1941年在上海结婚,直至2000年葛先生溘然长逝,他们共同生活了59年。他们的恋爱始于师生恋,葛先生曾热烈地追求过何先生,在后来的漫长岁月里,葛先生的学术成就声名鹊起,而何先生也毫不逊色,他们生活在一起,工作在一起,他们的专业研究领域有分有合,相得益彰。

他们在学术研究上相互帮助、互为补充、携手共进的漫长岁月,已然成为中国乃至世界科学史上的佳话。葛先生在美国读光谱学博士时,妻子则比他早5年就获得了这个专业的博士学位;而何先生在20世纪70年代开始研究的非晶态物质的内耗峰则是丈夫的专长。

有这样一个细节:何先生的英文水平远远高于葛先生,因此,何怡贞经常帮助丈夫修改英文论文。50年代初,何先生撰写的光谱分析的论文,也要请葛先生定稿。这很好理解,要知道葛先生虽然是何先生光谱学的学生,但青出于蓝而胜于蓝。

2008年12月,在看葛先生40年代的工作笔记时,何先生昔日的学生张功梓指着一页数据突然惊叫起来:"这是何先生的笔迹!我认识,绝对没错!"看来即使是在第二次世界大战期间的军事科研中,他们也是携手共进的。

数十年朝夕相处的日子,他们在生活上、在习惯上、在每一个生活细节上都相知甚深,默契甚深。何怡贞比葛庭燧大3岁,他们不仅是姐弟,而且曾经是师生,回国后在两个研究所工作,他们是科研上的同事,而葛先生又是妻子行政上的领导,这是他们夫妻之间与众不同的特殊定位。

以中国的传统文化而言,何怡贞作为姐姐有照顾弟弟的义务,作为老师有关爱学生的天职,此外她还必须服从丈夫和领导,还要维护丈夫的尊严和体面。葛庭燧作为弟弟可以寻求心灵庇护,作为学生则有尊敬老师的天理,作为丈夫和领导,又使他有一种颐指气使、居高临下的天然威势。

他们之间比较复杂的多重关系造成了这对夫妇之间的角色变换与更替,这是一种很难准确把握和精准调整的心理转换。即便如此,何怡贞更多地扮演了谦让和大度的角色,这与她作为妻子、作为姐姐、作为老师的既成事实有关,也与丈夫的男性强势性格有关。还有一个更值得注意的因素——何怡贞自幼获得了更富于人文色彩、平等自由与知识熏陶的良好家庭教育。

何怡贞曾担心自己先于丈夫离去,担心丈夫独自生活不会照顾自己,便有意让丈夫自己刷碗、烧牛奶,收晾干的衣服,这是个十分感人的细节。

然而,他们生活的天空也并非没有风雨和阴云。葛先生性格率直甚至非常固执,一副中国北方男人的大丈夫脾气。而姑苏城里长大的何先生,自幼受自由风气影响,她性格中很重要的原则是人格的平等与相互尊重,尤其是坚守以理服人的准则。

正是这种平等观念所致,他们生活中的矛盾冲突有些是由何先生率先发起的。葛先生一直保持着爱看小说,特别是喜爱中国古典小说的习惯,像《三国演义》、《三侠五义》等,但何先生一直反对丈夫看小说,因此,她曾在"文化大革命"时把家里的小说都卖了废纸,后来葛先生又重新买回来,而且买得更多。

1980年,葛先生到合肥组建中国科学院固体物理研究所。在葛先生看来,夫唱妇随是天经地义的,没想到,何先生却不想跟着丈夫一起去,她心里惦记的是自己的工作。当时有这样一个小插曲,何先生的一个同事试图劝解葛先生,但葛先生勃然大怒地说:"你这是破坏我们夫妻关系啊,你走!"

这时的葛先生67岁,何先生整整70岁,本来应该是夫妻共同颐养天年、尽享天伦之乐的时光,但是,他们却因为难以割舍自己的工作和专业研究而伤及感情。何先生当时的心情是很矛盾的,她曾经在私下里对于是否去合肥征求过女儿的意见,女儿当时劝她牺牲自己的工作,跟爸爸一起走。葛运培至今还清晰地记得,母亲当时听了她的意见很不高兴。

何怡贞是很理性的人,从情感、家庭、尊重甚至迁就丈夫的角度来看,她从来是无可挑剔的。在1942年和1947年两次生孩子的时候,她毅然决然地放弃工作,心甘情愿地做贤妻良母,那时的她正值30多岁的青春年华,那时为家庭所作的牺牲应该被认为是理所应当的,但是,这并不意味着她的奉献和牺牲是毫无缺憾的。如果仅仅是作为丈夫的随从家属和附庸,那么,这样的角色意义相对于她的学术研究来说,又应该如何相提并论呢?

夫妻之间的摩擦是难免的,尤其是在两个具有良好教育背景并卓有成

就的科学家之间,对于他们夫妻之间的纠葛,孔庆平先生称何先生对葛先生是:"小骂大帮忙。"一个重要的事实是,他们携手走过60年的岁月,他们属于20世纪最有影响力的科学伉俪。

1993年,葛庭燧夫妇在中国科学院合肥分院

# 第三十三章 "一个真正的科学家"

## 一、甄纳奖与最高礼遇

葛庭燧于1947年在美国发现了固体内存在的晶粒间界内耗峰（即著名的"葛氏峰"），将近30年之后，意大利科学家曾于1976年对葛庭燧的学术观点提出质疑，从而引发了对"葛氏峰"来源的争论。然而，当时的葛庭燧已经无法知晓意大利人的挑战，他的研究工作已经停滞了10年。

葛庭燧恢复和继续他的研究工作，其实在去董铺岛之前就已经开始。从20世纪70年代末到80年代初，他所率领的课题组在国内外杂志上发表了14篇重要论文，以充分的实验数据和科学的分析，论证了"传统晶粒间界内耗峰是由晶粒间界的过程所引起的"这一论断，从而结束了国际上关于这个问题多年来的争论。

在这一时期，课题组在"葛氏峰"附近发现了两个新的内耗峰。通过对"葛氏峰"和竹节晶界峰的弛豫强度随温度降低而减少并最后变为零的新发现，葛庭燧又把晶界内耗峰的研究成果与晶界重合点阵模型及结构单元模型联系起来，这将带来晶界内耗研究与晶界原子结构研究相结合的重要突破。

1984年4月，葛庭燧获得日本金属学会荣誉会员称号，1985年夏，葛庭燧去美国参加第八届国际固体内耗和超声衰减学术会议，这是在1949年离开美国之后的首次重访。他此行带去了7篇论文，并应邀在会上作了报告。他的学生张立德研究员宣读了中国科学院固体物理研究所的几篇论文，值得一提的是，论文中所显示的成果是土生土长的中国青年在自己亲手建立的实验室里做出来的。

与会者对于中国学者的报告给予了极大关注。专家们一致认为中国学者的论文达到世界领先水平，这次大会做出了一个重要的决定：第九届国际会议在中国召开，并选举葛庭燧为大会主席。

1984年8月27日，葛庭燧（中）在日本东京参加学术会议

1993年9月6日，葛庭燧在意大利罗马第十届国际内耗超声衰减学术会议上作学术报告

1989年7月，由中国科学院固体物理研究所承办的第九届国际固体内耗和超声衰减学术会议在北京如期举行。这次会议有85位外国科学家注册，他们分别来自23个国家，但实际上只有8个国家的14位外国科学家莅临，中国学者90人与会。许多未能如约与会的外国科学家寄来了他们的论文，会议还收到219篇论文摘要，最后由中国万国学术出版社结集出版，由英国发行。文集里收入论文159篇，其中69篇来自中国学者。

这次会议还做出了一项重要的决定，经国际委员会投票选举，葛庭燧荣获固体内耗和超声衰减领域的国际最高奖——甄纳奖，葛庭燧在76岁高龄获得了他在证实甄纳教授的理论 40 多年后实至名归的荣誉。年长他 7 岁的甄纳教授此刻在美国的家中甚感欣慰。4 年后,甄纳教授因心脏病在匹兹堡去世,享年 87 岁,一生追随金属内耗事业的葛庭燧 2000 年辞世时也是 87 岁。

4 年之后的 1993 年,第十届国际固体内耗和超声衰减学术会议在意大利召开,会议特别资助 12 位中国科学家前往罗马,大会主席认为:"中国有优秀的内耗研究传统,国际会议如果没有中国参加,就算不得是国际会议。"

这里正是 10 多年前对他的论断产生质疑的发源地,葛庭燧院士和朱震刚研究员、崔平博士等人带去了他们的最新研究成果,提交了 40 多篇论文。葛庭燧应邀在千人大会上做了题为"内耗扭摆仪的发明和内耗研究领域的开拓"的学术报告,进一步确立了中国在这一研究领域的领先地位,同时也宣告了他本人在国际金属内耗研究领域长达 40 余年不可撼动的权威地位。

报告结束后,会议主持者就向葛庭燧表示了由衷的祝贺,并对他说:"希望尽快看到报告的全文。"葛庭燧后来在接受记者采访时说:"这次会议进一步确立了中国内耗研究在国际学术界的地位,扩大了中国在世界上的影响。事实是明显的,你有实力,有成就,人家就尊重你;你无成果,无贡献,人家就小看你!"

## 二、材料科学的荣誉之巅

葛先生在一次学术报告会上说:"孔夫子总结自己的一生是三十而立,四十而不惑,七十而随心所欲。他只活到 73 岁,没能讲到 80 岁的情况。"

葛先生说自己的人生感悟是"八十之后而知不足"。他在 83 岁高龄仍奋斗在科研第一线,为此,他曾风趣地让人们把他的年龄倒过来,说自己才 38 岁。他说:"我没有办离休,我一直要干到见马克思。"

1999 年 2 月 28 日至 3 月 4 日,在加利福尼亚和圣地亚哥举行的美国矿物、金属与材料学会年会和展览会上,葛庭燧院士走上了一生学术成就的荣誉之巅——荣获梅尔金属讲座演讲人资格和梅尔奖。这是国际材料科学和应用领域至高无上的荣誉,是一项终身成就奖,它意味着葛庭燧博士成为举世公认的杰出的科学权威,这也是 1921 年设立该奖以来,亚洲人首次获此殊荣。

1999年3月，葛庭燧获颁梅尔奖

这项荣誉囊括了葛庭燧博士一生的成就：参加美国国防委员会"曼哈顿计划"和远程雷达项目（1945年）；甄纳奖（1989年）、中国材料研究学会年会报告奖（1994年）、桥口隆吉奖和何梁何利奖（1996年）。他卓越的专业成就还包括被选为美国核学会荣誉会员，他一生撰写了240多篇科技论文，其中150篇与金属、与合金的内耗和滞弹性有关。

7位国际推荐专家对葛庭燧一生成就和贡献的评议是：

A. Cottrell——英国皇家学会会员、国际著名金属物理学家、英国剑桥大学材料科学与冶金系教授：

我非常高兴，葛庭燧教授被提名为金属演讲演讲人和梅尔奖候选人。

我了解他已近50年，我们两人最初从不同的方面对铁中的碳和氮间隙原子的行为感兴趣，这是他在金属内耗领域全面工作中的一个方面。他几乎完全开创了这个研究课题，现在已经阐明和澄清了金属和合金科学中的许多方面的问题。

他在世界范围被公认是这个研究领域的大师。他在内耗研究领域始终如一、执著地探索和追求并从中提炼出新的和重要的、真知灼见的、经久不衰的（观点）的才能是十分非凡的，他完全值得获梅尔奖。毫无疑问，整个材料科学界都将赞同这一观点。

J. Friedel——法国科学院院士、法国著名固体物理学家、法国巴黎大学固体物理研究所教授：

> 自从1947年我在巴黎矿业学校的冶金实验室开始我的首次研究（关于内耗）以来，我就熟悉了葛庭燧教授的工作。在1979~1981年，我与他会晤了几次，讨论了滞弹性问题，并且更广泛地讨论了在合肥建立一个固体物理研究所的问题。
>
> 我认为，葛庭燧教授是中国老一辈中最好的冶金学家。
>
> 他由于发现和解释了金属晶体沿着它的晶界的热激活滑动所引起的一个内耗峰而广为知名，他在当时所提出的晶界模型和晶界的可能运动方式仍然被认为基本上是正确的。
>
> 葛庭燧教授除进行了许多较有实际意义的研究工作外，还深入研究了由于填隙式原子在替代式原子或位错的力场中的运动而引起的内耗峰；他或许是首先观察到特殊滞弹性行为的人。
>
> 后一项工作是在40年代后期开始的，并在中国发表，我相信这没有引起西方这个领域大多数专家的注意，它是与Cottrel和Bilby的理论文章中所提出的Cottrel气团同时提出来的。

M. Koiwa——日本金属学会会长、日本京都大学材料与工程系主任、教授：

> 我早已知晓葛庭燧教授，并成为他热心的崇敬者，我非常赞赏他在内耗学科发展早期的贡献。
>
> 由于葛在1947年发明的扭摆是一个简单的设计，然而却能够使我们得到材料中出现的过程中许多有用的信息。葛在1948年首先用扭摆测出的、随后由世界上许多科学家测出的Snoek效应，为人们认识体心立方金属中间隙原子的行为做出了重要贡献。特别是间隙原子碳和氮在其中起关键作用的钢铁科学技术，已从扭摆技术中受益匪浅。
>
> C. Zener关于金属中的弹性和滞弹性的经典著作，打开了材料科学研究领域新的大门，葛关于滞弹性的测量实验结果是这本书的脊梁。由葛在1947年发现的与晶粒间界相关的内耗峰被称为"葛峰"。
>
> 1949年从美国回国后，他致力于新中国科学研究的奠基工作。在"文化大革命"期间，他蒙受责难。然而，他对科学研究

的献身精神始终不变。1980年，他创建了中国科学院固体物理研究所并担任所长至1986年。如今，他已83岁高龄，但对科学的兴趣从未减弱。

总之，葛庭燧教授为开创和发展材料滞弹性这一新的领域做出了巨大贡献，他长期献身科研一线的精神举世无双，我强烈支持提名葛庭燧教授作为TMS梅尔奖候选人。

R. W. Cahn——英国皇家学会会员、中国科学院外籍院士、英国剑桥大学教授：

早在1950年，我还是一名年轻的大学讲师时，就熟悉了葛教授的工作，特别是他的扭摆，作为战后最天才的发明时时触动着我。这种仪器和与之相伴的理论同等重要，对晶体缺陷，特别是位错的研究起着至关重要的作用。我对葛的其他一些工作有一些粗浅的了解，如"冷加工内耗峰"也有重要的意义。葛庭燧教授一开始就是Smith芝加哥独特实验室中的关键成员之一。

我与葛庭燧教授仅有的一次会晤是1981年在法国，那时他和他的杰出科学家妻子在那里工作，我记得他的英语说得很流利。

我认为葛庭燧教授理应加入那些曾经作过金属讲座的伟大的冶金学家和物理学家行列之中。我坚定地支持他。

V. Granato——国际著名内耗专家、美国伊利诺斯大学物理系教授：

我支持葛庭燧教授提名为梅尔奖候选人。

自50年代起，我就通过葛庭燧教授的研究工作对他有所了解，并从40年代后期，开始了个人交往。

葛庭燧教授是内耗研究领域的主要人物之一，因发明"葛氏扭摆"而闻名于世。该仪器不断被复制，并在世界范围被广泛使用。他和Noiwick及Wert一起使得Zener研究小组成为动用内耗技术开展冶金学研究的世界著名研究中心。葛庭燧教授广为人知的研究工作是现在被称之为晶界滑动的葛氏峰。这一课题目前得到很快发展，正越来越引起人们广泛的兴趣。

葛庭燧教授极富创造力。长期以来不断取得科研成果，并在此期间，使中国的科研能力得到了加强。他在中国得到了承认，并担任了研究室主任和中国科学院院士。

葛庭燧教授获得了许多奖励，在中国和世界上得到了公认，理应回美国领取梅尔奖。

J. P. Hirth——*Scripta Mettallurgica et Materialia* 杂志主编、华盛顿州立大学力学与材料工程系教授：

> 我强烈推荐葛庭燧教授为金属演讲和梅尔奖候选人。
>
> 葛庭燧教授是内耗研究领域的国际学术权威，他在"冷加工内耗峰"和晶界滑动内耗峰方面发表了突破性论文。在这两方面，他都给出了理论阐述和实验证明。他在溶质内耗峰及近年来在非线性滞弹性现象方面也做出了巨大贡献。
>
> 另外，他发明的扭摆已在内耗研究领域被广泛地使用了 50 年。因其杰出成就，葛庭燧教授获得了众多的奖励，并作为中国科学院固体物理研究所名誉所长引导了该所的研究工作。
>
> 葛庭燧教授友善待人，性格开朗，乐于助人，能讲流利的英语，相信他能做一场很好的学术演讲。总之，我认为葛庭燧教授是梅尔奖强有力的候选人，并强烈推荐他作为这一荣誉的获得者。

M. F. Ashby——英国皇家学会会员、*Acta Mettallurgica et Materialia* 杂志主编、英国剑桥大学工程系教授：

> 我支持葛庭燧教授提名为梅尔奖候选人。
>
> 葛庭燧教授非凡的研究生涯跨越 56 年。他的名字与现有材料中的内耗紧紧联系在一起；他的实验才华和物理洞察力使得这一领域得到真正了解。"文化大革命"使他的创造性研究生涯被迫中断。但令人欣慰的是，80 年代，他又是作为鼓舞人心的学术带头人重新开始了研究工作。直到现在，他仍不断地在这一研究领域作出非常出色的工作。
>
> 葛庭燧教授是一位最具盛名的材料学家。我从未听过他的报告，因此，不能对他所作的学术讲演的效果发表意见，但从纯粹的科学意义上讲，葛庭燧教授是完全有资格获得梅尔奖的。

葛庭燧从 TMS 学会主席 Jomes 教授手中接受了梅尔奖奖牌，在本届 TMS 年会梅尔金属讲座上，发表了长达 50 分钟、题为"晶界弛豫研究五十年"的学术演讲。

令人唏嘘不已的是，当梅尔奖为葛庭燧的学术生涯画上圆满句号的同时，他似乎也走到了生命的终点。在获得梅尔奖一年零一个月之后，葛庭燧离开了这个世界——他的生命之舟沉没了，他的灵魂与智慧将到另一个海上继续航行。

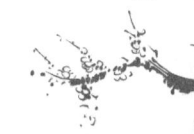

1999年3月,葛庭燧在美国梅尔金属讲座发表讲演

## 三、王晓伟的回忆

曾经受到葛先生极大影响的王晓伟女士在一篇回忆文章中写道:

葛庭燧先生是一位真正的科学家。

很多人都知道他生前获得过多项国家授予的成果奖励,美国人也把材料科学领域最高的荣誉"梅尔"(Melh)奖授予了他,他也是第一位获得此项殊荣的亚洲人。2002年我去西班牙参加第13届固体中的内耗与超声衰减国际会议,更是亲眼见识了在这个领域里,世界各国的科学家们是如何把葛先生作为这个领域的创始人来纪念的。

来到金属所之前我并不知道葛庭燧先生的名字,因为那个时代对科学家宣传是很有限的,所以很多大科学家在年轻人中的知名度并不高。我到所后分在了断裂韧性组,那个时候才第一次知道葛庭燧先生是位大科学家。

那个组当时很大,差不多有20多个人,那个时候办公条件挺差,新来的人没有桌子,别人帮我弄了一把修补过的椅子,因为我是新人,没有什么具体的工作,就暂时先在组长所在的办公室——西大楼218房间落脚，葛先生就在那个办公室。

办公室里加我是五个人，因为我没桌子，天天要借着别人的桌边坐。记得葛先生的桌边是我经常借坐的地方。因为打倒"四人帮"后，他经常出差或外出开会，他的桌边自然相对空闲些，加上他的桌子是朝西墙摆放的，其他人都是朝南窗，对于我这也是个适合借坐的好位置。

我与葛先生的交往就是这样开始的。先生不仅很容忍我经常坐在他桌边的打扰，而且很关心我的学习。没过多久，这个大组就随着所里科研格局的巨大改变而一分为三了。

非常幸运的是，葛先生把我吸收到了他正在恢复重建的内耗组，所里也给葛先生恢复了办公室。组里最初只有4个人，因开始没有实验室，我们暂时仍和葛先生挤在同一个办公室——西大楼的219房间，据说这是葛先生和何先生"文化大革命"前的办公室，是个朝北终年不见太阳的房间，直到他们82年离开金属所，两位先生一直就在这间办公室。

后来，由于著名的前西德马普固体物理所的Seeger所长要来访问葛先生，所里很快就将214房间分给了内耗组作为实验室，据说"文化大革命"前内耗实验室就在这个房间。用"朴实无华"这个词来描绘葛先生这个人可能还是很恰当的，从葛先生的身上，我真正看到了不追求物质享受与淡泊名利的确是个一脉相承的理念。葛先生讲究的是什么呢？还是他的科学追求。

记得在他病重期间，我和孙宗琦老师专程去合肥的医院看他，那个时候他已经病得相当重了，并且刚刚做完大剂量的放疗，那天他对我们讲了很多话，最主要的讲他对没能在有生之年，在中国的土地上做更多的工作感到遗憾。这是他在即将离开这个世界时，发自内心的遗憾。

我们非常理解他，而且深受感动，我们都知道，这就是他一贯的思想和抱负，他很早成名于美国，但他一直希望在中国的土地上能做出与他在美国相提并论的成就，这是他回国几十年来不懈的追求。其实很多事真的是谋事在人成事在天。

谁都知道葛先生回国几十年经历了那么多政治的变幻，国家命运的起起伏伏，个人经历的种种坎坷，很多事情真的不是个人的力量能够左右的。作为一代知名的科学家，他真的已经是竭尽全力了。我想今天不再会有人怀疑葛先生对科学的追求有什么个人目的，也

不再会有人说葛先生的这个追求是"左"还是"右"了。

葛先生一生已经足以说明真正的科学家是什么样的定义,他为了这个追求,舍弃了多少别人想得而得不到的东西,他遭遇了多少不该受到的挫折和打击仍然矢志不渝,我几乎没听到过葛先生抱怨过,无论在言谈话语还是不知疲倦的忙碌中,总让人感受到他的抱负是不受年龄和任何变化影响的。

1989年10月24日,中共中央政治局常委宋平(中)在科学岛会见葛庭燧夫妇

1995年,葛庭燧夫妇与全国政协副主席钱伟长夫妇(右二、右三)在一起

作为一个科学家,他为人类科学事业留下了杰出的贡献,尽管连学习理工科甚至物理学的人也很难了解金属内耗的专业知识,尽管他的名字对于许多人来说依然十分陌生,但他所做的一切已经载入了历史,他进入了金属内耗事业的圣殿,从这个意义上说,他已然没有遗憾。

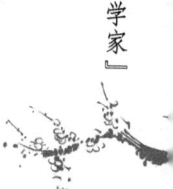

# 第三十四章 生命中最后一道霞光

## 一、黯然神伤的牵手

1999 年 6 月 23 日，葛庭燧在合肥铁四医院做了痔疮手术，附带着还有一个左腿包块的手术。不料，3 天之后的病理报告显示，葛先生左腿的包块为恶性肿瘤。单位立即将他转到安徽省医院，对其左腿包块进行第二次手术，而告诉葛庭燧的手术理由是，因为前列腺的问题而转院。病中的葛庭燧开始意识到身体的重要性，他曾将自己和钱临照先生比，认为钱临照身体保护得非常好。

钱临照时任中国科技大学校长，是葛家的老朋友，他是我国金属晶体范性形变和晶体缺陷研究以及物理学史研究的奠基人之一，曾于 1934 年考取庚款第二届公费赴英国留学生，曾因指导教授对一位印度学生的歧视态度而愤然拒绝殖民者国家学位，并表示希望得到祖国的学位。由于中国学位制度直至 80 年代才建立起来，所以他始终未获得学位。

事实上，钱临照先生于 1999 年 7 月 26 日在合肥逝世，这件事对于葛庭燧的打击很大。2000 年 2 月 9 日，葛庭燧在省医院病房摔倒，导致右腿股骨头骨折，从此卧床不起。5 天后，转至解放军 105

1999 年 7 月 31 日
家人到医院探望葛庭燧

医院，对已经转移的恶性肿瘤进行伽玛刀治疗。

在葛庭燧生命旅程最后的一个多月中，家人留下了许多谈话记录，成为我们了解这位伟大科学家的珍贵史料。

关于何怡贞来到老伴病榻前的一段文字记录尤其令人凄然，她带来了一盆杜鹃花。葛庭燧轻轻捧起何怡贞的手，心疼地说："这只手都骨折过三次了。"何怡贞答："现在好了。"于是，两人拉拉手，显然是葛庭燧的手劲更大一些。

这次意味深长的牵手令在场的人沉默无语，两只已经相牵了整整60年的手，其中传达的信息，只有两位老人的心能够读懂。那是燕大校园的开始，那是上海滩上的婚典，那是在美国加州与芝加哥的日子，那是归国邮轮上海风吹拂的时光，那是几十年的风风雨雨……

得知钱临照先生的塑像即将揭幕，葛庭燧曾说："我还有不到一个月就87岁了，马克思应该再给我四年的工作时间，看马克思公平不公平。我再写两本书，写完书我就可以见马克思了。我可能胳膊用得太多，写字不太灵了。我本来写字比较整齐，后来不知怎么搞的。我脑子不太坏，照过CT，别人说挺好的，结果一年就坏了。祸不单行，手不太灵，腿又骨折了。后来又发现肺部有感染，60多年了。"

为了写晶界内耗专著，葛庭燧系统阅读了大量文献，把有关理论和实验方面的最新成果吸取过来，融会在自己的学术思想中。他历时数年完成了极富学术价值的著作《固体内耗理论基础——晶界弛豫与晶界结构》，令人遗憾的是，他没有能亲眼看到这本书的出版，而在书稿付梓期间与世长辞。何怡贞用一万多元的稿费买了丈夫的遗著，并请与丈夫一起共事20多年的朱震刚先生帮忙，寄给海内外的好友和图书馆。

## 二、科学无国界，但科学家有祖国

葛庭燧的人生价值观中有两个极其重要的概念：一是祖国；二是他毕生所致力的金属内耗研究。葛庭燧是一个坚定不移的爱国者，尽管在特殊时代背景影响下的褊狭是任何人都难免的，他始终以"微生物学之父"巴斯德的名言自勉："科学无国界，但科学家有祖国。"

普法战争时期，普鲁士邀请法国科学家巴斯德去讲学，巴斯德在拒绝这一邀请时说出了这句话："科学无国界，但科学家有祖国。"尽管此言当时的历史背景已经时过境迁，但这句话深深地影响了许多贫弱民族的有志学人。犹如当年的"巴氏杀菌"拯救了有害细菌对人体的侵害，这句名言

拯救了人类的科学精神。

金属内耗研究，是葛庭燧在发明"葛氏扭摆"之后直至终生的情有独钟，他一直心无旁骛地在这个领域钻研。直至生命的最后时刻，他念念不忘的仍是研究所里的事业，不忘嘱托晚辈和同事们努力合作，超过外国人。事实上，在葛庭燧心中，祖国与事业是紧紧相连的，他一生把事业看得最重，因此也将自己的学生看得最重。

他一直记挂着学生郑冶沙能从国外归来效力祖国。尽管郑冶沙没能遂老师的心愿，但还是从美国发回一封传真，向老师表达了深深的歉意，这封信可以说是对葛先生的人格与事业极为中肯的评说。

郑冶沙博士致葛先生的亲笔信是从英国剑桥传真至合肥固体物理研究所的：

尊敬的葛先生：

您好！

我很后悔已有两年之久没与您通信。去年秋，我在剑桥偶遇巴图老师，他告诉我，您最近有两个小手术，没有关系，一个是痔疮，一个是腿上长了一个小瘤，不痛，没有感觉。在我的印象中，您身体非常好，没有关系。我又放弃了写信问候您的机会，自从去年秋以来。

您深深地爱着祖国，和您血脉相连的这块土地。当我第一次遇见您，在您的办公室，您告诉我："我来自农村。"我当时想，您十几岁已走出家乡，去了当年的清华学堂，后来又扬名天下，为什么时至今日，还这样说。我事后理解了，您是对年青一代说，您是来自那块抚育您成长的土地，您终身眷恋着她。

您深深地情系清华，您曾对我说："我和清华有5层关系。"我没有追问您，我猜测，大概您曾是她的学生、研究生、助教、教授、名誉教授？清华也将永远为有您这样的校友而自豪，她的教室、校园、青春和信任，一片绿茵将永远存留在您的终生不竭的绿色回忆中。您永远以母校而终身骄傲，母校与您互为争辉。

您同样眷恋金属所。在那里您付出了一生中最盈实的时光。您和李薰等一代科学家培育的这棵大树，如今已枝繁叶茂，桃李满天下。上世纪50年代、60年代的学生如今早已是祖国的栋梁，第三代科学家也已至而立之年，正在挑起大梁。她过去、现在仍然是中国一流的研究所。

您身体力行，树立了最佳的科学风范，无论是昨天、今天、明天，将永远传为佳话。学物理的不懂材料，学材料的不懂物理，您既做先生，又做学生，培养了一代中国最优秀的材料科学家，也把良好的科学风范代代传播。

80年代中期我在研究所期间，总是听到人们回忆当年良好的科学环境和作风，直到90年代初，当我去访问您时，您还对我说："上午让我去陪苏联外宾，下午我有考试，我还没时间准备，不能因为是教授，就给5分。"往事当时已过去了30多年，我还铭记，您的严谨的科学作风，昭昭在目。

固体物理所和固体内耗国家开放实验室是您一手创造，白手起家，固体内耗国家开放实验室的内耗设备，凝结了您近20年来的心血，它的精密和完备在内耗测试上，在世界上也是独具特色的。无论将来发生任何变故，科学院应该确保它的正常运作，这是一个纯基础理论研究的基地。晶界研究将永远有它新的课题和指导意义。因为复合材料的兴起和新型材料的发展，晶界已经推广到相界，那里有更冷的潜在的界面基础理论的研究。

1992年当我第一次访问这个实验室时，您让我参观所有的内耗设备。当时有一个房间锁了，没有钥匙。第二天您问我看了实验室没有，我如实地告诉您仅有一个房间没看。您取了钥匙，亲自给我讲内耗仪的原理。您轻轻地述说它的原理。那一瞬间，我的感受是"深入浅出才是本事"（这句话是柯伟老师教导的）。"葛摆"不是一时冲动的发明，而是首先建立在您的坚实的物理光学基础之上的。

您曾来信让我去参加1999年2月的TMS大会，我也投了稿，被录用和收到了大会的邀请。但当时我在Cambridge，刚来不久，工作走portugal的，诸多不便，主要是时间，这也是我终生后悔的一件事。TMS大会对您的介绍，我认为是中肯的。他们肯定了您在美国的一系列发明后，但更着重说明了您自从1949年返回您的祖国后，近半个世纪，您建立了整套的内耗设备和这个领域的理论体系。他们肯定了您在中国的工作。这恰恰是您半个世纪的追求和您所希望的，您为自己的祖国争得了荣誉。

我在Cambridge材料系遇见了柯垂耳先生，他的听力不灵了。有次在图书馆，我想向他说，但是他听不见什么，然后我就写了一个简单的字条："您认识Prof. T. S. Ke? 我读过您的书，他是被

Prof. T. S. Ke 翻译的。"当时我问他"您认识 Prof. T. S. Ke?"他向我跷起了大拇指。后来他还告诉我，梅尔奖是非常崇高的荣誉。

您曾经说："我仅仅是研究金属物理，金属物理在物理领域是个很窄的领域，我知道得太少了。"那一瞬间，您在我心中的形象丝毫没有降低，反而拔高了，这是一位真正的科学家站在科学的圣殿前的坦言。我们处于一个知识爆炸的时代，科学越发达，学科越精细。现代科学既要有敏锐的头脑，去捕捉新的现象；又要有广博的基础知识，在相交学科才能有所突破。在工资、课题经费方面，您说"量入为出"，"科研经费够了"，"科研坚持踏踏实实做学问，青年科学家应该踏踏实实做科研"等。

您表现为独立的中流砥柱，尽管不合时宜，但您的行为、观点将经得起历史考验。您是有福气的，有朱震刚、崔平、方前锋等一批追随您多年的忠厚、踏实、不图虚名、甘于寂寞的科学家，他们将撑起固体物理所和固体内耗开放室这一片天地。您应该欣慰和放心，能够安心踏实在董铺岛奉献一生，而不被巨大的商业浪潮冲击所动，这本身就是最好的证明。

1995年10月，我们最后一次相遇在北京京西宾馆，我在开 postdocter 的大会，您在开院士评选会，我和张进修晚上去看您，当时在场的还有程开甲，还有一位老先生来自吉林大学，搞X射线的，他的耳朵也不好。您当时给我们讲了回国的第一课，就是社会主义时代的知识分子改造运动，今天已经很少有人知道那场运动了。

当晚我经常打断您的话，因为时间晚了，我们要返回宾馆，您终于发现了，说"你怎么老是打岔?"我当时是希望您快点说。当您送我出来时的最后一句话是"没有宽广的胸怀，回来后则将一事无成"，我知道这是您回国后近半个世纪的总结。

1993年5月来固体物理所祝贺您的80岁生日。周本廉老师对我说："你知道葛先生见我说什么？两个字'坚持'。我知道他的意思是现在全面经商，要我坚持研究领域。"周老师是一位聪明过人的人，事实上，您自己就是在一连串的运动中坚持中国的基础理论研究，不受干扰。

我想在5月初回国，请您等我，我们还有很多话要说。我唯一可以告慰先生的是，我在没有任何背景的推荐下，今年7月初在美国丹佛召开的第七届复合材料工程的国际会议上（7th Inter conf of Composite Engineering),被大会主席邀请作为 chair session,这是作口头报告的大会,那里包括了复合材料的所有领域,这是很大的荣誉。

祝您保重,配合医生作各种治疗。

我们衷心希望奇迹出现,您将全面康复,又将行走在董铺岛上班的路上。

08/04/00<br>
Cambridge<br>
学生　郑冶沙

严师出高徒,作为葛庭燧的学生,郑冶沙的尊师之情溢于言表,也同样是作为葛先生的弟子,郑冶沙对恩师的理解与评价是中肯和严谨的,毫无浮夸之词。

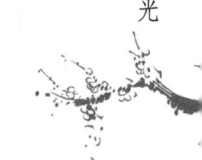

# 第三十五章 人生最后一次远行

## 一、在离别的日子里

　　一向身体强壮的葛庭燧，终于被疾病击倒了。这时的他毕竟已经是87岁的老人，他20岁那年患肺病，结果他的儿子葛运建和孙子也是20岁那年患肺病。也许这是人生的宿命。

　　在癌细胞已经转移之后，葛庭燧经常出现幻觉。有一次，他坚持说有狗咬他的腿，这个细节也许可以作为心理学研究的例证——不管人生多么漫长，不管人的地位和学识发生了多大的改变，但是，有些来自童年时代乡村的遥远刻痕依然不可磨灭。

　　但是，并非所有的幻觉都难以解读。他叫喊："我要工作，你们快起来，我在写第五本、第六本，你们赶快帮忙，快来啊，我要死了，你们赶快来，赶快来！"有时，他会高声大喊："我什么都不要了，我快点死啊，葛庭燧快点死啊！哎呀，不能死，哎呀，不行了，别说了，不要再说了，快一点，赶快啊，赶快，赶快叫我起来……"在这次神志不清的呓语之后，他陷入了沉沉的梦乡，几乎睡了一天一夜。

　　葛庭燧曾对儿女说："我自己觉得，我这辈子差不多了，对人民的贡献，在政治上，在学术上，只能达到这个程度了。我现在已经86岁，马上就到87岁了，就差不多了，也没有什么对不住人民的地方了，所以就心安理得了，我觉得我也差不多了。其实我没做些什么东西出来，很惭愧啊，本想再坚持四年，那我……希望康复，我对你们非常感谢，很不好意思，太麻烦了。脑袋混乱变好了，眼镜拿走了，我就睡觉了，你们了解我就行了。一个人一辈子都有缺点，缺点谁都有的，努力改正了，啊，就这样，看大节，好吧，睡觉吧！"

　　在葛庭燧逝世前半个月的一天，安徽团省委的四名同志来看望他，带来了他所救助的贫困儿童徐娇娇的消息。团省委书记告诉他，徐娇娇已经当上中国少年先锋队全国代表大会代表，"六一"要到北京参加全国少先队代表大会。他帮助徐娇娇的事情也由团省委报告了胡锦涛同志,胡锦涛还经常过问这件事,葛庭燧听了十分欣慰。

2000年4月14日,葛庭燧在梦中斩钉截铁地说:"中国之大,我们谁也不怕!"他还对子女说:"古语说子女照顾父母'衣不解带',明白吗?你们也是这样啊!"

在葛庭燧的遗愿中,他除了将自己一生最后积蓄下来的50万元做了分配之外,特别叮嘱要让儿子运建和女婿梁科去一次美国。他特别提到,运建是在美国生的,而他最大的心愿是儿子能够成为中国工程院院士。

很少有人知道中国一流的老科学家、一个中国科学院院士在世纪之交的个人收入情况:

　　基本工资:974元,职务工资:400元,出勤补贴:200元,房补:180元。国家补贴:科学院200元,特殊津贴100元;省里补贴:每年12 000元。资深院士(80岁以上)每年10 000万元。

葛庭燧曾经获得过几笔较大数目的奖金,比如香港的何梁何利奖奖金10万元港币。他曾经在病床上心算过自己的全部收入,而且算得非常准确,可以说是分毫不差。有一次,他在算完之后慨叹:"钱太多了,三万一千多。"他自言自语地说:"和国外比是多少?"

葛庭燧一生以各种形式捐献给国家的钱也有数万元,他从来没有过买房子和买汽车的打算,因此,他觉得这些钱对于过普通的生活是绰绰有余的。葛庭燧与何怡贞的经济收入是独立核算的,而且互相都不知道准确的财产情况。

一天,葛庭燧想起小学课本里"一个喜蛛"的故事,就为子女讲起这个故事:古代一个将军总是打败仗,有一次,他看到一个蜘蛛失败了11次,便一跃而起,终于打了胜仗。这个故事在冥冥之中暗示着,葛先生始终没有甘于被命运打败。

癌细胞疯狂地吞噬着葛庭燧的肌体。他右手感到无力,腿上又出现一个小瘤。经检查,病灶已扩展到他的大脑、肺和肝脏,毒化他周身的血液。他不幸又跌了一跤。在犹如山崩一般的病势压迫下,他被迫整日躺在床上,中止写作,接受光疗。

他有生以来第一次变得如此虚弱,过去的勇气和坚强已经像游丝一般脆弱,但他在别人面前还是显得异常刚强。他经常让人扶他坐上轮椅,在室内转转。他说总有一天要站起来,即便右手不行了,还能练习用左手写字著书。

何怡贞在老伴的病榻前再三鼓励他:"你一定要和疾病作斗争,坚持

到底!"葛庭燧说:"我一定做到!"

4月11日,葛庭燧对固体所领导说:希望固体所能发达起来,内耗和纳米都要依靠你们了。要抓紧培养人才,引进人才。一个年轻人怎么能什么都好呢?要多看他们的优点,三四十岁的青年能干很多年。

4月22日,葛庭燧一生主张"科学无国界,但科学家有祖国",孙子葛树森正在法国留学,这一天,葛庭燧再三叮嘱葛树森的妈妈:"不要回来看我,要他抓紧学习,拿了学位,一定要回国。"

葛庭燧的病情在恶化。他体内的免疫系统已全部瓦解,晚期癌症的种种并发症折磨着他,葛庭燧只是默默无言地忍受着。他心里明白,马克思在向他招手了。

南京军区105医院专家救治小组已经竭尽全力,这个救治小组由脑外科、肿瘤科、消化科、呼吸科、心血管科等10多名具有高级职称的专家组成,院长亲自担任组长。在治疗上,医院除了采用高科技设备X刀的治疗外,还采用世界先进的介入超声新技术、深静脉高价营养治疗等新方法,使葛庭燧的生命在恶性纤维组织细胞癌全身扩散之后延续了三个多月。

## 二、他的脚步已经远去

2000年4月25日,在葛庭燧病危期间,何怡贞及其子女同当时的固体物理研究所党委书记单文钧进行了一次郑重的谈话。何怡贞将一份自己和子女签名的意见书交给了单文钧:

**我们对葛庭燧后事处理的意见**

固体物理研究所:

根据葛庭燧生前的一贯态度和病重期间的谈话精神,对葛庭燧后事处理,我们一致同意:1.如果医院需要,遗体可供给医学界科学研究之用;2.骨灰撒到葛庭燧的家乡山东;3.丧葬仪式一切从简,不举行遗体告别仪式。希望组织上能尊重我们的意愿。

葛庭燧家属:何怡贞、葛运培、葛运建

4天后,葛庭燧先生于2000年4月29日上午10时02分在合肥105医院去世,医院随即保存了其被癌细胞感染的器官标本。当日下午2时,葛庭燧的遗体火化。

葛庭燧从停止呼吸到火化完毕，只有4个小时。他静悄悄地走了，没有花篮和花圈，没有挽联和挽幛，没有哀乐和悼词。

葛庭燧的生命烛火熄灭了，距离他期盼的87岁生日只差4天，那曾是他生命中最后的，也是最近的一个目标。他终于走完了风云变幻的一生，他已经很疲惫，甚或是对于将近90年的人生旅途已经过于困倦，他要去另外一个地方，一个被他称为马克思所长眠的安乐之乡作一次远行，这是他生命中最后的一次远行。

他最后的遗愿是：骨灰撒在山东老家，不保留。叶落归根，那是他的灵魂最终的归宿，也是永远的归宿。

葛庭燧逝世之后，金属研究所一座新的研究大楼被命名为"葛庭燧楼"，他的三座铜像先后竖立，分别在他参与创建的金属研究所和固体物理研究所，还有一座在他的母校——蓬莱一中的校园里，那所学校的前身是始建于1864年的"登州文会馆"，是他梦想的摇篮。2001年5月25日，中国科学院固体物理研究所隆重举行葛庭燧院士铜像揭幕仪式。

固体物理研究所葛庭燧铜像揭幕仪式

葛庭燧去世后，他曾经工作多年的地方——中国科学院金属研究所派人向何怡贞征求设立"葛庭燧奖研金"的意见，因为葛先生生前曾拒绝过类似的事情。何怡贞认为，葛先生生前拒绝以他的名字命名奖研金，是不想沽名钓誉，而她认为"葛庭燧奖研金"的宗旨符合葛先生培养拔尖科技人才的意愿。

子女在金属研究所葛庭燧铜像前

葛庭燧奖研金标识

"葛庭燧奖研金"在葛先生逝世8年后的2008年3月18日正式设立。

郁达夫在《怀鲁迅》中说:

没有伟大的人物出现的民族,是世界上最可怜的生物之群;有了伟大的人物,而不知拥护、爱戴、崇仰的国家,是没有希望的奴隶之邦。

1883年,马克思逝世后,恩格斯在他墓前发表动人心魄的演说,其中一句名言是:

这位巨人逝世后所形成的空白,不久就会使人感觉到。

葛庭燧曾经乞求马克思再给他4年的时间,来完成几部金属内耗著作,此刻,他已匆匆赶赴与马克思的"天堂之约"。

# 尾声　关于生命价值的终极真理

1957年的"反右"斗争打断了中国一代知识分子的精神脊梁，而"文化大革命"更是直接给很多著名知识分子的精神和肉体以严酷的打击。值得庆幸的是，因为"两弹一星"被列为军事科研项目，一批科技精英得以幸存并且能够发挥聪明才智。在此期间的葛庭燧没有受到生命威胁，也没有更多的皮肉之苦，但是他在精神上所遭受的创伤却是无法愈合的。

有两件小事曾经深深地伤害过葛庭燧。一件事是：他在"自然灾害"时期经常自己掏钱，请年轻知识分子吃饭，这件事后来在"文化大革命"中被人贴大字报"揭发"出来，说他腐蚀拉拢青年干部。另一件事是："文化大革命"时期，沈阳一个军工厂生产的飞机出现问题，他作为专家被请去"会诊"。他提出要看看飞机，结果遭到了拒绝，工厂领导只是口头介绍了有关情况，然后问他是什么原因。那一刻，葛庭燧的内心无比痛苦，因为他已沦为不被祖国信任的人。

这种创伤是一种深入血液和骨髓的慢性的浸透，又渐渐在灵魂的空间蔓延，最终导致他与自身彻底决裂。关于葛庭燧的思想变化和20世纪60年代之后的精神轨迹，尚须时间去研究和探讨，但一个不争的事实是，他已经坚定不移地将自己视为一个共产主义者，他在加入中国共产党那一刻说："余生交给党安排。"毫无疑问，这是他的肺腑之言。

葛庭燧是一个执著的人，是一个执拗地将个性和事业与人生追求融为一体的人，当年曾经试图质疑葛氏内耗理论的刘柏林先生有一次来到固体物理研究所，在一片青翠的草坪上，看着葛先生的铜像，他凄然地说："我不和你吵架了，你在这里晒太阳吧！"

葛庭燧晚年的心理变化可以从许多言行中找到一些若明若暗的答案，他曾经彻彻底底相信知识分子不如工人伟大，而不去辨析各自的职业角色。多年挣扎在"极左"政治的漩涡里，他的生存本能不仅仅表现为一种自救，而是以自己的信念去拯救别人。

　　葛庭燧一生都没有放弃过他的理想，无论是在清华物理系读书时因患肺结核休学的时光，还是从20世纪50年代末直至70年代末的苦闷彷徨时期，他的基本思想线索始终是清晰的。他是一个不折不扣的爱国者，他将爱国视为生命的根本；他又是一个探索不止的科学家，他将科学研究看作人生的动力和希望。

　　葛庭燧是世界金属内耗领域的巨人，他的生前身后，为这个领域填补了空白又留下了空白，在这个专业领域，迄今只有两个最伟大的名字——美国人甄纳和中国人葛庭燧。

　　是葛庭燧让中国人在世界金属内耗研究领域始终占据着极为重要的地位，就连"内耗"这一中文译名都是葛庭燧院士首创。一位日本同行曾经非常钦佩地称赞"内耗"一词的中文翻译非常准确，因为英文"internal friction"一词的直译应该是"内摩擦"，而日本人也正是翻译成"内摩擦"的，然而，"内耗"的译法极其准确而生动地表述了金属内部这一物理现象的本质。与此同时，"滞弹性"、"弛豫"的中文译名与"内耗"一样，成为葛先生贡献给祖国科学的不朽碑刻。

　　在葛庭燧去世之前一年，数位世界著名的金属物理学家、教授在1999年度TMS梅尔奖颁奖典礼上，对于他的学术成就给予了极高的评价，这些声音将永远回荡在材料科学的圣殿中（评语详见第三十三章第二节）。

　　无论是在家乡的土庙里拉倒神像，还是"一二·九"运动的革命大潮；无论是敌后抗日根据地的战火硝烟，还是西南联大的艰苦岁月；无论是战时美国的军事科研生涯，还是"文化大革命"年代的良心拷问，葛庭燧从来没有胆怯过，从来没有退缩过，从来没有放弃过。他一生中感到最恐惧、最懦弱、最绝望的时刻，只是在生命走到尽头的短暂的日子——这是人生不可否认、不可回避、不可战胜的一个时刻，所以，人不能没有一个终点，正如曾经而且必须有过一个起点。

　　起点是令人兴奋的，终点是令人憧憬的，人对幸福的理解纵有千差万别，但是很可能同样都会抵达期许中的彼岸。

　　他为人类物理学留下了"葛氏扭摆"和"葛氏峰"，留下了记得满满的100多本学习、工作笔记和效率手册，为所有熟悉他的人留下了各种记忆与评说。

　　中国共产党党员，著名金属物理学家，中国科学院院士，第三、四、五、六届九三学社中央委员，第七、八届九三学社中央常委，第九届九三学社中央参议委员会副主任、九三学社中央顾问，中国科学院固体物理研究所名誉所长、研究员，第三、五、六、七届全国人民代表大会代表，中国科学院金属研究所和固体物理研究所创始人——用我们最为熟悉的语言表达方式来概括葛庭燧的一生，这显然并不是人们全部的期待。

他是一个从小受民主自由思潮影响坚决反抗封建思想的人；他是一个在世界反法西斯战争中挺身而出的人；他是一个用自己的聪明才智为人类物理学的发展做出过杰出贡献的人；他是一个真正的科学家；他是一个不折不扣的爱国者；一个襟怀坦白、耿直而率真的人；一个曾经为良知与求知而长期痛苦、困惑和违心的人。

他是一个孝顺的儿子，一个痴情的恋人，一个慈爱的父亲，一个严格的老师，一个热爱知识和追求真理的人，一个典型的20世纪动荡年代成长的、属牛的中国山东人。

他的遗愿是将骨灰撒到山东老家的土地上，这是他人生最后一个耐人寻味的结局——古老的、属于过去的传统与未来的、属于理想的未知。其实他一生都在这两者之间摇摆和徘徊，犹如一个钟摆，无论摆动多少次，都是对于第一次来回摆动的重复，如果摆动注定是无休止的开端，那么，静止就是绝对完美的结局。

何怡贞与丈夫葛庭燧相知相爱、相伴相随60年，他们在不同的历史时期都留下了亲密的合影，然而，只有一张合影更加令人感慨万千，那就是她坐在丈夫的铜像旁边，人们已经无法通过她静如止水的表情看到她内心的波澜与惊涛。

2008年7月，距离她百年华诞仅仅相差两年，那是她生命的百尺竿头。她终于走到了这个世界的尽头，她的灵魂在另一个世界重新诞生。那是一个她所期待的一切美好、一切遗憾、一切心愿都像荷花一样盛开的世界，丈夫葛庭燧在八年之前就已经在那里等待着她。

当两个人已经融合成一个不可分离的整体，生离死别就意味着生命中莫大的缺憾。她一个人孤独地走了很久，这八年的时光对于她来说确实是太久太久。葛庭燧与何怡贞，两个科学的灵魂终于再次相聚，这是一次永不分离的相聚。

尾声　关于生命价值的终极真理

# 参考文献

葛能全.2006.钱三强传.济南：山东友谊出版社
葛庭燧.1989.内耗与超声衰减.北京：原子能出版社
葛庭燧.1990.固体内耗与超声衰减.北京：万国学术出版社
葛庭燧.1994.扭摆内耗仪的发明和内耗研究的开拓与发展.力学进展,24(3)：336-352
葛庭燧.2000.固体内耗理论基础.北京：科学出版社
葛庭燧.2000-05-09.科学无国界　但科学家有祖国——中国科学院资深院士葛庭燧自述.科学时报
郭贻诚.1984.非晶态物理学.北京：科学出版社
何怡贞.1990.何怡贞选集.合肥：中国科学院固体物理研究所
黄宗甄.1962.十年来的中国科学(1949～1959).北京：科学出版社
柳袁照.2006.振华之路.苏州：古吴轩出版社
卢嘉锡.1994.中国现代科学家传记.北京：科学出版社
路甬祥.2005.科学与中国——院士专家巡讲团报告集.北京：北京大学出版社
罗伯特·布德瑞.2002.屋顶上的精英.北京：中信出版社
钱伟长.1995.一代师表叶企孙.上海：上海科学技术出版社
任之恭.1992.一个华裔物理学家的回忆录.太原：山西高校联合出版社,100
山东省蓬莱市政协文史资料委员会.1992.著名的爱国物理学家葛庭燧.蓬莱市文史资料.山东省蓬莱市政协文史资料委员会
单文钧.2007.金属内耗研究大师——著名爱国物理学家葛庭燧.北京：中国科学技术大学出版社
申先甲.2002.中国现代物理学史略.福州：福建科学技术出版社
唐晋.2004.红门巨宅：王家大院.太原：山西古籍出版社
王大明.2002.二十世纪美国科学大厦的建筑工程师——万尼瓦尔·布什.自然辩证法通讯,(6)：60
游和平.2006.毛泽东和科学家的故事.北京：中央文献出版社
虞昊,黄延复.2000.中国科技的基石——叶企孙和科学大师们.上海：复旦大学出版社

虞昊,应兴国.2005-08-28."中国三杰"与雷达研制.文汇报

扎卡里 G P.1999.无尽的前沿——布什传.周惠民等译.上海:上海科技教育出版社

张学继.2005.黄郛传.北京:团结出版社

中国科学院,武汉电视台.2002.共和国科学档案.30集电视文献纪录片.北京:人民教育电子音像出版社

Jones R V,徐家康.1987.雷达的历史.世界科学,(8):30

Massachusetts Institute of Technology.1946.Five Years at the Radiation Laboratory. Cambridge, Mass.:MIT

Ridenour L N.1947.Radar System Engineering.New York:McGraw-Hill

# 附录一　葛庭燧年表

| | |
|---|---|
| 1913年 | 5月3日，在山东省蓬莱县大葛家村出生。 |
| 1922年 | 农历正月，父亲葛启彬去世。 |
| 1924年 | 就读蓬莱八中。 |
| 1927年 | 暑假投考烟台益文中学未果；投考京师大学堂理预科。 |
| 1928年 | 考入京师大学堂理预科。 |
| 1929年 | 在颐和园参加军训。 |
| 1930年 | 考入清华大学物理系。 |
| 1932年 | 暑假，母亲王氏去世。 |
| 1933年 | 因肺病休学，住北平西山福寿岭平民疗养院。 |
| 1935年 | 9月，回清华复学；12月参加"一二•九"学生运动。 |
| 1936年 | 参加民先队和实用科学研究会。 |
| 1937年 | 住西山同仁疗养院；"七七"事变后迁同仁医院；从清华大学物理系毕业。 |
| 1938年 | 考入燕京大学物理系研究院，何怡贞成为他的老师；11月，化名"何普"去冀中军区兵工厂工作。 |
| 1940年 | 在燕京大学研究院获硕士学位；受叶企孙之邀，经天津、上海、香港、海防抵达昆明到西南联大，任物理系教员。 |
| 1941年 | 6月，乘明生轮，由昆明经香港至上海。<br>7月7日，于九江路清华同学会与何怡贞举行婚礼，婚后同赴苏州。<br>8月14日，同何怡贞乘President Crolivge号邮轮赴美。<br>9月2日，入加利福尼亚大学伯克利分校物理系，攻读博士学位，并任半时助教。 |
| 1942年 | 3月30日，女儿葛运培在加利福尼亚出生。 |

| | |
|---|---|
| 1943 年 | 获物理学哲学博士学位；获加利福尼亚大学伯克利分校 1942 年度"大学学侣"称号；获得清华留美奖学金；9 月 1 日，发明镓灯。 |
| 1944 年 | 1 月，到 MIT 光谱实验室从事"曼哈顿计划"中铀及其化合物的光谱化学分析；到 MIT 辐射实验室从事军事雷达研制；获得一项专利和美国国防委员会颁发的奖状和奖章。 |
| 1945 年 | 应甄纳教授之邀，赴芝加哥大学金属研究所，开始金属弛豫和力学性质研究。 |
| 1947 年 | 1 月 14 日，儿子葛运建在芝加哥出生。<br>发明低频扭摆内耗仪和扭转线圈，并发现内耗峰。 |
| 1948 年 | 甄纳教授出版经典名著《金属弹性和滞弹性》，15 次引用葛庭燧所做的实验，使之成为奠定滞弹性理论的基础。 |
| 1949 年 | 2 月，当选留美中国科学工作者协会理事会主席。<br>5 月，转交中共信件给钱学森，成为钱学森归国的重要牵线人。<br>6 月，当选中美科协大会主席；同年，接到清华大学聘书。<br>11 月，葛庭燧、何怡贞携儿女乘 President Wilson 号邮轮经香港回国；因签证问题在九龙滞留 10 天。 |
| 1950 年 | 1 月，由香港经天津到北京，任清华大学物理系教授。<br>8 月，作为中美科协代表，参加第 1 次全国自然科学代表大会。<br>当选全国科联宣传委员会副主任委员；在中南海怀仁堂首次见到毛泽东主席；兼任中国科学院应用物理研究所合聘研究员。 |
| 1951 年 | 在"五一节"和国庆节分别成为天安门庆祝活动观礼代表。<br>访问东北。<br>在清华大学开设新中国第一个"金属物理"课程。 |
| 1952 年 | 在"五一节"和国庆节分别成为天安门庆祝活动观礼代表。<br>10 月 30 日，携全家到沈阳，参与筹建中国科学院金属研究所。 |
| 1953 年 | 任金属物理研究室主任。 |
| 1954 年 | 第一次下鞍钢。 |
| 1955 年 | 当选中国科学院学部委员（后改称"院士"）。<br>12 月，随郭沫若率领的中国科学代表团访日；受到毛泽东主席接见。 |

| 1956年 | 参与制定全国"十二年科技远景规划";获国家自然科学奖二等奖;访问苏联。 |
| --- | --- |
| 1957年 | 麦克伦教授的名著《金属的晶粒间界》中,首次将葛庭燧发明的扭摆仪和扭转线圈分别称为"葛氏扭摆"和"葛氏弛豫计"。在"反右"斗争中被内定为"右派分子"。 |
| 1960年 | 参加上海中国科学院学部会议;参加长春晶体缺陷会议。 |
| 1961年 | 作关于苏联宇宙飞船的巡回讲座。 |
| 1962年 | 任中国科学院金属研究所副所长;参加著名的"广州会议"。 |
| 1963年 | 开始制定继续开展金属内耗研究的计划。 |
| 1964年 | 到北京中央社会主义学院学习半年;参加"四清"运动,当选第三届全国人大代表。 |
| 1965年 | 起草"金属内耗的理论、技术和应用的研究"庞大科研计划;第二次下鞍钢。 |
| 1968年 | 在"清理阶级队伍"运动中被隔离审查。 |
| 1971年 | 5月26日被宣布"政治解放",恢复人身自由。 |
| 1974年 | 第三次下鞍钢。 |
| 1975年 | 2月,与何怡贞在女儿结婚日赴开原县松山公社与亲家相会。 |
| 1976年 | 晶粒间界内耗峰被国际文献正式命名为"葛氏峰"。意大利科学家质疑"葛氏峰"。内耗实验室在金属研究所得到恢复,任晶体缺陷与力学性质实验室主任。当选第五届全国人大代表。 |
| 1977年 | 参与国家学科规划制定。 |
| 1978年 | 随李昌为团长的代表团访问荷兰和联邦德国。4月28日,被沈阳市委科技部宣布解除国民党"CC特务"嫌疑。 |
| 1979年 | 5月,与何怡贞到联邦德国斯图加特访问;12月,加入中国共产党,同月到日本访问。 |
| 1980年 | 8月,奉调合肥,筹建中国科学院固体物理研究所。10月,到法国里昂国家应用科学院讲学一年;担任里昂国家应用科学院一级教授,为中国科学家首次获此殊荣。访问美国,并会见甄纳教授。 |
| 1981年 | 正式定居董铺岛。 |

| | |
|---|---|
| 1982 年 | 获国家自然科学奖三等奖。 |
| 1983 年 | 到法国巴黎、里昂,顺访联邦德国、瑞士;当选第六届全国人大代表。 |
| 1984 年 | 4 月,访问日本,获日本金属学会荣誉会员称号。 |
| 1985 年 | 赴美国参加第八届国际固体内耗和超声衰减学术会议,并应邀作报告。<br>赴日本访问。<br>8 月,任内耗与固体缺陷开放实验研究室主任。 |
| 1986 年 | 11 月,接待访华的 Wert 夫妇;任固体物理研究所名誉所长。 |
| 1988 年 | 当选第七届全国人大代表。 |
| 1989 年 | 7 月,在北京主持第九届固体内耗与超声衰减国际会议;获得甄纳奖。 |
| 1993 年 | 参加第十届国际固体内耗和超声衰减学术会议,在千人大会上作学术报告。<br>恩师甄纳教授在美国匹兹堡逝世,享年 87 岁。 |
| 1994 年 | 获中国材料研究学会年会报告奖。 |
| 1996 年 | 获桥口隆吉奖、何梁何利奖。 |
| 1999 年 | 3 月,获美国 TMS 梅尔奖,在金属讲座发表演讲;6 月,被诊断患恶性肿瘤。 |
| 2000 年 | 被中国科学院推荐为首届国家最高科学技术奖候选人。<br>4 月 29 日,在合肥逝世,享年 87 岁。<br>7 月,专著《固体内耗理论基础——晶界弛豫与晶界结构》出版。 |
| 2001 年 | 5 月 25 日,葛庭燧院士铜像在固体物理研究所院内揭幕。 |
| 2003 年 | 葛庭燧院士铜像在金属研究所落成,"葛庭燧楼"命名。 |
| 2008 年 | 3 月 18 日,"葛庭燧奖研金"在金属研究所正式设立。<br>7 月 31 日,妻子何怡贞在沈阳逝世,享年 98 岁。 |

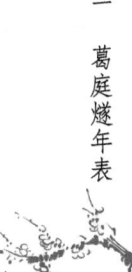

# 附录二 葛庭燧主要论文

**1950～1957**

铝铜合金在时效过程中的内耗和晶界沉淀（1950）

铜在冷加工铝铜合金固溶体中的沉淀过程所引起的反常内耗（1950）

一个新内耗峰的发现和金属中有原子脱节（位错）的实验证据（1950）

**1960～1975**

用提高温度的方法来缩短高温蠕变检验的时间（1960）

铝在疲劳载荷中所发生的基本过程（1962）

在铁锰合金的正反马氏体相变的温度范围内的位错阻尼内耗峰（1966）

范性形变过程中的低频内耗的位错动力学模型（1975）

**1981～1989**

氧或氮在钽铌中的应力感生迁动激活能的准确测量等 4 篇（1981）

替代式溶质原子气团在周期性形变中所发生的作用（1981）

铝合金中替代式溶质原子与位错的交互作用所引起的低频振幅内耗峰（1982）

作为应变振幅的函数的反常内耗峰（1985）

用内耗方法研究高钝铝中的晶粒间界的力学性质和结构（1986）

高钝铝中的晶界和位错亚结构的内耗研究的新近进展（1987）

竹节晶界内耗峰存在的实验证据（1989）

与细晶粒间界和竹节晶界有关的内耗峰（1989）

# 附录三  Science Publications of Tingsui Ge

**1947~1950**

1. Experimental evidence on the viscous behavior of grain boundaries in metals. Phys. Rev., 71, 533 (1947)
2. Stress relaxation across grain boundaries in metals. Phys. Rev., 72, 41 (1947)
3. On the structure of grain boundaries in metals. Phys. Rev., 73, 262 (1948)
4. Viscous slip along grain boundaries and diffusion of zinc in alpha-brass. J. Appl. Phys., 19, 285 (1948)
5. Anelastic properties of iron. Metals Technology, June 1948 (Tech. Publ. 2370), pp. 1-27; Trans. AIME, 176, 448 (1948)
6. Internal friction in the interstitial solid solutions of C and O and tantalum. Phys. Rev., 74, 9 (1948)
7. Stress relaxation by interstitial atomic diffusion in tantalum. Phys. Rev., 74, 16 (1948)
8. Internal friction and precipitation from the solution of N in tantalum. Phys. Rev., 74, 914 (1948)
9. A Grain boundary model and the mechanism of intercrystalline slip. J. Appl. Phys., 20, 274 (1949); Physics Today, April 1949
10. Analysis of the temperature coefficient of shear modulus of aluminium. Phys. Rev., 76, 579L (1949)
11. An apparatus for the measurement of extremely high internal friction. Rev. Scientific Instru., 20, 795 (1949)
12. Grain boundary relaxation and the mechanism of embrittlement of copper by bismuth. J. Appl. Phys., 20, 1226 (1949)
13. Internal friction of cold-worked metals at various temperatures.

Trans. AIME. 188, 575 (1950)
14. Study of recrystallization and grain growth by measurements of internal friction. Trans. AIME. 188, 581 (1950)
15. Internal friction of metals at very high temperatures. J. Appl. Phys. 21, 414 (1950)
16. Structure of cold-worked metals as deduced from anelastic measurements, in "A symposium on the plastic deformation of crystalline solids". Mellon Institute, Pittsburgh, May 1950, p. 185; Chinese J. Physics, 8, 131 (1951). (with C. Zener)
17. Anomalous internal friction associated with the precipitation of copper in cold-worked Al-Cu alloys. Phys. Rev., 78, 420 (1950)
18. Internal friction and grain boundary precipitation during the aging of an Al-Cu alloy. Chinese J. phys., 7, 427 (1950)
19. A new internal friction peak and experimental evidence of the existence of dialocation in metals. Science Record, 3, 61 (1950)

**1951～1960**
20. Internal friction peak associated with the presence of hydrogen in steels. Acta Physica Sinica, 10, 153 (1954); Scientia Sinica, 3, 26 (1954). (with P. T Yung)
21. Creep of polycrystalline iron under small torsional stress and the effect of carbon upon the creep. Acta Physica Sinica, 10, 365 (1954); Scientia Sinica, 4, 55 (1955). (with C. P. Kung)
22. Diffusion and precipitation of carbon and nitrogen from solid solution in iron and steel. Acta Physica Sinica, 11, 911 (1955); Scientia Sinica, 4, 263 (1955). (with P. T. Yung and Y. N. Wang)
23. Internal friction peaks associated with the stress-induced diffusion of carbon in face-entered cubic alloy steels and metals. Acta Physica Sinica, 11, 387 (1955); Scientia Sinica, 4, 501 (1955). (with C. M. Wang)
24. On the internal friction peak associated with the presence of carbon in nickel. Acta Physica Sinica, 11, 403 (1955); Scientia, 4, 519 (1955). (with C. T. Tsien and Karel Misek)
25. Internal friction peaks associated with the tempering of martensite in

steels. Acta Physica Sinica, 11, 479, 1955; Scientia Sinica, 5, 19 (1956) . (with Y. L. Ma)

26. On the mechanism of the internal friction peaks associated with the stress-induced diffusion of carbon in face-centered cubic alloy steels. Acta Physica Sinica, 12, 607 (1956); Scientia Sinica, 5, 625 (1956); Физика Метаов и МетαовеАЕеН

27. Study on internal adsorption of carbon in a-iron by method of internal friction. Acta physica Sinica, 12, 622 (1956); Scientia Sinica, 4, 645 (1956)

28. Internal friction peak associated with the stress-induced diffusion of carbon in low carbon alloy matensite. Acta Physica Sinica, 13, 69 (1957); Scientia Sinica, 6, 81 (1957) (with Y. L. Ma)

29. Internal friction peak associated with the stress-induced diffusion of hydrogen molecules in high chromium-nickel alloy steels. Acta Physica Sinica, 13, 131 (1957); Scientia sinica; 6, 223 (1957)

30. A study on the acoustic internal friction of iron vibrating transversely in a steady magnetic field by piezo-electric crystal plates. Acta Physica Sinica, 13, 142 (1957); Scientia Sinica, 6, 237 (1957) . (with P. L. Chow)

31. Internal friction in the process of plastic deformation of metals. Science Record, New series, 1, 37 (1957), (with P. T. Yung and C. Y. Chang)

32. A study on the diffusion of carbon in -iron by method of internal friction. Acta Physica Sinica, 13, 409 (1957); Scientia Sinica, 6, 623 (1957) . (with P. W. Yang)

33. On the method of accelerating high temperature creep test by an elevation of temperature. Acta Metallurgica Sinica, 5, 48 (1960) . (with C. P. Kung and P. C. Lin), (in Chinese)

**1962~1966**

34. Basic process taking place in aluminium during fatigue loading. Acta Physica Sinica, 18, 379 (1962); Scientia Sinica, 11, 1195 (1962) . (with C. K. Wang)

35. The pinning and un-pinning of dislocations in Al-4% Cu alloy under

fatigue loading. Acta Physica Sinica, 18, 392 (1962); Scientia Sinica, 11, 1481 (1962). (with C. K. Wang)

36. Effect of aging, intermittent loading and resolution treatment upon the fatigue behavior of aluminium-copper alloys. Acta Physica Sinica, 18, 400 (1962); Scientia Sinica, 11, 1635 (1962). (with Y. S. Huang and C. K. Wang)

37. Internal friction peaks associated with the coherency of the decomposition products of high-carbon and low-carbon martensite. Acta Physica Sinica, 20, 72 (1964); Scientia Sinica, 15, 153 (1966). (with Y. L. Ma)

38. Dislocation damping peaks appearing within the temperature range for the direct and inverse martensitic transformations of an iron-manganese alloy. Acta Physica Sinica, 20, 909 (1964); Scientia Sinica, 15, 43 (1966). (with Y. L. Ma)

39. dislocation damping in Nickel-carbon solid solution in the process of plastic deformation. Acta Physica Sinica, 21, 154 (1965), / (with C. Y. Chang), (in Chinese)

40. Interaction of solute atoms with dislocation in Al-4% Cu alloy at various aging states under fatigue loading. Acta Physica Sinica, 21, 1242 (1965), (with C. K. Wang and Y. S. Huang). (in Chinese)

41. Interaction of solute atoms with dislocation in Al-Mg alloys under fatigue loading. Acta Physica Sinica, 21, 1253 (1965), (with C. K. Wang and Y. S. Huang). (in Chinese)

42. Low frequency dislocation internal friction peaks with anomalous amplitude effect in Al-0.5% Cu alloy. Acta Physica Sinica, 21, 1711 (1965). (with Z. S. Chang). (in Chinese)

43. Further experiments on the dislocation internal friction peaks with anomalous amplitude effect in Al-0.5% Cu alloy and the dislocation kink atmosphere model. Acta Physica Sinica, 22, 71 (1966). (with Z. S. Chang). (in Chinese)

44. Low frequency dislocation internal friction peaks with anomalous amplitude effect in Al-0.1% Mg alloy. Acta Physica Sinica, 22, 270 (1966). (with C. S. Chang and Z. S. Chang). (in Chinese)

## 1974~1975

45. Occurrence of localized slip regions in aluminium-magnesium alloys under fatigue loading. Acta Physica Sinica, 23, 395 (1974), (with Y. S. Huang, C. K. Wang, Y. P. Hsia), (with Chinese)
46. Dislocation dynamic model of the low frequency internal friction the process of plastic deformation. Acta Physica Sinica, 24, 87 (1975). (with Z. S. Chang). (in Chinese)

## 1980~1990

47. Low-frequency internal friction of aluminium copper alloys in the process of plastic deformation. Acta Physica Sinica, 29, 850 (1980). (with Z. S. Chang). (in Chinese)
48. Peculiarities exhibited by aluminium-silver alloy in the process of fatigue loading, (with C. K. Wang, Y. P. Hsia and Y. S. Huang). Acta Physica Sinica, 29, 173 (1980). (in Chinese)
49. Low-frequency "amplitude peaks" of the internal friction associated with the interaction of substitutional solute atoms with dislocations in aluminium alloys, in "Internal Friction and Ultrasonic Attenuation in Solids" (ed. C. C. Smith, Pergamon Press, Oxford, 1980), pp. 157-165; Acta Metallurgica Sinica, 16, 218 (1980)
50. Internal-friction peaks associated with the presence of hydrogen in iron and alloy steels at high temperatures, Proceedings of Second JIM International Symposium on Hydrogen in Metals, Minakamii, Gunma Prof. Japan. 1979, pp. 573-576; Supplement to Transactions of the Japan Institute of Metals, Vol. 21, 1980
51. Dislocation internal-friction peaks with anomalous amplitude effect in Al-Mg alloys. Acta Physica, 29, 1180 (1980). (with Pan Zhengliang, Wang Zhongguang and Kong Qinghu). (in Chinese)
52. Anomalous internal-friction peaks in cold-worked dilute Al-Mg alloys. Material Science amd Engineering, 49 (2), 101-107 (1980). (with Z. L. Pan, Z. G. Wang and Q. H. Kong)
53. Accurate determination of activation enthalpies associated with the stress-induced migration of oxygen or nitrogen in tantalum and niobium. Acta Metallurgica, 29, 1047 (1981). (with M. Weller, Z. S.

Zhang, G. Y. Li, J. Diehl)

54. Internal-friction study on the existence of oxygen pairs in interstitial solid solution of tantalum with oxygen. Acta Metallurgica, 29, 1055 (1981) . (with M. Weller, Z. S. Zhang, G. Y. Li and J. Diehl)

55. The effect of hydrogen on magnetic after effect and cold-work relaxation in a-iron, in "Hydrogen Effect in Metals" (ed I. M. Bernstein and A. W. Thompson, the Metallurgical Society of AIME, New York, 1981), pp. 281-288. (with H. Kronmuller, A. Seeger and Z. Q. Sun)

56. The role of substitutional solute atmospheres during cyclic deformation. Meterials Science and Engineering, 50 (1), 65-80 (1981) . (with Z. G. Wang)

57. The Snoek relaxation in tantalum and niobium with relatively high concentration of oxygen. J. de Physique, 42, C5-817 (1981) . (with M. Weller, J. X. Zhang, J. de Schule and J. Diehl)

58. Interaction between a moving kink and the point defects migrating along the kink, Z. Q. Sun and T. S. Kê. Scripta Metallurgica 15, 763 (1981)

59. Internal friction associated with the stress-gradient induced ordering of elastic quadrupoles of asymmetric solute atom-vacancy pairs, Z. Q. Sun and T. S. Kê. Scripta Metallurgica 15, 885 (1981)

60. A low temperature cold-work internal-friction peak in Al-0.5 wt%. Ga, Q. H. Kong, G. Y. Li, and T. S. Kê. J. de Physique 42, C5-265 (1981)

61. Low frequency internal-friction peaks as a function of strain amplitude in cold-worked dilute aluminium alloys. T. S. Kê, J. de Physique 42, C5-307 (1981)

62. Internal friction associated with high-temperature dislocation mobility. T. S. Kê, INSA de Lyon. J. de Physique 42, C5-421 (1981)

63. Continous distribution dislocation model of internal friction associated with the inhomogeneous sliding along high-angle grain boundaries. Z. Q. Sun, and T. S. Kê. J. de Physique 42, C5-451 (1981)

64. Low temperature cold-work internal friction peaks in Al-0.5 wt% Cu. J. X. Zhang, T. S. Kê, G. Y. Li, G. Fantozzi (INSA de Lyon), P. F. Gobin (INSA de Lyon), and M. Weller (Max-Planck-Institut fur

Metallforschung). Phys. Stat. Sol. (a) 70, 159 (1982)

65. On the physical models of the cold-work (Snoek-Koster) internal friction peaks in bcc metals. T. S. Kê, INSA de Lyon. Scripta Metallurgica 16, 225 (1982)

66. The Snoek-Koster relaxations in niobium and tantalum containing oxygen. A. Seeger, M. Weller, J. Diehl (Max-Planck-institut fur Metallforschung), Z. L. Pan, J. X. Zhang, and T. S. Kê. Zeits. Fur Metallkunde 73, 1-20 (1982)

67. Anomalously amplitude-dependent effect observed in Al-0.5% Cu alloy when the internal friction is extremely low. J. X. Zhang, Z. L. Pan, T. S. Kê. Acta Physica Sinica, 32, 530 (1983). (in Chinese)

68. On the mechanism of the low-temperature internal-friction peaks in Al-0.5wt% (0.21at%) Cu and Al-4 wt% (1.67at%) Cu alloys. T. S. Kê, J. X. Zhang, P. F. Gobin, and G. Fantozzi (INSA de Lyon). J. de Physique, 44, C9-601 (1983)

69. Internal friction in high-purity aluminium single crystals. T. S. Kê, P. Cui, and C. M. Su. Phys. Stat. Sol. (a), 84, 157-164 (1984).

70. Internal friction peak in polygonized high-purity aluminium and in-situ observation by transmission electron microscope. T. S. Kê, L. D. Zhang. P. Cui, Q. Huang, ang B. S. Zhang. Phys. Stat. Sol. (a), 84, 465 (1984)

71. Internal friction peaks of super-high-purity aluminium at medium temperatures. T. S. Kê, P. Cui, S. C. Yan, and Q. Huang. Phys. Stat. Sol. (a), 86, 964 (1984)

72. Dislocation contribution to the low frequency internal friction peaks in polycrystalline macro-crystalline and single-crystalline high-purity aluminium. T. S. Kê, in "Yamada Conference IX Dislocation in Solids" (ed. K. Sumino et al., University of Tokyo Press, Japan, 1985), p. 591

73. In-situ video observation on movement of dislocation and polygonization boundaries in high-purity aluminium. L. D. Zhang, and T. S. Kê, in: "Yamada Conference IX Dislocation in Solids" (ed. K. Sumino et al., University of Tokyo Press, Japan, 1985), p. 279

74. Anomalously amplitude-dependent internal-friction peaks in aluminium

containing 0.12 wt% of magnesium. Q. F. Fang and T. S. Kê. J. de Physique 46, C10-227 (1985)

75. Anomalous internal friction peaks as function of strain amplitude. T. S. Kê. J. de Physique 46, C10-267 (1985)

76. Internal-friction study on the structure change of cold-worked metals annealed at various temperatures. T. S. Kê. J. de Physique 46, C10-351 (1985)

77. Electron microscopic observation on the dislocation configuration correlative with the high-temperature internal friction peak in 99.999wt% single-crystal aluminium. J. Shi, L. D. Zhang, and T. S. Kê. J. de Physique 46, C10-335 (1985)

78. High-temperature internal-frication peak in 99.999wt% single-crystal aluminium. C. M. Su and T. S. Kê. J. de Physique 46, C10-359 (1985)

79. Internal friction studies on the structure and mechanical properties of grain boundaries in high-purity aluminium. T. S. Kê, in: "Proc. 4th JIMIS International Symposium on Grain Boundary Structure and Related Phenomena", Nov. 1985, Minakami, Japan, Trans. Japan Institute of Metals 27, 679 (1986)

80. Recent development on internal friction studies of grain boundaries and dislocation substructures in high-purity aluminium. T. S. Kê. in: "Fundamentals of Diffusion Bonding," Proc. SEIKEN International Symposium on Fundamentals of Interface Structure, Properties and diffusion Bonding. Tokyo, Japan, Dec. 1985, Tokyo, Japan, Dec. 1985 (ed. Y. Ishida, Eisevier Science Publ., Amsterdam, The Netherlands, 1987). pp. 373-396

81. Further experiments on the high-temperature internal friction peak in high-purity single crystal aluminium. C. M. Su and T. S. Kê. Phys. Stat. Sol. (a) 94, 191 (1986)

82. Contribution of bamboo boundaries to the internal friction peak in macro-crystalline high-purity aluminium. T. S. Kê, and B. S. Zhang. Phys. Stat. Sol. (a) 96, 515 (1986)

83. High temperature internal friction peak in high purity single crystal aluminium sheets and electron microscopic observation on the related

dislocation configurations. L. D. Zhang, J. Shi, and T. S. Kê. Phys. Stat. Sol. (a) 98, 151 (1986)

84. A theory of anomalously amplitude-dependent internal friction peaks due to the interaction between dislocation kinks and substitutional solute atoms in F. C. C. metals. J. Ni, and T. S. Kê. Phys. Stat. Sol. (a) 98, 487 (1986)

85. Anomalously amplitude-dependent effect of the low-temperature internal-friction peaks in cold-worked dilute aluminium-copper solid solution. Ge Tingsui (T. S. Kê), Yang Shiqing and Zhu Zhengang. Chinese Phys. Lett. 4, 61 (1987)

86. Further experiments on the anomalously amplitude-dependent internal friction peaks in polycrystalline and single-crystal Al-Mg. T. S. Kê, Q. Tan and Q. F. Fang. Phys. Stat. Sol. (a) 103, 421 (1987)

87. Internal friction peaks associated with the polygonization boundaries in aluminium and dilute aluminium-copper alloys. S. C. Yan and T. S. Kê. Phys. Stat. Sol. (a) 104, 715 (1987)

88. Double amplitude internal friction peaks in Al-0.02wt% Mg single crystals. Q. Tan and T. S. Kê. Phys. Stat. Sol. (a) 104, 723 (1987)

89. Internal friction in Mn-Cu and Mn-Cu-Al alloys. T. S. Kê, L. T. Wang and H. C. Yi, Proc. 5th-ECIFUAS, Antwerpen, Belgium, July 26-30, 1987; J. de Physique 48, C8-559 (1987)

90. Internal friction associated with the resolution and precipitation of the $\theta$-phase along the grain boundaries and in the matrix of aluminium-copper alloys. P. Cui and T. S. Kê, Proc. 5th- ECIFUAS, Antwerpen, Belgium, July 26-30, 1987; J. de Physique 48, C8-417 (1987)

91. on the bamboo boundary internal friction peak in 99.999% aluminium. B. L. Cheng and T. S. Kê, Proc. 5th- ECIFUAS, Antwerpen, Belgium, July 26-30, 1987; J. de Physique 48, C8-413 (1987); Chinese Phys. Lett. 5 (2), 81 (1988)

92. Internal friction peak in un-recrystallized cold-worked high-purity metals. T. S. Kê, Scripta Metall. 22, 539 (1988)

93. Bamboo boundary internal-friction peak in 99.9999% aluminium and the effect of cold-work on the peak. B. L. Cheng and T. S. Kê, Phys. Stat. Sol. (a) 107, 177 (1988)

94. On the origin of the macrocrystalline internal friction peak (the bamboo boundary peak). T. S. Kê, L. D. Zhang, B. L. Cheng, and A. W. Zhu. Phys. Stat. Sol. (a) 108, 569 (1988)
95. Mechanism of martensitic transformation internal friction and martensite internal friction in Mn-Cu alloys. L. T. Wang, T. S. Kê. Acta Metallurgica Sinica, 24, A147 (1988); Acta Met. Sinica (English Edition), Series A, 3, 167 (1988)
96. Effect of ageing on the internal friction, elastic modulus and mechanical properties of ternary Mn-Cu-Al alloys. H. C. Yi, T. S. Kê. Acta Metallurgica Sinica, 24, A317 (1988); Acta Met. Sinica (English Edition), Series A, 2, 100 (1989)
97. High temperature internal friction peak in single crystals and bamboo-crystals of aluminium after twisting and annealing. C. M. Su and T. S. Kê. Acta Metal. 37, 79 (1989)
98. Contribution of internal-friction study on the grain boundaries and dislocation substructures. T. S. Kê. in "Advances in Science of China: Physics" 3, 1-11. 3 (1989-1990)
99. The dynamical response of dislocation structures introduced by twisting deformation of high purity aluminium single crystals. C. M. Su and T. S. Kê. Materials Science and Engineering A113, 415 (1989)
100. Amplitude internal friction peaks associated with the interaction between dislocation kinks and solute atoms in aluminium. T. S. Kê. J. Nuclear Materials, 169-3275 (1989)
101. Characteristrics of the internal friction peak associated with bamboo grain boundaries. A. M. Zhu and T. S. Kê. Phys. Stat. Sol. (a) 113, 393 (1989)
102. Experimental evidence on the existence of the bamboo boundary internal friction peak. T. S. Kê, and A. W. Zhu. Phys. Stat. Sol. (a) 113, K195, (1989)
103. Mechanical model of the bamboo boundary internal friction peak. T. S. Kê and B. L. Cheng. Phys. Stat. Sol. (a) 115, 119 (1989)
104. Origin of the high temperature internal friction peak introduced by twisting deformation in aluminium single crystals. T. S. Kê and C. M. Su. Acta Metal. 37, 2953 (1989)

105. Internal friction associated with magnetic flux pinning in high Tc superconductor YBa2Cu3O7-δ. Y. T. Wen, L. X. Yuan, C. Y. Xie, T. S. Kê, Y. T. Qian, and Z. Y. Chen. J. Phys. Condensed Matter, 2, 661 (1990)

106. Thermal fluctuation of dislocation kinks and its effects on the internal friction associated with the interaction between solute atoms and kinks. J. Ni and T. S. Kê. Proc. ICIFUAS-9 (ed. T. S. Kê, Intem Acad, Bull, Beijing and Peigamox press, Oxford, 1990). p. 49

107. Internal friction peaks associated with fine-grained grain boundaries and bamboo boundaries. T. S. Kê. ibid, p. 113

108. A new low-temperature internal friction peak associated with the interaction between dislocation kinks and solute atoms in cold-worked Al-Mg solid solutions. Q. F. Fang and T. S. Kê. ibid, p. 37

109. A new high-temperature internal friction peak associated with the interaction between dislocations and the Cottrell atmosphere of solute atoms in cold-worked Al-Mg solid solutions. Q. Tan and T. S. Kê. ibid, p. 41

110. Modulus relaxation associated with bamboo boundary internal friction peak in high-purity aluminium. B. L. Cheng and T. S. Kê. ibid, p. 129

111. Acoustic internal friction and magnetic flux pinning in high Tc superconductor YBa2Cu3O7-δ. Y. T. Wen, C. Y. Xie, L. X. Yuan, T. S. Kê, Y. T. Qian and Z. Y. Chen. ibid, p. 513

112. Low-temperature internal friction peaks associated with the interaction between dislocations and point defects in dilute aluminium-magnesium solid solutions. Q. F. Fang and T. S. Kê. Acta Metal. Mater. 38, 419 (1990)

113. Micro-mechanism of grain boundary relaxation in metals. T. S. Kê (Ge Tingsui). presented at the anneal spring meeting of the Japan Institute of Metals (April 4, 1989), Comm.. to Scripta Metallurgica, 29, Materialia 24, 347 (1990)

## 合作论文

### 1988～1990

1. Nonlinear internal friction in Mn Cu martensite. Litian Wang, Tingsui Ge. Physica Status Solidi (a), Volume 105, Issue 2, Date: 16 February 1988, Pages: 447-453
2. Low temperature internal friction peaks associated with the interaction between dislocations and point defects in dilute aluminium-magnesium solid solutions. Q. F. Fang, T. S. Kê (Ge Tingsui). Acta Metallurgica et Materialia, Volume 38, Issue 3, March 1990, Pages 419-424
3. Reply to the comments by leighly Jr. on high-temperature internal friction peak in aluminium. T. S. Kê (Ge Tingsui). Scripta Metallurgica et Materialia, Volume 24, Issue 6, June 1990, Pages 1169-1170

### 1991～1998

4. Effect of quenching on grain boundary relaxation in aluminium. P. Cui, X. S. Guan, T. S. Ke (Ge Tingsui). Scripta Metallurgica et Materialia, Volume 25, Issue 12, December 1991, Pages 2821-2826
5. High-temperature internal friction peak in high-purity aluminium associated with quenching from high temperatures. P. Cui, X. S. Guan, T. S. Ke (Tingsui Ge). Scripta Metallurgica et Materialia, Volume 25, Issue 12, December 1991, Pages 2827-2832
6. Internal friction peak (P3 peak) attributed to the interaction of cottrell atmosphere of magnesium atoms with dislocation kinks in aluminium. Q. Tan, T. S. Kê (Ge Tingsui). Acta Metallurgica et Materialia, Volume 39, Issue 5, May 1991, Pages 877-884
7. Internal friction peak associated with the enhanced re-orientation of split interstitials of magnesium atoms in close vicinity of the dislocation kinks in aluminium. T. S. Kê (Ge Tingsui), Q. Tan. Acta Metallurgica et Materialia, Volume 39, Issue 5, May 1991, Pages 885-891
8. Activation Energy Associated with the Nonlinear Internal Friction Peak around Room Temperature in Cold-Worked Al-0.1 wt% Cu. A. W. Zhu, T. S. Kê, Ge Tingsui. Physica Status Solidi (a), Volume 128,

Issue 1, Date: 16 November 1991, Pages: 95-102

9. Fine Structure of the Internal Friction Peak around Room Temperature in Cold-Worked and Partially Annealed Al-0.13wt%Cu. T. S. Kê (Ge Tingsui), S. Q. Yang. Physica Status Solidi (a), Volume 126, Issue 1, Date: 16 July 1991, Pages: K31-K36

10. Development of the Double Amplitude Internal Friction Peaks in Cold-Worked Aluminium-Magnesium Solid Solutions. Q. Tan, T. S. K (Tingsui Ge). Physica Status Solidi (a), Volume 126, Issue 2, Date: 16 August 1991, Pages: 345-354

11. Anelastic relaxation peak associated with the presence of incoherent θ phase in Al-4wt.%Cu alloy. P. Cui, T. S. Kê (Ge Tingsui). Materials Science and Engineering: A, Volume 150, Issue 2, 29 February 1992, Pages 281-288

12. Effect of solute atoms and precipitated particles on the optimum temperature of the grain boundary internal friction peak in aluminium. T. S. Kê (Ge Tingsui), P. Cui. Scripta Metallurgica et Materialia, Volume 26, Issue 9, 1 May 1992, Pages 1487-1492

13. Effect of the substitution of Fe, Co, Ni for Cu in $YBa_2Cu_3O_{7\delta}$ studied by anelastic relaxation measurements. Liu Wei, T. S. Kê (Ge Tingsui). Physica C: Superconductivity, Volume 196, Issues 1-2, 10 June 1992, Pages 121-124

14. Anomalous non-linear amplitude effect associated with the high-temperature internal friction peak in as-quenched high-purity aluminium. T. S. Kê (Ge Tingsui), P. Cui, X. S. Guan. Scripta Metallurgica et Materialia, Volume 27, Issue 9, 1 November 1992, Pages 1151-1156

15. Low Temperature Internal Friction Peaks in Cold-Worked Al-Cu Solid Solutions. T. S. Kê (Ge Tingsui), A. W. Zhu. Physica Status Solidi (a), Volume 129, Issue 1, Date: 16 January 1992, Pages: 149-159

16. Stress relaxation across the boundary in 99.999% aluminium bicrystals and the variation of relaxation strength with temperature of measurement. T. S. Kê (Ge Tingsui), Duan Yuhua. Acta Metallurgica et Materialia, Volume 41, Issue 4, April 1993, Pages 1003-1008

17. Variation of the grain boundary relaxation strength with temperature for aluminium bicrystals. T. S. Kê (Tingsui Ge), Y. H. Duan.

Physica Status Solidi (a), Volume 140, Issue 2, Date: 16 December 1993, Pages: 411-419

18. Experimental Study on the Anomalous Internal Friction above Room Temperature in Cold-Worked Al Cu Dilute Solutions. A. W. Zhu, T. S. Kê (Ge Tingsui). Physica Status Solidi (a), Volume 135, Issue 2, Date: 16 February 1993, Pages: 539-548

19. Microcreep Behavior Associated with the Anomalous Internal Friction around Room Temperature in Al Solid Solutions. A. W. Zhu, L. X. Yuan, T. S. Kê (Ge Tingsui). Physica Status Solidi (a), Volume 135, Issue 1, Date: 16 January 1993, Pages: 151-160

20. Transformation temperature of grain boundary relaxation in aluminium bicrystals. Duan, Yuhua (Inst of Solid State Physics, Acad Sinica); Ge, Tingsui; Zhang, Tianyi Source: Wuli Xuebao/Acta Physica Sinica, v 42, n 2, Feb, 1993, p 297-303 Language: Chinese

21. Low temperature internal friction peaks associated with the interaction between dislocations and point defects. Fang, Qianfeng (Hehai Univ); Ge, Tingsui Source: Wuli Xuebao/Acta Physica Sinica, v 42, n 3, Mar, 1993, p 458-464 Language: Chinese

22. Development of the torsion pendulum and early research on grain boundary relaxation and the cold-work internal friction peak. T. S. Kê (ge Tingsui). Journal of Alloys and Compounds, Volumes 211-212, September 1994, Pages 7-15

23. Nonlinear mechanical relaxation associated with dislocation—point defect interaction. T. S. Kê (Ge Tingsui). Journal of Alloys and Compounds, Volumes 211-212, September 1994, Pages 90-92

24. Molecular dynamics studies on the local disodering of summation 3 and summation 11 grain boundaries in aluminium bicrystal. Chen, Zhiying (Institute of Mechanics, Acad Sinica); Duan, Yuhua; Ge, Tingsui Source: Acta Mechanica Sinica/Lixue Xuebao, v 11, n 3, Sept, 1995, p 259-266

25. Theory of Nonlinear Anelastic Internal Friction Peaks. II. Theory of the Internal Friction Peaks Associated with Longitudinal and Transverse Core Diffusion (P0, P 1, P 1 Peaks). Q. F. Fang, T. S. Kê (Ge Tingsui). Physica Status Solidi (a), Volume 158, Issue 2,

Date: 16 December 1996, Pages: 405-417

26. Nonlinear Anelastic Internal Friction Associated with the Diffusion of Solute Atoms in Dislocation Cores. T. S. Kê (Ge Tingsui) . Physica Status Solidi (a), Volume 155, Issue 1, Date: 16 May 1996, Pages: 83-93

27. Theory of Nonlinear Anelastic Internal Friction Peaks. I. The Migration of Solute Atoms in Dislocation Core. T. S. Kê (Ge Tingsui), Q. F. Fang. Physica Status Solidi (a), Volume 158, Issue 1, Date: 16 November 1996, Pages: 57-65

28. Experimental and theoretical study on non-linear anelastic internal friction. Ge, Tingsui Source: Jinshu Xuebao/Acta Metallurgica Sinica, v 33, n 1, Jan, 1997, p 21 (Language: Chinese, English)

29. Theory of Low-Frequency Nonlinear Anelastic Internal Friction Peaks around Room Temperature. A. W. Zhu, A. W. Zhu, T. S. Kê. physica status solidi (a), Volume 169, Issue 2, Date: October 1998, Pages: 199-208

30. Controversy about the origin of the grain boundary internal friction peak and its clarification Ge, Tingsui (Inst of Solid State Physics, Chinese Acad of Sciences) Source: Tien Tzu Hsueh Pao/Acta Electronica Sinica, v 26, n 8, 1998, p 481-490

# 后记之一　戈之奋进　荷之圣洁*

"向你学习！"

何怡贞先生对我说这句话的时候，脸上充满着激动兴奋的表情。我于2007年回国探亲时，拜访了97岁高龄的何先生。在向她介绍我的学术兴趣和研究成果后，她向我连说了几遍这句令我至今难忘的话。

学识渊博的科学前辈对我这个初出茅庐的年轻人说出如此令人颇为惊讶的话，当时我真的有种受宠若惊的感觉。细细想来，这句话其实反映出何先生虚怀若谷的谦虚和善的品质，对科学知识不断追求、始终如一的精神。

没有想到这竟是我见何先生的最后一面。不到一年，得知何先生去世的噩耗，我心头为之一震，不禁感慨万千。现能有幸为葛庭燧的传记写一点文字，也算是我向他们致敬感恩了。

本书不仅是纪念缅怀老一辈科学家的丰功伟绩，也旨在宣传普及科学文化。当今的媒体报道大多聚焦明星大腕，追捧文艺体育明星不遗余力。不可否认，文体明星有娱乐大众的作用，相比之下，科学的作用更是实实在在、翻天覆地般地影响了人类社会，但是并没有得到应有的宣传报道。

计算机技术的发展，带领人类进入国际互联网的时代，计算机网络正深远地改变我们工作和生活的方式；纳米结构的新材料提供了前所未有的优异性能；能源技术保证了人类社会可持续发展的原动力；生物技术导致新药的开发研制，增强人类对抗、战胜疾病的能力，让人类生活得更健康长寿；环境技术使人类生活在清洁、少污染的环境中，和自然界更和谐地相处。当今各国经济的竞争归根结底是科学和人才的竞争。谁掌握先进的科学技术，就能领先于世界，站在时代的前头。我们现在对科学家和科学活动通俗生动的报道还太少。科学研究是一项长期的系统工程，科学研究

---

\* 本文是作者刘深的弟弟刘轶为纪念葛庭燧院士所作。

要从娃娃抓起。各类媒体有责任加强宣传面向广泛普通民众的科学报道，尤其包括少年儿童。

另一方面，广大科研人员也要走出大学和科研院所的象牙塔，积极主动向公众宣传科学知识。从日本的名古屋大学到美国的喷气发动机实验室，都有定期向社会公开的"开放日"。在开放日那天，主办单位会准备图文并茂的展览和解说，供民众免费参观学习。我们的大学和研究所应该每年深入到学校，去给应届高中毕业生做学科内容的宣传介绍，这种交流对青少年的成长和选择职业道路会很有帮助，会吸引更多的年轻人爱科学，学科学。

我小的时候喜欢看《少年科学画报》，着迷于居里夫人等科学家的故事。那时，我曾想，将来也要像她一样勤奋努力地工作，为人类作贡献。儿时的天真想法被岁月洗刷得几乎模糊殆尽，直到最近我才知道，我现在的学术导师——加州理工学院教授 William A. Goddard III，是居里夫人第三代学术传人。我和居里夫人竟然在学术家谱上还有这么点"血缘"关系，这个发现使我猛然回想起了儿时的梦想。我相信，是理想的种子，而不是命运机缘带我走向了探索科学的道路。

榜样的力量是无穷的。我希望本书能成为撒下科学理想种子的播种机，用老一辈科学家的感人故事为年轻的一代树立榜样。这本书的重点不在探究严谨的科学理论，对科学感兴趣的读者可以参看相关的学术专著；本书旨在用通俗易懂的语言诠释科学大师们的科学奋斗历程，把看似深奥的科学故事生动地介绍给民众。

我希望本书成为一座科学普及的桥梁，让大众，尤其是青少年更多地了解科学家的真实生活，以及科学对于人类社会的意义所在——通过科普宣传，唤起更多的人支持与拥护科学、相信与运用科学，并投身实践科学。当今社会的科学误区还很多，打着科学的幌子骗人的事件也屡见不鲜，比如"磁化水治百病"等，就是典型的例子。只有宣传真正的科学知识，才是有效克制愚昧和伪科学的手段。

葛先生发明的"葛式扭摆"沿用至今，对材料内耗的研究可谓极其深远。这不由让我想起我们现在对科学成果的评价体制——从研究生攻读学位到教授职称评定，用论文数目定指标，"一刀切"评定优劣。这种定量化评估机制固然清晰明确，但是不免死板僵化，容易造成大家片面追求论文数目，不求研究质量和深度，导致产生引用率不高、影响甚少的"论文机器"，甚至数据成果造假。

因此，应该引入更灵活全面的评判机制，鼓励发展基础理论方法和实

验手段,比如编写计算机程序(主要发达国家都有自己独立发展的大型量子化学程序包,但很少有中国人自己编写的量子化学计算机程序),或改进制造新型的实验仪器设备等。这类工作往往费力耗时,具有风险,但一旦成功就会导致新的成果接踵而来,意义深远。中国人有极强的诺贝尔奖情结,那就更要要求每个科研人员积极创新,脚踏实地地做科学研究,一步一个脚印地迈向科学顶峰。

葛先生与何先生堪称老一代"海归"的楷模。在新中国建立伊始,他们毅然放弃国外优厚的生活待遇归国创业,为当时的祖国科学事业填补了空白;他们牺牲个人利益,为祖国的科学事业和培养后备人才做出了巨大贡献。当今改革开放的中国采取更为开放的"走出去,请进来"的留学政策,日益密切的国际合作交流,极大地促进了中国与世界的全方位接轨。

如今的海归人员带回了国外的先进知识和经验,正在各个领域积极发挥极其重要的作用。与此同时,大量的海外华人也采取灵活多样的形式,与国内进行学术交流,报效祖国。我们应以更开放的长远的眼光看待海归问题,爱国主义不应是贞节牌坊,爱国也不简单等同于归国。爱国形式多种多样,重要的是秉承爱国精神,做实实在在的力所能及的贡献。

"戈"与"荷"正好与葛先生与何先生的姓氏谐音,我认为这两个字可以理解成两种科学精神:戈,不畏险阻、不屈不挠、披荆斩棘、奋勇直前的科学奋斗精神;荷,实事求是、严谨踏实、客观独立、捍卫科学神圣尊严的精神。

科学道路艰难曲折,任重而道远。我们需要戈之精神持之以恒,不弃不馁,不断开拓进取;科学探索的过程经常是烦琐枯燥甚至孤独的,我们需要荷之精神,出淤泥而不染,不为意识形态所干扰,不为名誉私利而左右,脚踏实地探索自然界客观规律。老一代科学家的名字已经深深地刻在中国科技发展史上,我们新一代的年轻人会继续秉承他们的理想,坚定地沿着他们的足迹走下去,不断激励我们前进的就是永恒不灭的"戈之奋进、荷之圣洁"的科学精神。

刘 轶

2008 年 12 月 31 日

于美国加利福尼亚理工学院

# 后记之二　遥望另一个海上

## 狭小空间里的苍茫历史

北京奥运会采访期间和结束之后，我两次回到沈阳老家。此次故乡之行，一是探望父母，二是陪同雨虹治疗。关于雨虹的故事，在我的另一本书《绝美之地——圣托里尼写真》以及英文版的《一生中不可错过的圣托里尼》中有所记述，那也是一本非常值得一读的书。

还没进家门，在电梯里遇到了老邻居葛运培大姐。多年没见，但彼此还是那样熟悉，在这栋50多年前的旧宿舍拆除重建的高层建筑物里，我家住五楼，运培家住七楼。她见到我就说，看到了我写我老爸抗美援朝战争经历的《一个普通士兵的战争》，那是一本港版书，她弟弟又要了一本，他们都说写得挺好。

听到运培夸奖，我当时很不好意思。之所以这样说，是因为运培的父母葛庭燧、何怡贞都是了不起的大科学家，是我小时候极为敬仰的偶像。那天晚上从家里外出，在电梯里又碰到了一张我十分熟悉的面孔——葛运培的弟弟葛运建。

我与运培两家人有很多缘分，我们两家都曾经在金属所大院儿的六栋住过，运培家二楼，我家三楼，但不是同一时期；现在运培和我父母家所住的高层建筑，运培家住七楼，我家住五楼，就在原来的六栋东面只有几十米的地方，真是令人感慨啊！

那次回到故乡沈阳，运培的妈妈何怡贞阿姨刚刚与世长辞，这件事给予我很大的震动，决心为葛伯伯与何阿姨不平凡的一生写一本传记，尽管我深知自己在自然科学方面的知识十分浅薄。是我与运培、运建姐弟在电梯里的偶遇，直接促成了这本传记的写作。这个狭小的空间里，竟然通向苍茫的历史。

我和运培、运建都是这个拥有50多年历史的大院儿里的子弟。这个大院儿的概念可不是北京的四合院儿，方圆有几公里，里边光大礼堂就有两个,有科研区、工厂区、家属宿舍区,周围用砖墙围着。这个大院儿的原址在新中国刚刚诞生的时候还是一片菜地,属于南湖地区,其实这里离老奉天城的中心——沈阳故宫只有几公里。1952年,新中国还百废待兴的时候,毛泽东和周恩来那一代开国元勋就深谋远虑地决定在这里建一座冶金研究所,后来的正式名称是"中国科学院金属研究所"。沈阳是中国的重工业基地,那时候造机器急需钢铁,造枪炮更需要钢铁,所以把研究所建在沈阳是挺英明的。

运培和运建就是那时随父母从北京来的,当时他们一个10岁,一个5岁,我老爸从朝鲜战场上回来,也是在那一年被分配到这里的。

2005年2月,作者的父母刘昌晶和张明看望老邻居何怡贞先生

那时候人家评论我们大院儿有句话,叫"知识分子成堆的地方"。而且,我们院儿里可都是些大知识分子,像老所长李薰,是当年郭沫若先生写信从英国请回来的,最著名的成就是发现了"氢脆",听说他在谢菲尔德大学工作过的实验室里至今还挂着他的像,可见名气不小。葛伯伯和何阿姨,是从美国回来的,还有师昌绪、郭可信、闻立时、胡壮麒等,都是院士级别的。当年还是中青年的那一代大学生,后来也出了不少院士和教授、研究员,像柯伟和李依依夫妇。

我自从懂事起所见到的知识分子就是这样一群绝顶聪明的天才人物,他们不仅是中国的精英,而且是世界级的精英。这种感觉现在回忆起来都难以名状。打个比方，就像喜马拉雅山脚下的夏尔巴人，别看生在小山村里，但一睁开眼睛看到的就是珠穆朗玛峰，他们压根儿就没见过小土包，所以爬珠峰像玩儿似的。长大以后，我才有机会见到那些有些自命不凡的小知识分子，牛哄哄的，真是应验了那句老话——"半瓶子醋才瞎咣当"。

也许夏尔巴人认为，连家门口这小山坡都爬不上去，以后还怎么出去混啊，还不让人看不起？如同夏尔巴人一旦走出大山，看到别人在小山包上举行登顶比赛就傻了眼。那个号称世界上第一个登上珠峰的人是"很无耻"的，如果他到那个山脚下的小村子住几天，恐怕就会灰头土脸地溜走。然而，话又说回来了，夏尔巴人不管登上过多少次珠峰，都只不过是个带路的。

看看我们院儿那些大知识分子，待人比领导干部谦虚，穿的比工人朴素，语气比居委会模范大妈和蔼。就说李薰吧，就是一个叼着烟斗的和善的小老头儿；戴着眼镜和一顶单帽的葛伯伯，领钩挂得严严的，走路总是挺胸抬头；头发盘得一丝不乱的何阿姨，总是骑着一辆自行车，车前边有一个方形的铁丝筐，顶着寒冷的北风，在雪地上艰难地行进。

还有师昌绪，慈眉善目的，他的儿子师宁比我低一个年级；李依依，那时候年轻漂亮，领我们一群小孩子在"中门儿"前边的马路上开运动会。记得有一次我跑 50 米得了第一名，李依依阿姨兴高采烈地说："我们 6 栋的都是冠军！"

那年代的金属所有两座研究大楼，一东一西，俗称"西大楼"和"东大楼"。当时那些大科学家全在"西大楼"工作，对我们小孩儿来说，那里最吸引人的就是二楼的走廊上有一个乒乓球台，但是那里不让我们小孩儿进。

我们那个年代的大院儿再也无法复制了，那一代德才兼备的大知识分子，只是在我的记忆中留下了渐渐远去的背影。

大院儿里有两个大礼堂，每逢过年过节都放电影。有些电影内部放映，叫做"仅供批判"，只有大人才可以进，我们这些孩子只能眼巴巴地在门口张望，偶尔能隐约听到里面传出的一点点影片中的声音。

关于那个大院儿的回忆始终是我心中永远的一份美好。如今，大院儿里的孩子早已各奔东西，许多人像当年那些老科学家们一样漂洋过海，并且小有成就，我们在儿时所得到的一切知识的滋养，都是大院儿里的老一代科学家们的精神影响所致，这些往事已经成为科学版的"阳光灿烂的日子"。

当时大院儿里还有很多为科研服务的人员，这些人都是工农和军队转

业干部，也就是说文化水平不高，包括我爸。其实，他们和知识分子之间是有天然界线的，毕竟出身、学识和见识都不同。我记得小时候听我爸说过，刚刚到所里时，有一次集体坐汽车到市里开大会，知识分子坐大客车，其他人坐敞篷的卡车，很多工农干部心里都不痛快。

这个细节现在已经很容易理解了，但在新中国刚刚诞生的时候，这些认为自己流血牺牲打下江山的人，总是觉得不应该比白面书生矮一头。当时最能代表这种矛盾的，就是我小时候听到知识分子对工农和军转干部的经典评价："老黄牛闯进了瓷器店。"

家长之间的关系自然也会反映到孩子们之间。工农和军转干部，尤其是工人子弟会感到自卑，一方面是父辈之间体力劳动和脑力劳动之间的差别，另一方面是从家庭氛围到生活条件之间的反差。比如，葛伯伯家1956年后搬到了12栋，我们称之为住进了"高级宿舍"。那里最为新奇的是，房间里铺的是木地板，厕所里是坐便式的马桶，真是令人羡慕的享受。

记得70年代的时候，葛伯伯的月薪是360元，何阿姨是240元，我爸是79.5元，我妈是56.5元。我父亲虽说也是当兵出身，但他毕竟是医生，是金属所的首任医务所所长，算是半个知识分子吧，所以，我当时的心态应该是介于两个阶层的子女之间。如同运建大哥和我几个叔叔玩得很好一样，我们同学之间也很和谐，当然，等到我中学毕业的时候，已是"文化大革命"末期，知识分子已经变成了"臭老九"，许多同学甚至已经跟着父母走"五七道路"去了。

那个年代知识分子与工农干部以及工人之间的矛盾，在"文化大革命"时期终于酿成了悲剧，由工人组成的"专政队"开始扬眉吐气。

最悲惨的事情是"专政队"对于知识分子的批斗，那是从精神上到肉体上的非人的折磨。"文化大革命"期间，大院儿里竖起一个毛主席像，大概有五六米高，每天中午都有"牛鬼蛇神"在那里向毛主席"请罪"半小时。"请罪"的方式是这样的：排成几列，九十度的鞠躬，在酷热的太阳下面。最惨的是有人脖子上还要挂个牌子，上面写着"走资派"或者"反动学术权威"等。那牌子是木板做的，应该不会很重，但要命的是用一根很细的钢丝挂在脖子上，而且那钢丝是直接勒在脖颈的肉上，而不是衣领上。

当时不仅是知识分子要"请罪"，工农出身的干部也要"请罪"；也并不是所有的知识分子都是待宰羔羊，有些资历尚浅的年轻知识分子甚至已经成为"专政队"的帮凶。我印象极深的一件往事是：一个工人"专政队员"用一根木棍狠狠地打在一个"反动学术权威"的背上,这时,一个年轻知识分子说:"你们这些工人就是没文化,连打人都不会。"那工人愣愣地看着他,年轻知识分子说:"打这种人要打他的脑袋,他就是脑袋聪明,你打他身上有什么用处?打人也是有学问的。"

葛伯伯在"文化大革命"时被关押审查,有一次被"专政队"把眼睛打出了血,我父亲奉命带着葛伯伯去陆军总院(沈阳军区总医院)看病。那所医院离我们大院儿最近,就在南大门的马路斜对面,还有一个原因就是那里有我爸的老战友张经福和周长华叔叔。张经福叔叔当年是和我爸一起从吉林老家跑出去参加东北野战军的,后来又一起随大军南下到了广州,一起去朝鲜抗美援朝。

据父亲回忆,当时所里的"专政队"开了一张介绍信,那时候做什么事儿都要介绍信。我爸找到周长华叔叔,周叔叔一看介绍信就笑了,说这介绍信还不如不开,看了没人敢给他看病。我爸拿过介绍信,只见上面是这样写的:"兹有反动学术权威葛庭燧到你院看病,请酌情处理。"周叔叔把介绍信撕掉,然后就把葛伯伯带到眼科去了。

大院儿里的孩子后来绝大多数都当了知青。运建是到昌图县,而我比他晚了很多年,后来是到康平县,笑星赵本山老家是开原县,后来曾任深圳市委书记的刘玉浦也是在大院里长大的,他下乡在西丰县,当时这些地方都属于铁岭地区。

我感到幸运的是,我们这些小知识分子家庭出身的孩子,是因为在这样一个书香浓郁的大院儿里长大,才得以近朱者赤,成长为一个知识分子,圆了父母的知识梦。像我小弟刘轶,在东北大学读了本科和硕士之后,回到金属所读博士,后来先后到日本、德国、英国和加拿大做访问学者和研究工作,如今在加州理工学院,成为一名年轻的材料科学家;而我的儿子淘淘,已经从伦敦一所大学读商科硕士毕业了。

## 国庆假期的采访之行

2008年10月,我在南京拜访了何泽瑛老人,还见到了老人的女儿刘意达和刘心恬,她们的热情让我十分感动,因为赶火车的缘故,我们在南京植物园家属住宅区附近的一家小餐馆匆匆忙忙地吃了一顿午餐,两个姐姐的笑容和豁达的情怀让我联想到这个家族深厚的文化涵养和友善。2010年6月,我再次来去南京采访何泽瑛老人,这次是为拍摄一部关于第二次世界大战期间红十字通信历史的纪录片,90岁的老人对遥远往事的顽强

记忆力让我非常敬佩和吃惊。

国庆假期结束的时候,我回到深圳上班,断断续续地将本书又做了一次全面修改。期间,与固体物理研究所前办公室主任姜文学叔叔取得联系,谈及对于本书的出版问题,他的热情态度和建议让我深深感动。

因为本书是业余写作,借2008年国庆假期之机,我来到董铺岛采访。

走在董铺岛上,我沿着固体物理研究所的家属区走向研究所的科研和办公区,大概是1.5公里的距离。林荫道上很清静,落叶在风中飘落,当年的葛先生与何先生也曾在这条路上早出晚归。

在岛上听到这样一段掌故:当年来到岛上创建研究所时,葛先生已近古稀之年,本来有专车接送两位老人上下班,但有一段时间,他们改成了步行。原因是这样的:有一天,葛庭燧对老伴说,所里派车接送主要为了照顾她,何先生听了反唇相讥"那不是照顾我,而是照顾你"。两人就在这个问题上争执起来,最后,两人都改成步行上班,谁都不愿承担被照顾的名分。如今,科学岛上的人们都用笑谈的方式回忆起一段段往事,但这些故事里显露出两位老人的为人之道和针尖对麦芒式的"斤斤计较"。

我和葛运培、葛运建姐弟以及葛大姐的丈夫梁科先生一起坐在葛家用了几十年的餐桌前吃饭,睹物思人,眼前的一切仿佛回到葛先生与何先生健在的时光。家里的一切陈设都如以往,两位先生的书房还如原样,一架老式的录音机和一些磁带静静地放在那里,洗手间里的电灯开关还是拉线的。

董铺岛上的秋天是凉爽宜人的,我有幸通过葛运建先生见到了许多葛庭燧、何怡贞两位先生当年的同事、学生和朋友,在那个温情脉脉的国庆假期的中午,我们在洋溢着岁月激情的气氛中共进午餐。

那天我所幸会的人包括:中国科学院固体物理研究所党委书记单文钧先生、前所长张立德先生;葛庭燧的学生孔庆平先生、朱震刚先生、方前锋先生;何怡贞的同事邬庆崇先生、陈志祥先生;何怡贞的学生水嘉鹏先生、李晓光先生、龚新高先生;合肥物质研究院办公室主任吴四发先生。

研究所的司机师傅曾经多年与葛先生、何先生交往,在送我去合肥火车站的路上,他讲述了许多董铺岛上的珍闻;从金属研究所到固体物理研究所工作的姜文学先生,在20世纪70年代末,曾经是我在康平青年点插队时的带队干部,他的妻子陈乃云是我父亲当年的同事,他们是我儿时就十分熟悉的长辈;科学时报驻安徽记者彭德建先生和张建平女士,写过许多关于葛先生与何先生的文章,他们所做的一切但愿没有被董铺岛所遗忘。

单文钧先生、张立德先生和孔庆平先生分别在他们的办公室热情地接待了我，孔庆平先生和他的妻子徐红梅女士专门请我到他们家中做客，并在合肥宴请了我和梁科、葛运培夫妇。孔先生夫妇也是当年在金属研究所工作时我父亲的同事和老朋友，我们感慨不已地谈起沈阳往事。

　　朱震刚先生的实际年龄令人难以置信，他看上去就像个大小伙子，他通俗易懂地向我讲述了包括当年"超导热"在内的许多物理学常识，当然，更重要的是，他曾经多次陪同葛先生出国也最多挨先生"责骂"的经历听起来已让人饶有兴味。

## 再次国庆假期的北京之行

　　2009年国庆节期间，我再度来到北京，在清华大学教授虞昊先生陪同下，我拜访了与本书内容关系极为密切的几个家庭。

　　首先要说的是钱三强、何泽慧之家。

　　在中关村那座老式楼宇中，我有幸见到了曾经叱咤风云的杰出女物理学家何泽慧先生。老人虽然行动迟缓，但一直坚持不让人搀扶，对于很多往事，她说记不得了。然而我以为，她老人家已是即将走完一个世纪的高龄，不必再顾及任何世俗的尘扰，开始淡然面对曾经睿智的生活，她的生命已经进入了一个新的精神境界。

2009年10月，在北京中关村采访何泽慧先生
左起：《深圳晚报》首席记者雨虹、作者、何泽慧、钱思进、钱民协

接着我们又来到清华园的王明贞先生家中。事先与她收养的女儿王忆通了电话,得知年逾百岁的王先生如今听力很差,要趴在她耳边大声说话才行。王先生已经多年卧床不起,但她的头脑依然是非常清晰,她对于MIT辐射实验室工作经历的记忆让我十分惊讶。她清楚地告诉我:"何怡贞是我的表妹,她的丈夫是葛庭燧。"这位当年享誉美国麻省理工学院和美国海军的"噪声女杰",像孩子般地对我说:"你还想向我了解什么?我把知道的都告诉你了,你也要把你知道的告诉我。"

此行的第三站是孟昭英、贺苇夫妇的家。贺苇老人正在家中独自吃饭,她的相貌和言谈举止,令人难以置信她已是90岁高龄。房间里摆放着一尊孟昭英先生的铜像,贺苇老人拿出一本孟先生的纪念册,向我介绍许多照片中的人物,其中讲到绝大部分人物的时候,老人都会加上一句:"他已经不在了。"

在即将离开清华园的时候,我到虞昊老先生家中小坐。我们谈起清华往事,谈起"熊大缜案",谈起他的雷电专业,谈起节能照明问题,饱经政治风雨磨难的虞教授依然保持着率真的勇气和激昂。2010年6月,我在北京再次拜访虞昊老先生,并促膝详谈。虞昊先生还曾多次从北京写信给我,他那一丝不苟的蝇头小楷令人叹为观止!

北京之行让我想起在京城采访奥运会之际,我曾经与李义发先生相约登门拜访。李义发先生曾经为葛庭燧先生撰写过人物小传,而且,他文字的准确与翔实受到过葛先生的高度评价。因为时间匆忙和联络不畅,我在京期间的约见未能如愿。不料,今年早些时候,运培大姐告诉了我李先生逝世的不幸消息,让我深感惭愧和遗憾。

## 关于科学的命运

我做梦都没想过会写一本关于物理学家的人物传记,因为我的物理学的知识万分贫乏,甚至连中学物理课本上的东西都记不清楚,只记得一个和我同姓的女老师在黑板上写"胡克定律"四个字时的笔迹。

我这样说的意思不是将我对物理学的无知完全归于20世纪六七十年代发生在中国的不幸的"文化大革命"运动,尽管我的小学至中学时光是与那个时期从头至尾地重合在一起的。那个时代长大的孩子后来依然出现了在物理学方面卓有建树的人物,这诚然是他们后来努力的结果,也诚然是他们在物理学或自然科学方面的天赋使然。

那个年代毁掉了几乎一代本来可能在学术上更有作为的孩子,但是,仍然有很多人凭借后来的孜孜不倦学到一些知识,甚或有了令人难以置信的成就。经历患难与悲苦的年代之后成为一个诗人或者作家不难令人取信,但在自然科学方面有所造就则比登天还难,至少我是这样认为的。

本来我可能不会或推迟得知关于中国老一代物理学家的历史命运,直到开始本书的写作。两年前得知98岁高龄的何怡贞先生辞世,我的内心深处猛然涌出无尽的悲凉与遗憾,那是我自幼就十分熟悉并敬仰的老一辈科学家。

在为本书的写作搜集历史资料的时候,我看到了年逾百岁依然健在的清华大学女物理学教授王明贞先生在20世纪40年代,于美国MIT辐射实验室工作时青春而美丽的照片,她穿着中国式的短袖旗袍,烫着波浪起伏的卷发。我于2009年10月中旬在北京看望王明贞先生的时候,她看着往昔岁月的照片久久沉默不语。

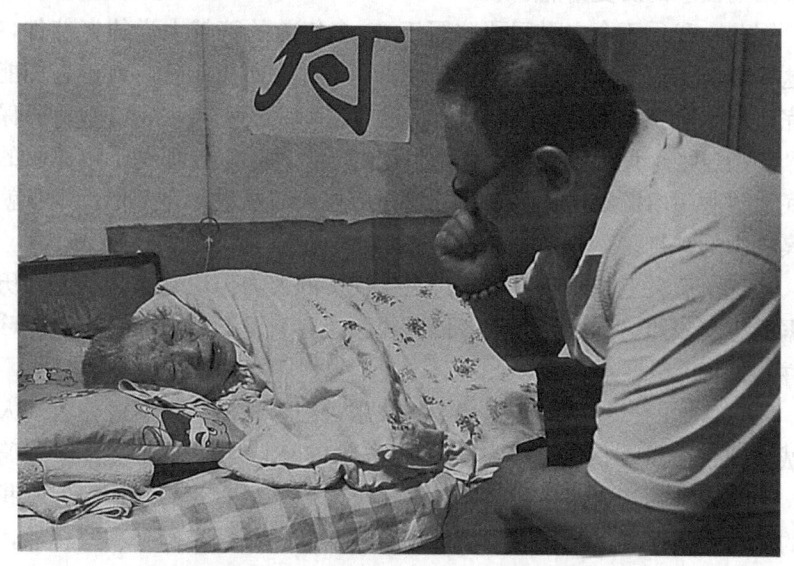

2009年10月,作者在北京清华大学探望王明贞先生

我那次北京之行还看望了何泽慧先生。和当年苏州振华女校球场上那个梳着两条辫子的稚气姑娘相比,老人表现出另一种生命的顽强。令人悲伤的是,两位老人都已风烛残年而聪颖不再,人类至今仍然无法战胜的生命的衰老摧毁了她们的神智。

依照中国学术界或者文人雅士从近代以来的习惯,将博学多才的女子称之为"先生",而我在这样称呼她们的时候却每每感到很不自在,也很不以为然,我不知道为何一定要用混淆性别的方式来尊重自己所尊敬的人,如同西方人以"博士"或"教授"相称,便作为最饱含敬意的惯例。

葛庭燧传

和饶毓泰先生、赵九章先生两位伟大物理学家的自尽相比，能够顽强活下来的中国的原子弹之父钱三强先生在干校艰苦的劳动已然是三生有幸，尽管他在中国第一颗原子弹爆炸成功三天之后就到河南农村去搞"四清"。当年麻省剑桥风华正茂的"噪声女杰"王明贞，当年居里实验室中那个与丈夫钱三强先生一起发现核的"三分裂"与"四分裂"的何泽慧，以及在98岁高龄逝去的何怡贞先生，三位伟大的科学女性除了光耀养育了她们的那个非凡的家族之外，更不能不令人慨然长叹——时光是多么残忍地描述着人的生命！

于是，我关于本书的写作注定是一次艰苦自知的心路历程，我所叙述的一切往事，除了所有细节的真凭实据之外，已经没有过多的感情色彩，我认为一个珍视生命历程胜过最终结果的人，定然会如我一样，对于那些已经烟消云散的历史肃然起敬。

因此，我乐于全文引用那些写于60多年前的跨越大洋的老信件，因为这些资料不仅无可比拟地、生动地再现了那个历史年代，就连它们能够被完整地保留至今都是令人难以置信的奇迹，我还一再主张将逾百张保留至今的超过半个世纪甚至将近一个世纪的老照片，以及那些不可思议的玻璃底片出版一本图集，这些东西能够经历战火与乱世幸存于世，本身就是冥冥之中的神奇。

从这个意义上说，我将写作过去年代中的人物传记看作是一个有历史依据的忠实叙述，小心翼翼地考证和复原，甚至是不断章取义地引用珍贵原件的过程。

我在这样的过程中感到了莫大的快乐，因为我似乎是面对伟大的人物而诚惶诚恐地做一份小学生作业。两位我曾经是那样熟悉、那样和蔼可亲、那样睿智的老人正在天堂严谨而又宽宏地审视着我的工作，但愿我所做的一切会让那些已经离去和依然顽强地活着的科学家们有一些释然，有一些欣慰。

## 小心翼翼地还原历史

写人物传记是一项挑战性极强、极其吃力的工作，尤其是写一段作者本人未曾经历的历史，一段时间跨度长、资料纷繁斑驳、世事影像模糊的历史，一段人物颠沛流离、社会动荡不安的历史。时光的流逝已将主人公的生命留在历史深处。

这是一部严肃的历史，是一部关于科学的历史、战争的历史、民族危亡的历史，关于爱情与知识的历史。然而，这样一部人物传记的价值也正在于真实地还原历史，这绝不仅仅是个人兴趣使然，更重要的是一种社会责任和历史责任——假如作者有这样的机遇结识或者了解笔下的人物，有这样的冲动和激情去研究过去的时代对于今天、对于未来的意义，有强烈的愿望去再现，用独到的观点去评述，那就是一种责无旁贷的使命。

人物传记的写作就是一个不断还原历史真实面貌的过程，还原人物的性格与本性的过程。然而，它不是用一些历史事实去图解某种权威的历史观念，即便是那些经过资料考据的翔实的事实。对于历史的还原不是用文字，而是用追求真理的勇气和科学的精神，用真情实感，甚至用血泪。

扪心自问，我可以负责任地说，书中所写到的任何史实都是有依据的，而且是尽量多方面地印证依据的可靠性，至少没有半点个人的虚构和臆想。何泽瑛老人对我说："搞不清楚的东西宁可不写，知道不多的宁可少写。"我以为，这是严谨求实的态度。即便是传记文学，也绝不意味着可以用文学想象取代历史事实，因为想象的东西即便不是歪曲也是虚妄，当它被认为是一种事实的时候，绝对贻害后人。

我想，何泽瑛老人对我的忠告不仅是出于对于她的家族历史的真实性的捍卫，更是在阐述为文与为人之道，那就是严肃地秉承科学精神，严肃地履行自己的职责，那是对于当事人、对于历史，甚至对于作者本人的尊严与良知的捍卫，在这个问题上，没有任何调和或者苟且随意的余地。为此，我深深感谢苏华先生曾经指出本书初稿在叙述何怡贞家世中的几处重大史实谬误。

写过去的历史和历史中的人物，又是一项小心翼翼的工作，要把那些历史的碎片和残片小心翼翼地复原，尽最大可能地恢复它的原貌，它的形状、色彩和光泽，而且更为重要的是正确地理解那个时代的精神，犹如走进黑暗的历史迷宫，将那些十字路口的错误的或者指示不明的路标一一校正。

需要说明的是，本书的自序和一些后记文字是在本书刚刚开始写作的时候落笔的，因为是初次尝试这样的长篇作品，唯恐心有余而力不足，便为此做些案头工作，借此酝酿情绪，兼梳理脉络和廓清思路，但愿这样的原因不会引起读者阅读上的疑惑。

虽然本书的初稿用半年时间就已经完成，从决定写作本书到现在的杀青整整两年，我深感疲惫。我这样说并不是为写作以及思考的时间长度寻找匆促之理由，我只是想说，我度过了难以计数的不眠之夜，度过了难以计数的经常连续十几个小时键盘敲击的日子，我没有过丝毫偷懒和取巧的

念头和行为。我同样不是为如此之短的时间内完成本书而寻找关于效率的理由，我只能说，我确确实实付出了极为艰苦的劳动，那些难以计数的茶叶和香烟可以作证。

我希望人们会原谅我对于物理学以及自然科学的无知和浅薄，我写作本书，只是因为传主十分具有为其树碑立传的历史意义和现实意义；只是因为，如果我没有做这件事，可能这件事会被耽搁很久，甚至可能永远无法实现。

我希望所有具有高中以上文化程度的人，无论性别、职业、年龄和种族的人，都会对本书的某些内容产生兴趣，我尤其希望高中生和大学生会读到这本书，哪怕只是挑选一些章节。总之，我希望人们因此而记住：一个多世纪以来，那些优秀中国学子的生活之路、求学之路和报国之路——那美丽地绽放过的青春花朵，那才华横溢的睿智生涯；那令人感怀的所有往事——那令人快乐，令人幸福，令人悲伤和令人忧郁的所有的细节。然后，合上本书，你可以对别人说书中写到了什么，当然，你也可以什么都不谈，或者只是轻描淡写地说一句："哦，你说的是那本书吗？我读过了。"

## 我的感激之情

本书的写作凝聚着很多前辈的期望，他们默默给予极大的支持，因为都是电子邮件的往来，我对于其中的很多人只有少年时代留下的印象，还有一些人是未曾谋面的，为此，我花费了一个上午的时间，细致地搜索应该感激的人。

我首先想到的是师昌绪先生，他曾经五次审阅了本书的原稿，并多次亲笔写信和打电话，对于本书给予肯定和鼓励，同时也包括非常中肯的修改意见。师先生和他的太太郭蕴宜阿姨是我自童年起就十分熟悉的长辈，让我万分感动的是，师先生热情地向中国科学院院长路甬祥先生推荐了本书，并欣然为本书作序。

本书的写作初衷是葛庭燧与何怡贞这一对科学伴侣的合传——《戈与荷》，适逢科学出版社的院士丛书计划，就将其中关于葛先生的部分变成了他的个人传记，但是我依然要深深地感谢那些为《戈与荷》的写作而付出很多辛勤劳动的人们，而且，我相信《戈与荷》能够在不久的将来出版。

何怡贞在20世纪50年代初期的五个弟子——"五线谱"中的张功朹

先生、李诗卓先生、王桢枢先生、徐升美女士专门撰文回忆了半个多世纪之前那难忘的光谱岁月。

葛庭燧的学生王中光研究员和何怡贞在金属研究所的关门弟子隋曼龄研究员，特地费时为我讲述了两位科学大师生前的故事；王晓伟女士、方前锋先生的回忆文章成为本书所参考的重要史料。

都学山先生翻译了葛先生20世纪40年代初在伯克利发明镓灯时的工作日记，我自幼的老同学张廷的父亲张功杼先生对译稿做了精心的校对。曾在金属研究所工作过的张进修先生从广州专门发来电子邮件。葛先生的学生，前中国科学院固体物理研究所所长、中国科学院宁波材料技术与工程研究所所长崔平女士专门提出了书面意见，并接受了我的电话采访，她的热情给了我极大的动力。

葛运培和梁科对于本书的资料收集和整理工作付出了极大的心血。他们夫妇夜以继日地将浩繁的陈旧信件变成了电子版，将几百张珍贵的老照片一一扫描，其中还包括音像资料，这一切源源不断地发往我的电子邮箱，几乎让我眼花缭乱、应接不暇。他们专程到北京拜访王明贞先生、何泽慧先生、杨承宗先生，并陪同我到合肥与南京，与董铺岛上的学者及何泽瑛老人一家见面。

葛运建先生对本书的写作给予了坚定不移的支持，尽管他的方式不像他的姐姐那样琐碎。他个性之鲜明和坚决十分像他的父亲，这一点使我十分欣赏，尽管我并不赞同他对于他的父母过于谦卑的评价。他认为像他父母这样的科学家在中国至少有两三千人，但我始终认为葛先生与何先生在他们的专业成就上对这个世界的贡献是独一无二的，而且永远无法复制。

这里需要特别申明的是，本书中关于传主及家庭的大量历史照片、信件、笔记等珍贵原稿均由葛庭燧家属提供。

我还要特别提到笑容可掬、彬彬有礼的徐东生博士，他除了是金属研究所的研究员之外，还是我家的邻居，更加奇妙的是他与我弟弟相熟，他们的研究领域十分相似，而且曾经有过专业上的交流。徐先生对于MIT辐射实验室的探秘绝不是因为好奇，而是出于对一代科学宗师葛先生的崇敬；他对于MIT的描述具有文学意境和科学工作者特有的精细素养，令我对剑桥的风光十分向往。此外，他还翻译和搜集了许多我十分需要的资料，我想，这一定占用了他很多宝贵的时间。

钱三强与何泽慧的女儿钱祖玄、钱民协协助我翻译了当年她们的母亲何泽慧先生"红十字会通信"中的德文。钱思进先生的回忆文章使我的心情久久不能平复。

2010年6月,作者在沈阳采访葛庭燧之女葛运培

苏州大学退休教师张橙华先生一直致力于网师园和王谢长达的研究,我在出席全国晚报嘉兴年会之际,本来准备专程前往拜访,因为时间的关系而未能如愿,但是我拜读了他所撰写的很多文章。2010年10月,我在苏州采访了张橙华老师,他陪同我一起游历了网师园和振华女校旧址。此行我还在上海拜访了何泽诚和何长涓父女,在山西太原拜访了何泽涌与何为群父子,他们对本书的写作给予了热情的鼓励。

梁应普和梁晓彤,作为葛先生与何先生的孙辈,他们怀着敬重的心情为本书的写作做了很多工作,包括小普在网上竞买到一本珍贵的《在辐射实验室的五年岁月》,以及《雷达丛书》的英文版,我后来分别在深圳和沈阳见到了这个英俊的小伙子;晓彤翻译了很多文字,她的文笔之流畅让我十分吃惊,我在沈阳生活的时候,她大概还在襁褓之中,而我只是在她于美国加州与我的弟弟及弟媳的合影中见到她如今漂亮的样子。

此外,还有很多对于本书的写作有所帮助的人,包括金属所医务所的现任所长孙传武大夫,专门撰写了何先生与病魔顽强搏斗的回忆文章。还有在何先生生命最后的5年光阴中始终照料她老人家的家政服务员魏艳杰女士,她回忆了何先生生活点点滴滴的细节,梁晓彤的同学徐柳小姐为怀念何先生所专门撰写一篇博文……

深深地感谢科学出版社科学人文出版中心主任胡升华先生,作为一个科学史专家和资深出版人,他对于本书提出了中肯的意见和关于出版方面的专业意见。尤为出人意料的是,他曾是何先生的学生,1982~1985年在中国科学院固体物理研究所期间,他在何先生的直接领导下工作,这真是冥冥中的天意。本书的责任编辑、科学出版社人文分社社长侯俊琳先生和张凡先生为本书的出版也付出了很多辛苦的劳动。

深深地感谢中国科学院金属研究所和中国科学院固体物理研究所,这两个研究所的创建与发展,凝聚着葛先生与何先生夫妇的心血。吃水不忘掘井人,这两个研究所的现任领导和科技人员、广大员工也没有忘记两位老先生所付出过的一切。固体物理研究所郭广磊先生为整理葛庭燧论文目录付出了很多心血。

感谢中国科学院金属研究所王俭秋研究员认真地校对了本书初稿,她是我当年在沈阳二中教书时的学生。王俭秋在39岁时即成为博士生导师,她当年的硕士生导师是王中光研究员,这么说,从学术渊源上论,她也是葛庭燧院士的传人,并成为2010年国家杰出青年基金获得者。

我怀着真诚的心愿,感谢那些为本书的写作与出版给予鼎力支持的人们,包括很多人的名字和事迹并没有在这里出现,但这些友情将使我铭记终生。

还有一份深深的谢意属于我的一家,父亲刘昌晶和母亲张明、妹妹刘冬梅和妹夫邰恩诚、弟弟刘轶和弟媳蒙玲,以及外甥邰谦。我的父母以他们一生不变的淳朴和善良,在过去的两年中对于我的写作给予了无私的支持和鼓励,包括不厌其烦地为我和葛运培一家联络,帮我整理资料,并回忆了许多他们与葛庭燧夫妇交往的故事。年迈的父母还经常在半夜起来催我休息,并为我做夜宵。

我的小弟刘轶博士从美国加州理工学院发来了他对于本书一些专业内容的意见,并为本书撰写了一篇后记。小弟是金属研究所培养出来的博士,这与曾经在这个大院里成长有极大关系,应该说,他已经成为包括葛先生和何先生在内的老一代科学家的传人之一,尤其让我自豪的是,他是居里夫妇的学术传人。

我怀着庄重之心要特别提及的是,2010年6月26日,我慈爱的母亲在沈阳病逝。我在前一天匆匆从深圳赶回故乡,在老人家身边守护了不到24小时。6月上旬,我得知母亲病危,曾经赶回沈阳,当时母亲因癌症晚期,已经严重腹水。因为在北京和南京还有采访工作,我只在母亲身边停留了一周时间,当时母亲对我说,不要影响工作,劝我不要耽搁去北京中国红十字总会的采访。离开病榻上的母亲那一刻,我忽然感到万分酸楚,一种不祥的预感涌上心头,我回过头深情地望着母亲憔悴的病容,久久不想走开。

　　母亲一直非常支持我写作本书，这不仅仅是因为她和葛先生、何先生一家三代人都非常熟悉，更加重要的是，她老人家始终希望我能够不断写出优秀的作品，我知道，那是母亲最大的自豪和欣慰。在这两年期间，我三次回到沈阳，前两次，母亲经常和我谈起她所知道的关于葛先生与何先生一家的往事，她的惊人的记忆力给了我极大的帮助。然而，在我第三次回到沈阳的时候，母亲已经生命垂危，她已经不能说话，只是看着我，老人家的眼神使我永远无法忘记，是我永远的悲伤。

　　在为母亲守灵期间，很多亲友到家中悼念，其中包括葛运培和梁科夫妇，还有他们的儿子梁应普，我家的老邻居、深圳市人大常委会主任刘玉浦的父亲——九十高龄的王玉伯伯也到家中慰问。在此一并表达深深的谢意。

　　在整理母亲的遗物时，我又发现了多张母亲与何怡贞先生的合影，尽管母亲看过本书的样稿，但老人家没有等到本书的正式出版，这已然是我心中最大的遗憾。

　　本书从2008年8月开始动笔，迄今不过短短两年光阴，却有多位书中的相关人物先后辞世，我的心情万分悲凉——他们是：2009年10月31日逝世的钱学森，享年98岁；2010年7月30日逝世的钱伟长，享年98岁；2010年8月20日逝世的熊淑婺，享年90岁，她是清华校友、抗日英烈熊大缜的胞妹；2010年8月28日逝世的王明贞，享年104岁。谨以本书向这些令人尊敬的前辈致哀！

　　时光就是如此残忍地流动着，它带走了母亲对我的期望和对于本书的期待，我祈祷本书的出版能够告慰母亲在天之灵。

　　如果那只小船沉没，它是到了另一个海上。

　　伟大的灵魂是不死的，因此，牢记他们便是活着的人们的天职与美德。

作　者

2008年12月20日初稿

2010年7月31日定稿于深圳景田